高中语文名师工作室优秀教学设计案例成果集

徐金凤　王翠花　何琴／主编

中国文联出版社

图书在版编目（CIP）数据

高中语文名师工作室优秀教学设计案例成果集 / 徐金凤，王翠花，何琴主编. — 北京：中国文联出版社，2023.9

ISBN 978-7-5190-5127-3

Ⅰ. ①高… Ⅱ. ①徐… ②王… ③何… Ⅲ. ①中学语文课—教学设计—高中 Ⅳ. ①G633.302

中国国家版本馆CIP数据核字（2023）第178231号

主　　编　徐金凤　王翠花　何　琴
责任编辑　刘　旭
责任校对　秀点校对
装帧设计　刘贝贝　李　娜

出版发行　中国文联出版社有限公司
社　　址　北京市朝阳区农展馆南里10号　　邮编　100125
电　　话　010-85923025（发行部）　010-85923091（总编室）
经　　销　全国新华书店等
印　　刷　北京四海锦诚印刷技术有限公司

开　　本　710毫米×1000毫米　　1/16
印　　张　21.75
字　　数　376千字
版　　次　2023年9月第1版第1次印刷
定　　价　58.00元

编 委 会

主　编： 徐金凤　王翠花　何　琴

编　委： 李　超　马奋虎　尹婵娟　甘卫红　冯甜甜

刘筱莉　段园睿　高靖薇　衷成静　党　威

崔萌萌　蒋兴勇　谢　丽　谢　静　赫玉泉

本书特点

同课异构，一课多案。教材中的篇目是独立的，但是案例中的设计却是多样的，因教师设课的需要，思路迥异，收集的案例中，体现出“教学有法，教无定法”的深刻内涵。

整散结合，群单呼应。每一单元中或有整体单元的教学设计呈现，或有群文阅读与单篇教学的并立，将单元任务分立于课时，又在课时中体现整体的核心任务，对比有度，不脱离文本实际，学生的思辨性思维在整体与散篇中穿梭，在逻辑空间碰撞思想，始终围绕核心素养打造活力四射的课堂效果。

教学相长，活力四射。每一个案例中都有情境任务的设计，师生的互动体现了新教材的理念，改善了课堂教学的效果，展示了师生成果，是新课改教学实践的成功样本。

援疆助力，理念先进。工作室大胆吸收了新课改地区疆内外老师的作品，体现了各展所长、思想自由、兼容并包的特点。

案例集编委会

2022年9月

言

初识徐金凤老师，是因我有幸和徐老师共同承担课堂大赛的评委工作。虽是初次相逢，但大家都感觉一下被徐老师似火的热情感染，心中暗想：真是人如其名，她可真像是发着金光的“火凤凰”。后来，随着她担任兵团名师工作室主持人，我们便因语文教研熟识了起来。随着了解的深入，我感到了她对人、对事的热情一部分源于她爽朗的性格，根源则在于她这个“兵二代”对兵团语文教育事业深沉的热爱。相对于那些不过把教书作为赚钱糊口职业的人，徐老师则是把语文教学视为了可为之奋斗终生的事业。所以，即便早已荣誉满架、著作等身，她却从未“躺平”，对待工作也绝不“佛系”。一个人的工作态度折射着其人生态度，而人生态度又能决定一个人一生的成就。我们的工作，就是我们生命的投影。这本《高中语文名师工作室优秀教学设计案例成果集》便是徐老师和她的伙伴们想帮助更多兵团语文老师尽可能更快适应新课程、新教材实施带来新挑战美好愿景的投影。

本案例集收纳了统编版教材必修上、下册和选择性必修上、中、下册的部分内容，按照教材的单元及课题排序，有单元整体设计、群文阅读、单篇课文讲析，有学生学案、学生成果展、学生学习心得。课例中的每个教学环节都附有设计者的设计意图，将学习任务分布于教学环节，学科素养深入渗透于思维发展中。围绕教材设计课堂教学，依据课程目标创设情境，从学科知识的教学转换为促进学生主动发展的教学，创设以学生为主体的课堂，不同的案例设计体现的是相同的人文思想。案例体现了教育教学的统一，对刚刚使用新教材的地区而言，是一次教师思维的巨变，是一次教学改革的新起点，也是一次教学改革实践性成果的展示。

叶圣陶先生曾提出“教材不过是个例子”的说法，时至今日仍有很强的指导意义。教材中的篇目是独立的，但案例中的设计却是多样的，这符合新课标背景下学习任务群的要求，也体现出“教学有法，教无定法”的深刻内涵。此外，每一单元中或有整体单元的教学设计呈现，或有群文阅读与单篇教学的并立，将单元任务分立于课时，又在课时中体现整体的核心任务，对比有度，不脱离文本实际，学生的思辨性思维在整体与散篇中穿梭，在逻辑空间碰撞思想，始终围绕核心素养打造活力四射的课堂效果。受徐金凤老师感召，本案例集收录的绝大多数作品为获得全国教学设计大赛特等奖、一等奖作品或向疆内外名师约稿的作品，每个作品均呈现了独特的设计风格和智慧的育人理念，是新课改教学实践的成功样本。

巴菲特合伙人芒格曾说：“我们不需要新的思想，我们只需要正确的重复。”那么，什么是正确的重复？第一，选对方向，用时间悄悄地做杠杆；第二，找到优势，用效果不断地做叠加。在这个美好的时代，相信每个热忱的灵魂都会被时光温柔以待。

李 超

2022年9月22日

目录

统编版必修上册

统编版必修下册

统编版选择性必修

开学第一课

始于解姓说名，成于你我同行

新疆克拉玛依市实验中学　段园睿

【课时目标分析】

《普通高中语文课程标准》在基本理念中强调，普通高中语文课程要加强语文课程内容与学生成长的联系，认识社会、认识自我、规划人生，在促进人的全面发展方面发挥应有的功能。引导学生学习语文的基本方法，养成良好的学习习惯，提高运用祖国语言文字的能力，要让学生在语言文字运用的学习中受到美的熏陶。

在“语言积累、梳理与探究”任务群中，强调本任务群旨在培养学生丰富语言积累、梳理语言现象的习惯，在观察、探索语言文字现象，发现语言文字运用问题的过程中，自主积累语文知识，探究语言文字运用规律，增强语言文字运用的敏感性，提高探究、发现的能力，感受祖国语言文字的独特魅力，增强热爱祖国语言文字的感情。

因此设计了开学第一课的三大学习目标。

【学习目标】

1. 通过在组内和全班自我介绍，重新理解姓名含义，认识自己、悦纳自我，重新认识身边的同学。

2. 通过浏览语文必修上册部分目录及单元导语，了解单元主题、课程结构、学习要求，明确自己高中语文学习的方向，努力做个“五一学子”。

3. 感受祖国语言文字的独特魅力，增强热爱祖国语言文字的感情。

【学习重难点】

重点：明确自己高中语文学习的方向，努力做个“五一学子”。

难点：感受祖国语言文字的独特魅力，增强热爱祖国语言文字的感情。

【教学过程】

（一）课前预习

1. 向长辈询问给自己取名字的缘由。

2. 借助网络，解读姓名：查字典词典，如翻阅《说文解字》了解自己姓名中字义、词义的丰富性，搜寻与姓名相关的古诗文等。提前记录下来，上课时带上。

3. 借助网络、了解思维导图如何绘制。

4. 课前预习：浏览高中语文必修上册第一、二单元，用红笔在书上留下阅读痕迹。

（二）学习任务一：我申其美——解姓说名，填写表格，并展示

情境：每个人都有一个属于自己的姓名，中国姓名里的文化意蕴丰富，有对生命的祝福，有经典的渗透，有大自然的风物，有时、地的印记，有生肖五行的配合，等等。姓名不仅寄寓了长辈们对子女们的期望，还诠释着一个人的特点、性格爱好、追求、理想等深层含义。这节课我们就从解姓说名开始，重新悦纳自己，认识身边的你和我。

提示：

步骤1：请将自己准备好的资料，填写在表格里。（课上）

步骤2：填写完毕，小组内互相传看交流。（课上）

步骤3：现场进行“我申其美”。（课上）

步骤4：全班填写电子表——“我申其美”，最后打印张贴在宣传栏。（课下）

我申其美——给自己姓名赋予含义

序号	姓名	来源	字、词的解释	相关诗文	我申其美	寄语
1	于小育	我父母希望把我从小教育成对社会有用的人	于：本义在 小：与大字相对 育：教育	长我育我。——《蓼莪》 虫鱼皆茂育。——《十二时/忆少年》 封山育谷声名举。——《导引·圣真下武》 此时仙翁曾诞育。——《减字木兰花·新秋气肃》	于：《尔雅》于，曰也。 小：不论这个事物的大小，都在生于天地之间，再小的事物也在为着世界哺育新生。 育：哺育万物，滋养众生。蕴含着万物容光焕发之兆	祝愿每一位老师和同学都能够以自己的努力为笔，书写新工作和学习的满意答卷
2	赵金凤	金凤顾名思义是金色的凤凰，爷爷是想让我通过自己的努力让自己变得有价值	赵：本义中国古代国名 金：本义金属 凤：本义凤凰	赵客缦胡缨，吴钩霜雪明。——《侠客行》 明明金鹊镜，了了玉台前。——《代美人愁镜二首》	赵：千里之行始于足下，只有积累知识才能斩杀一切困难。 金：闪闪发光最亮丽的存在，要靠着自己不断努力将属于自己的天地照亮。 凤：象征祥瑞，美好安康	希望每一位同学都可以收获知识，坚持梦想成为最想成为的人

我申其美——给自己姓名赋予含义

序号	姓名	来源	字、词的解释	相关诗文	我申其美	寄语

（三）学习任务二：相遇是一种缘——“缘”来是你

提示：

步骤1：思考从哪些方面介绍自己，写下四五个关键词，试着加几句话把这些关键词连词成句。

步骤2：思考如何配合肢体动作、表情等介绍自己，通过介绍可以让师生快速认识这个独一无二的你，能给大家留下深刻印象。

步骤3：在组内尝试进行1分钟自我介绍，之后让部分同学在全班面前进行展示。（小组内推荐或者抽签）

（四）学习任务三：你很重要——你的参与少不了

提示：

步骤1：自读语文必修上册第1—2单元的目录，了解学习资源的构成（课题、作者、文体）；阅读第1—2单元最前面的单元导语和最后面的单元学习任务，筛选勾画关键词，了解本单元的资源构成、人文主题、学习方法等。

步骤2：把全班分成两组，一组选取一个单元绘制思维导图。

步骤3：请同学用投影展示。

（五）学习任务四：承前启后——怎样学习高中语文

跟小组同学谈谈自己在语文学习方面（预习、早读、课内外阅读、听课、背默古诗文、写作、整理笔记、思考、作业、了解时事等）坚持下来的一些好的具体的学习方法或习惯，至少3条。

重读12条课程目标和下面的10条建议，写写自己进入高中在语文学习上要做的一些准备，至少3条。

第一条：树立目标，“五一学子”。

在语文学习的路上，我们把语文学习的最高目标、毕生追求定为“五一学子”：①写一手好字；②练一张铁嘴；③背一肚子名篇佳作；④作一笔好文章；⑤守一颗中华心。

第二条：培养兴趣，“知之者不如好之者，好之者不如乐之者”。

第三条：拓展阅读，“操千曲而后晓声，观千剑而后识器”。

整本书阅读必读书目，必修上册：费孝通《乡土中国》，必修下册：曹雪芹《红楼梦》。

高中语文课程标准推荐阅读的经典书目：

文化经典著作，如《论语》《孟子》《老子》《庄子》《史记》等。

诗歌，如毛泽东诗词，郭沫若、戴望舒、艾青、臧克家、贺敬之、郭小川等的作品；海涅、普希金、惠特曼、泰戈尔等的作品。

小说，如罗贯中《三国演义》、曹雪芹《红楼梦》、吴敬梓《儒林外史》、鲁迅《呐喊》和《彷徨》、茅盾《子夜》、巴金《家》、老舍《四世同堂》、沈从文《边城》、周立波《暴风骤雨》、路遥《平凡的世界》；塞万提斯《堂吉诃德》、雨果《悲惨世界》、巴尔扎克《欧也妮·葛朗台》、狄更斯《大卫·科波菲尔》、列夫·托尔斯泰《战争与和平》、罗曼·罗兰《约翰·克利斯朵夫》、海明威《老人与海》、莫泊桑短篇小说、契诃夫短篇小说、欧·亨利短篇小说等。

散文，如鲁迅杂文、朱自清散文、叶圣陶散文等。

剧本，如关汉卿《窦娥冤》、王实甫《西厢记》、汤显祖《牡丹亭》、郭沫若《屈原》、曹禺《雷雨》、老舍《茶馆》、莎士比亚《哈姆雷特》等。

语言文学理论著作，如吕叔湘《语文常谈》、朱光潜《谈美书简》、爱克曼《歌德谈话录》等。

阅读建议：可以自己准备摘抄、随笔本，取个名字，设计板块，精心装点。

基本要求："不动笔墨不读书。"①精读一本，略读一串，经常读书看报、关注现实生活，做到家事国事天下事，事事关心。推荐下载手机APP学习强国、今日头条、文汇等，推荐公众号《人民日报》、人民网、人民日报评论、人民网评、新华社、光明网、新华网等。②提要钩玄，摘抄、摘录，写读后感、知识卡片，用适合自己的方式做读书笔记。③勤于使用各类工具书、根据需要搜集有关资料。④勇于质疑问难、积极参与讨论和争辩、善于倾听别人发言、努力解决自己在学习中遇到的问题。

第四条：重视积累。

准备一个语文笔记本，养成积累的习惯：

内容：语文知识点、新闻热点、诗词名句、名人名言、美文佳作、灵思妙语等。

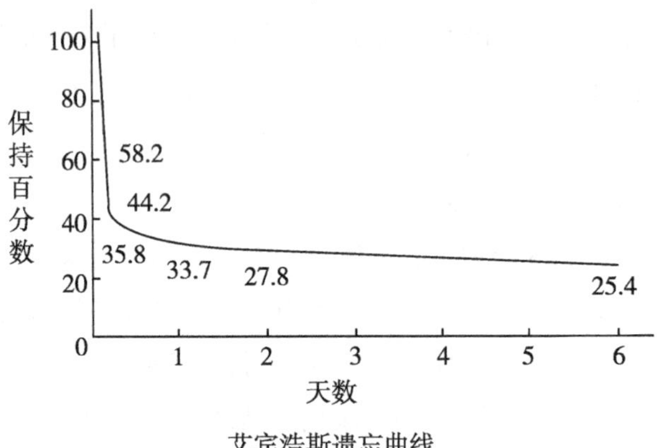

艾宾浩斯遗忘曲线

第五条：勤记多背。

怎么背?

分层背诵；化整为零地背诵；先抓要点，然后连贯地背诵；经常复习并加以运用。

第六条：勤于练笔。

养成写随笔的习惯，我手写我心。小练笔当堂完成，逐步培养下笔千言的能力。

第七条：书写不求绝对美观，但求工整干净。

第八条：常用工具。

建议：除了常用的黑色签字笔，另外有红笔和各色水彩笔，字帖、《现代汉语词典》、《古汉语常用字字典》、《高中语文基础知识手册》、必备诗文小册子、笔记本、作业本、检测本、作文本等。

第九条：上课须知。

（1）课前：预备铃响起，快速回座位，清理与本节语文课无关的物品，准备好上课资料，或提前预习本节课内容，或复习上节课内容，或按照课代表要求做准备。

（2）课上：端正坐姿，认真听讲，或独立思考或积极合作，踊跃回答，做好笔记。

（3）课后：独立且认真完成作业，无论是选择题还是主观题，书写要工整，卷面整洁，有能反映做题思路的解题过程，有听完作业讲评后能给下次解题带来启示的笔记、改错等。

第十条：充满自信，你我同行。

无论是加入固定的学习小组，或是加入临时的讨论小组，记得要团结一心，显出个人的智慧，亮出团队的风采，共同完成挑战。

教师总结：

大话语文传真经

核心素养要构建，全面发展有个性。

练好语文基本功，优秀作品勤记诵。

报纸杂志常翻阅，听书看书做书虫。

语文笔记贵坚持，小大练笔不放松。

生活处处皆学问，他山之石把玉攻。

基础知识常复习，课本学习贯始终。

传承文化强民族，高中语文奠基础。

自我评价：

1. 在小组中我表现如何？改进的方面有：

2. 是否有疑问？我的疑问（小组的疑问）是：

过程性评价打分量表				
等级和赋分情况				
项目	优（9—10分）	良（7—8分）	中（5—6分）	差（4分）
活动				
活动				
活动				
活动				
活动				
合计				

附：评价任务

1. 完成学习任务一、二，通过这两项活动可以让师生比较全面地认识这个独一无二的自己。

2. 完成学习任务三，了解高中语文必修上册课程结构、目录，通过绘制思维导图了解一单元的学习资源、人文主题、学习建议等。

3. 完成学习任务四，跟小组同学谈谈自己在语文学习方面坚持下来的一些好的学习方法或习惯，至少3条。写写自己进入高中在语文学习上要做的一些准备，至少3条。

根据《普通高中语文课程标准》的评价建议，应“倡导评价主体多元化”并“选用”恰当的评价方式。评价要“注重展示学生自我发展的过程”“考虑学生的个体差异”“在真实的语文学习任务情境中综合考查”。根据本节课学习活动，制定评价标准如下：

过程性评价

根据表现，客观打分，有理有据。

（1）活动一互评：小组内同学交换打分，对打分有疑问可询问再定。

（2）活动二互评：小组同学对组内每一位同学打分，取平均分为个人得分。

（3）活动三互评：由两小组交换打分，打完分后，两位组长评议是否合理。最后的小组得分就是个人得分。

（4）活动四自评：由自己打分。

（5）最后计算完成五项活动的总分。

【学后反思】

你对自己和同学有了哪些新认识？你是否认识到自己进入校园（进入课堂）的每一份表现都很重要？你了解到高中语文学习与初中语文学习有哪些不同？你是否能准确复述出高中语文必修上册课程的组成和各部分目录？你对自己进入高中语文学习是否做好了准备？

【作业设计】

1. 自读第一单元课文，标注生字读音，尝试诵读《沁园春·长沙》《红烛》。

2. 全班同学填写一张电子表——我申其美，最后打印张贴在宣传栏。（课代表、宣传委员负责）

【板书设计】

始于解姓说名，成于你我同行

——高中语文开学第一课

统编版必修上册

第一单元

《沁园春·长沙》

——激扬青春当拿云

新疆塔城地区额敏县第一中学　尚爱丽

【单元目标】

本单元以“青春激扬”为人文主题，本文在此主题下，引发学生对自身青春年华的关注，加深对青春生命的认识，对社会与人生的思考，对青春理想的追求。

【学习目标】

1. 了解词的文体常识，体会作者的远大抱负。
2. 把握词中所描述的景物特点及所蕴含的情感。

【学习重难点】

1. 指导学生掌握鉴赏诗词的方法，提高学生的诗词鉴赏能力。
2. 感悟作者博大的情怀。

【教学过程】

（一）情境导入

1925年，秋天，湖南长沙。恰同学少年的你们，风华正茂，书生意气，挥斥方遒，在橘子洲头，与32岁的毛泽东一起指点江山，激扬文字，你会发表怎样的观点，怎样把握青春年华呢？（学生畅所欲言）是啊，青春是人类生命激情澎湃的赞歌，我们的领袖毛主席又是如何诠释青春的呢？让我们通过他的诗词走近他的青春。

（二）学习任务一：识“大体”

活动引领：查阅资料，增长知识。

（1）词：词兴起于唐，盛行于宋，配乐歌唱。始称“曲子”或“曲子词”，因句子长短不齐，故又称“长短句”。

（2）词的特点：词有定格，句有定数，字有定声，分上阕（上片）和下阕（下片）。

（3）词的组成：

标题：是词的内容的集中体现。

词牌：是一首词的词调的名称，决定着词的字数句数和平仄声韵。词以字数的多少分为小令（58字及以下）、中调（59—90字）和长调（91字及以上）。

（4）沁园春：相传东汉明帝有个女儿名沁水公主，她的园林名沁园，后来沁园被外戚窦宪仗势夺取，有人作诗咏其事，“沁园春”词牌由此得名。

（三）学习任务二：读“大气”

活动引领：初读课文，整体感知

（1）自读课文：结合书下注释，整体感知诗歌内容，然后试着放声朗读课文。

（2）默读圈点：以诗人的活动为主体，找出表现全词线索的动词。

明确：立、看、怅、问、忆、记

（3）讨论想象：这首词描绘了几幅画面？选择你最喜欢的一幅，用自己的语言进行描述。

参考：独立寒秋图、湘江秋景图、峥嵘岁月图、中流击水图。

师结：上阕写景，下阕抒情，情景交融。

（四）学习任务三：赏“大美”

活动引领1：分析开篇，进入诗境

“独立寒秋，湘江北去，橘子洲头。”

阐释：在一个寒冷的清秋佳日。“我”独自一人站在橘子洲头，望着奔腾不息的湘江水滚滚向北流去。

分析：使用倒装句的作用是什么？

明确：

（1）突出独自一人来此远望凝思的情状，思考“自我”的人生价值。

（2）与下阕“携来百侣曾游”相照应，突出今天是旧地重游。

（3）联系背景，表现出革命者在革命的惊涛骇浪中昂然屹立的高大形象。

活动引领2：细品语言，赏析意象

提示：“书不尽言，言不尽意，圣人立象以尽意。”——《易经》

“写气图貌，既随物以宛转；属采附声，亦与心而徘徊。”——刘勰《文心雕龙·物色》

师结：“象”，就是景物的意思：“意”表达情感，被主观情感浇筑的景物，我们叫它意象。

“看万山红遍，层林尽染，漫江碧透，百舸争流。鹰击长空，鱼翔浅底，万类霜天竞自由。”

（1）作者站在橘子洲头，他都看到了哪些景物？

（2）作者用哪些词语来形容这些景物？

（3）这些形容词是否可以更改？为什么？

明确：

（1）山、林、江、舸、鹰、鱼

（2）遍、尽、透、争、击、翔

（3）不可更改。“遍”写出了红叶的范围广；“尽”表明数量多；“透”说明江水清澈见底；“争”表现了船只昂扬奋发的状态；“击”体现了雄鹰矫健有力；“翔”展示了鱼的轻灵自在。

（4）诗中有哪些意象？有什么样的特点？

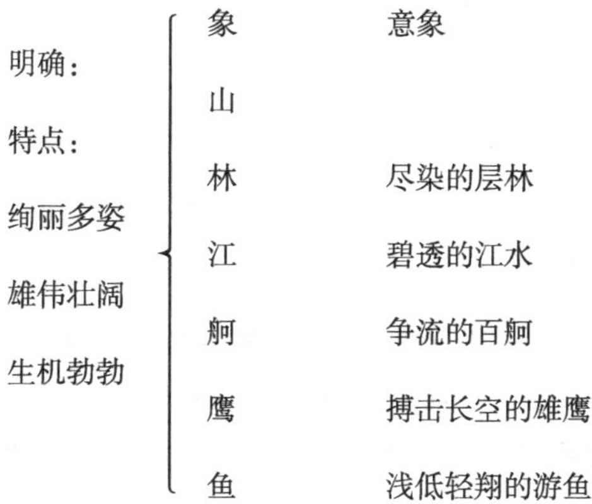

（5）“万类霜天”追求的都是“自由”。物如此，人亦然。表现了作者怎样的情感？

明确：通过这些意象形象地表现了诗人对自然和社会的乐观态度和豪情壮志。

（五）学习任务四：悟“大志”

活动引领1：知人论世，谁主沉浮

分享资料：1925年革命形势高涨，群众运动风起云涌，反帝反封建斗争如火如荼，这时候，一方面工农运动蓬勃发展，另一方面反动势力为了维护统治对革命力量进行了疯狂的镇压。

（1）“怅寥廓，问苍茫大地，谁主沉浮？”这一句采用了什么句式？在词的结构上有什么作用？

明确：设问句；起到承上启下的作用。

（2）本句有什么内在的含义？

明确：社会动荡，各种革命力量云集涌动，谁来主宰国家命运呢？此句写出诗人忧国忧民，以天下为己任的博大胸怀和凌云壮志。

活动引领2：分析形象，感悟主题

“携来百侣曾游，忆往昔峥嵘岁月稠。恰同学少年，风华正茂；书生意气，挥斥方遒。指点江山，激扬文字，粪土当年万户侯。曾记否，到中流击水，浪遏飞舟？”

（1）这是个怎样的群体？

明确：这是一个评论国家大事，把权贵视为粪土，才华横溢，意气风发。热情奔放，勇敢坚强的革命青年群体。

（2）“到中流击水，浪遏飞舟”具有怎样的象征意味？

明确：大胆的夸张和神奇的想象，表达了作者立誓振兴中华的壮志豪情，表现了作者的英雄气概，充满浪漫主义色彩。

师结：文中的“我”是青春的形象，体现了革命青年们改天换地的革命理想，昂扬奋发的青春活力，继往开来的英雄斗志！

（3）请同学们联系自身和现实谈谈当代“同学少年”们应该有怎样的大志和怎样的大局意识？应该如何去实现大志，牢固树立大局意识？

示例：学习毛泽东的自信、乐观、豪迈的英雄主义豪气，赓续毛泽东同志的这种精神，青年学子应崇尚行胜于言，选择到祖国最需要的地方去，或奔赴西部，燃烧激情；或扎根基层，放飞梦想；或携笔从戎，筑我长城；或投身主流，谱写青春；或创新创业，乘风破浪……应将自身命运与时代和祖国的命运牢牢系在一起，选择有价值的人生。奋斗精神永不过时，历史的接力棒传到我们手里，我们更要以大无畏的精神面对高中三年，把握人生，不负时代。

【作业设计】

以“我的青春之歌”为主题练笔，文体、字数不限。

【板书设计】

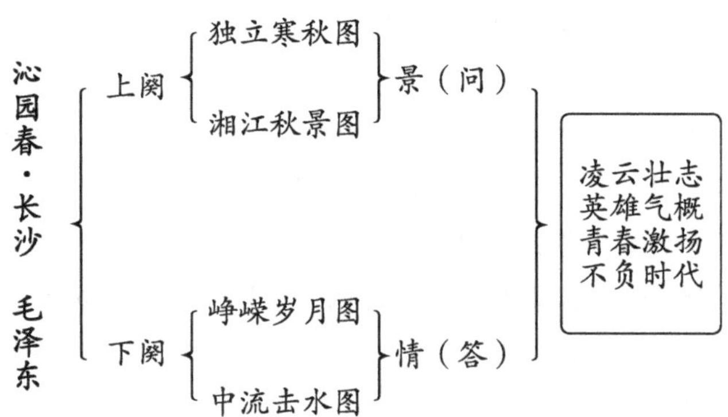

《百合花》《哦，香雪》对比阅读

——一代人有一代人的青春

新疆生产建设兵团第二中学　谢丽

【教学设计说明】

本单元作品抒发的都是青春情怀。共选取诗歌五首、小说两篇，创作时间虽不同，但都是对青春的吟唱。单元教学目标为：

1. 从“青春的价值”角度思考作品的意蕴，并结合自己的体验追寻理想，拥抱未来。

2. 理解诗歌运用意象抒发感情的手法，把握小说叙事和抒情的特点，体会诗歌和小说的独特魅力。

3. 学习从语言、形象、情感等不同角度欣赏作品，获得审美体验并尝试写作诗歌。

本课是本单元两篇小说联读设计的第二课时，旨在通过赏鉴人物形象、挖掘小说物象特征使学生把握小说叙事和抒情的特点，进而在情感共鸣和之前五首诗学习的基础上尝试诗歌写作，完成单元教学目标。

【学习目标】

1. 通过朗读、品读的方式完成对人物形象的分析，体悟其蕴藏的青春品质。

2. 理解小说物象的象征意义及把握小说的深刻内涵。

3. 结合诗歌单元所学以及小说物象的理解学习创作诗歌。

【学习重难点】

重点：把握文本中人物形象和主旨中蕴含的青春品质，梳理提炼一代人有一代人的青春的时代特质。

难点：理解小说物象的象征意义。

【教学过程】

（一）情境任务

高二（9）班微信公众号“丽九弥心”将于近期推出一期“青春之歌”为主题的诗歌展评，为了寻找创作灵感，同学们模仿文化综艺类节目《朗读者》，深情朗读《百合花》《哦，香雪》两篇小说，为诗歌创作积蓄情感、储备素材。

（二）导入课程

同学们，文化综艺类节目《朗读者》自开播以来，好评如潮，老师对其中一个片段印象深刻，今天和大家一起分享。（播放视频营造氛围）读书是最美的仪式，朗读是情感传递最好的形式，而青春是人们最为留恋的生存形式，让我们一起成为一个朗读者，朗读《百合花》《哦，香雪》两篇小说，感悟青春的魅力，了解“一代人有一代人的青春”特质。

（三）学习任务一：文本梳理

初读小说时，有同学就非常喜欢这两篇小说，我们先请两位同学分别给我们讲讲小说讲了一个怎样的故事？（梳理文本，完成导学案任务）

《百合花》：小说以解放战争中淮海战役为背景，描写的是1946年的中秋之夜，在部队发起总攻之前，小通信员送文工团的女战士“我”到前沿包扎所，和他们到包扎所后向一个刚过门三天的新媳妇借被子的故事。

《哦，香雪》：讲述了偏僻的山村通了火车后，香雪和她的伙伴们对火车所代表的现代文明心生向往，追求更美好的生活的故事。

（四）学习任务二：诵读青春

伴随“朗读经典诵我心声”活动的持续开展，朗读亭早已进入兵二校园，本期校内《朗读者》以“青春”为主题，请在《百合花》《哦，香雪》两篇表现青春情怀的小说中选择一段有关青春的文字作为你参加节目的朗读内容，声情并茂地读给观众，并且说一说你选择这段文字的理由。

设计意图：通过阅读品鉴梳理人物形象并总结他们的青春品质。

通信员：

① 充满朝气，热爱生活。

② 不善言辞，拘谨腼腆。

③ 憨厚朴实，善良纯洁。

④ 关心同志，体贴别人。

⑤ 不畏牺牲，舍己为人。

新媳妇：

① 心怀热情。

② 娴静纯朴。

③ 善良纯洁。

香雪：

① 美丽清纯。

② 纯真无邪。

③ 渴求进取。

④ 纯朴自尊。

⑤ 坚毅执着。

教师总结，通过对自己青春印记的回忆，营造氛围引出学习任务三。

听了同学们声情并茂的朗诵，老师很感动，当我们开始投入情感的朗诵，静下心来聆听时，总是能听到不一样的声音。昨天，老师备课到深夜，万籁俱寂，唯有孤灯相伴，我一遍一遍地读着通信员和香雪纯朴的、善良的、不怕牺牲的、渴求进取的、自尊坚毅的青春，透过他们的身影、穿过20多年时光，回看自己的青春年华。它也许是一个声音、也许是一个背影、也许是一个温暖的夏日午后、也许是一个落英缤纷的校园角落。最后，我在储物间高高的架子上找到了它，至少20年了，我没有再打开过它，但是一直不曾舍弃它，从阿勒泰到伊犁，从伊犁到库尔勒，又从库尔勒到乌鲁木齐。它已经旧了就好像我已逝的青春。它是我青春的印记。你们猜猜里面装着什么？——糖纸。物质贫乏的时代，收集糖纸就是老师的最淳朴的乐趣，这些糖纸有很多是朋友送的，那个时代，朋友精心收集整理好送来的一张糖纸就是友谊最好的象征。

（五）学习任务三：寻找青春印记

“每段青春都会苍老，但我希望记忆里的你一直都好”青春是有印记的，如果“小战士”还在，如果我可以见到如今已五十多岁的“香雪”，我想问问他们，“你们的青春印记是什么？”你们帮他们回答一下可以吗？

设计意图：通过对青春印记“百合花”“铅笔盒”的寻找，体悟小说物象中包含的丰富意蕴，进一步明确“一代人有一代人的青春”中每代人青春的特质，并结合小说创作背景挖掘作者的创作意图。

知识支架：

茹志鹃写《百合花》时，冷峻的现实生活使她不无悲凉地思念起战时的生活、那时的同志关系。她说：“战争使人不能有长谈的机会，但战争却能使人深交。有时仅几十分钟，甚至只来得及瞥一眼，便一闪而过，然而人与人之间，就在这一刹那里，便能肝胆相照，生死与共。”所以，《百合花》是她在匝匝忧虑之中，缅怀追念往事的产物。

铁凝的短篇小说《哦，香雪》创作于1982年，首发于《青年文学》当年第五期，全文约7600字。获1982年全国优秀短篇小说奖。铁凝曾自己讲述过这篇小说的梗概：“一群从未走出过大山的女孩子，每天晚上是怎样像等待情人一样地等待在她们村口只停一分钟的一列火车。”著名作家孙犁读后，给铁凝写去了热情洋溢的信，称赞《哦，香雪》“从头到尾都是诗，它是一泻千里的，始终一致的。这是一首纯净的诗，即是清泉。它所经过的地方，也都是纯粹的境界”。那时的铁凝二十五岁。

明确：

（1）百合花——色泽淡雅，香气清幽，白净纯洁，小说中作者赋予了它丰富的象征意义：小通信员和新媳妇都有百合花一样高尚纯洁美好的心灵，军民之间的感情也像百合花一样纯洁高尚美好，战士之间的情感也像百合花一样纯洁高尚美好。百合花，象征着人性美、性格美、人情美。

（2）铅笔盒——小说用大量笔墨写香雪想得到铅笔盒，并为此走了三十里夜路，可见这个铅笔盒不仅是一个实物，它也是一种象征，跟火车一样，是文化和知识的象征，是现代文明的象征。对香雪来说，铅笔盒就像黑夜中一盏闪亮的灯，照着她在追求知识、追求文明的道路上勇敢前进。香雪对铅笔盒的追求，就是对文明的追求，能够主动追求文明和进步，体现了她身上智慧因素的觉醒。

总结：青春的印记可以是有形的，也可以是无形的；可以是一件东西，也可以是一种品质。

（六）学习任务四：书写青春

“青春，是一本打开了就合不上的书。”我们只能用文字记录它最美的样子，请作为这期《朗读者》嘉宾的您，从《百合花》《哦，香雪》中选择自己最感动的一篇，用诗歌的形式表现小说的内容、主题、或人物形象。（运用意象，抒发真情实感，十行左右）

随机抽取学生的习作，请同学朗读评价。

知识支架：

茅盾评论《百合花》：“这是我最近读过的几十篇小说中最使我满意，也最使我感动的一篇。它是结构严谨，没有闲笔的短篇小说，但同时它又富于抒情诗的风味。”

孙犁评论《哦，香雪》：“这篇小说，从头到尾都是诗，它是一泻千里的，始终一致的。这是一首纯净的诗，即是清泉。它所经过的地方，也都是纯粹的境界。”

教师总结：

一代人有一代人的青春，他可以是通信员不畏牺牲、甘于奉献的青春；可以是香雪充满憧憬、坚毅自尊的青春；也可以是老师单纯友善的青春。但青春也有共同的特点。作家塞缪尔·厄尔曼为我们总结了青春的品质。

青春不是年华，而是心境；青春不是桃面、丹唇、柔膝，而是深沉的意志，恢宏的想象，炙热的恋情；青春是生命的深泉在涌流。

青春气贯长虹，勇锐盖过怯弱，进取压倒苟安。如此锐气，二十后生而有之，六旬男子则更多见。年岁有加，并非垂老，理想丢弃，方堕暮年。

播放视频：

青春不会老去，青春是一种精神，一种品质！“青山在人未老”，让我们致敬这些青春永存的生命、精神、灵魂。最后，老师送大家一句话：“谁虚度了年华，青春就将褪色。”青春是用来奋斗的而不是挥霍的。希望同学们珍惜自己的青春，拥有你们这代人该有的奋斗的青春。

【作业设计】

高二（9）班微信公众号“丽九弥心”将于近期推出一期“青春之歌”为主题的诗歌展播，请修改完成你的诗歌，向公众号投稿。

【板书设计】

一代人有一代人的青春

通信员：充满朝气，热爱生活；不善言辞，拘谨腼腆；憨厚朴实，善良纯洁；关心同志，体贴别人；不畏牺牲，舍己为人。

新媳妇：心怀热情；娴静纯朴；善良纯洁。

香雪：美丽清纯；纯真无邪；渴求进取；纯朴自尊；坚毅执着。

《喜看稻菽千重浪》《心有一团火，温暖众人心》《“探界者”钟扬》群文设计

第二单元

单元起始课

新疆石河子第二中学　陈晓红

【单元学习目标】

1. 阅读与分析文本，了解人物通讯、新闻评论的特点。（抓住典型事件、理解事实与观点的关系、把握新闻的报道立场、掌握新闻评论的行文逻辑）

2. 概括人物的主要事迹，关注社会中的劳动者，理解劳动的价值和意义。

3. 关注社会事件，了解新闻短评的特点，学会新闻短评写作。

【学习目标】

1. 把握人物的性格特征和品质，理解他们在各自领域取得的成就及意义。

2. 学习人物通讯运用细节描写和典型事例写人的方法。

3. 体味劳动之美，形成正确的劳动观念，传承与发展劳动精神。

【学习重难点】

重点：学习人物通讯运用典型事例和细节描写的写法。

难点：进一步掌握人物通讯的写法，在细读文本的过程中体验、欣赏人物的精神品质之美。

【教学过程】

学习任务一：梳理人物事迹展示预习卡片

预习卡片展示分享：从人物通讯“写了什么”的角度出发，梳理课文的基本内容，请同学们选取自己喜爱的一篇，制作人物卡片或表格，要求写出人物姓名、职业荣誉，通讯中选取了什么事件，体现出人物什么精神品质。以小组为单位推荐一人做卡片展示及汇报。

知识支架：

人物通讯是以新闻人物为报道对象，通过新闻人物的行动，反映时代特点和社会面貌的一种通讯形式。一般来说，人物必须具有先进性或典型性。在取材上可写“全人全貌”，也可截取片段着重写人物的某个侧面或阶段。此两类一般以人物的“行”为主，而“人物专访”则以写人物的“言”为主。通过记者的专访，记述人物的谈话，从而揭示其精神世界。换言之，人物通讯书写的不只是人物，还有时代精神，要能够正确引导舆论，培育社会共识，起到激励和鼓舞的作用。

卡片展示示例：

事例	品质
用糖哄哭闹的小孩	耐心细致，周到体贴
给要赶火车的顾客提前称糖并指路	急人所急、解人所难
接待气呼呼的女顾客	热情大度、主动耐心、和蔼亲切
女儿生病，依旧热情服务	隐忍克制、爱岗敬业、公私分明
照顾买多，忽略买少顾客，有所触动	自我反省、不断成长
回忆往日被打，感慨今日收到水果	懂得感恩、乐于奉献
通过多渠道丰富商品知识	主动求知、严于律己、为人民服务

学习任务二：欣赏人物形象，总结方法

三位劳动模范来自不同岗位，他们的性格事迹也各不相同，三位作者用了哪些塑造人物的方法让模范们鲜活地“站”在我们面前呢？

示例：袁隆平

文字片段：“突然，他那敏锐的目光停留在一蔸形态特异、鹤立鸡群的水稻植株上。他屏气静神地伸出双手，欣喜地抚摸着那可爱的稻穗，激动得几乎要喊出声来！”

学生发言：这段文字中通过“敏锐”“屏气静神”“欣喜”这些神态的细节描写，写出袁隆平在发现雄性不育植株时的惊喜之情；

“停留”“伸出”“抚摸”，这些动作的细节描写突出他工作专注、观察细致、态度严谨的劳动光辉形象。

师生可共同小结，总结方法：在人物通讯作品中不仅可以借助人物动作、语言、神态、心理等表现人物性格，还可通过环境、场景的细致描写来烘托人物形象，生动细节的刻画使得人物形象饱满而真实。

学习任务三：比较欣赏，殊途同归，感受劳动之美

讨论探究：三篇通讯的主人公身份不同，工作领域不同，编者为什么会选择这三位人物来体现劳动之美和工匠精神，他们身上有哪些共同的精神品质，对于如今的时代具有什么现实意义呢？

参考示例：

物质匮乏年代，袁隆平作为农学家对梦想的追求也是富有家国情怀的责任担当，更是心怀天下的仁厚。

张秉贵作为一名售货员，认真负责，忠于岗位，为人民服务的诚挚热情。他亦是众多平凡普通人民的代表——在新时代的中国满怀希望地积极而认真地期待明天。

钟扬身兼多重工作身份，种子达人是他，科学队长也是他！对梦想有着执着不懈的追求与探索，他朝着“改变人类命运”的终点，争分夺秒地奋斗着，也在筑梦途中，以一己之力点亮、助推更多人的科学梦。

职业无贵贱，劳动最光荣！他们的共同之处用自己在工作岗位上的一言一行践行劳动者的坚守和奉献精神，用辛勤劳动、诚实劳动和创造性劳动，还有他们的高度的责任心和奉献精神让我们看到劳动之美，体味平凡中孕育的伟大。我们国家社会的进步离不开这样的劳动者！

【作业设计】

假设我们是微纪录片《大国工匠之人物小传》摄制组的成员，要为这三位人物作专题报道，为了体现人物的精神品质，需要你选择一个更细的主题角度表现人物的价值，你分别会选择什么片段或哪一组事件（典型事件选择）进行拍摄？请写一段画外音进行说明。（100字左右）以小组为单位，写一段画外音来进行说明。

【板书设计】

“写了什么”——典型事例，巧选角度

“怎么写的”——细节描写，跃然纸上

“为什么写”——劳动光荣，奉献伟大

《芣苢》《插秧歌》对比阅读

——古代劳动者的赞歌

新疆克拉玛依市第十三中学　王军伟

【单元学习目标】

1. 能够梳理文章叙述的典型事例，并能用一句话概括典型事例。

2. 能够理解“工匠精神”的内涵，体悟劳动的当代意义。

3. 能够主动借鉴文本的写作技法，撰写一篇关于劳动者的人物通讯稿。

【学习目标】

1. 小组模拟教师对两首诗歌的吟诵录音，循环播放吟诵诗歌，学习“重章叠唱”的表现手法；完成学习任务单。

2. 运用语言和肢体动作，再现两首诗歌中的关键性动词，传达出劳动艰辛的场景，对劳动的热爱、珍惜之情。

3. 结合自身体验，理解两首诗歌共同表达的“劳动是艰辛的，劳动是令人快乐的”这一主题。

【核心问题】

古代劳动者生活是艰辛的，有“锄禾日当午，汗滴禾下土”的艰辛，有山野女子采摘野菜的忙碌，有田夫一家大雨中插秧的勤苦，这些都古代农人生活的真实写照。结合这些古代诗歌，谈谈你如何理解“劳动才是人生快乐的真正来源”这句话的含义。

【教学过程】

核心任务：克拉玛依第十三中学团支部近期要举办主题为“劳动之歌”的综合活动，可以采用吟诵、歌唱、写作、绘画、情景剧等形式，以表达对身边最美劳动者的赞歌。

高一全体师生决定以多种形式演绎这一主题活动，王军伟老师和班里的学生决定以歌唱和微情景剧表演的方式大显身手，可是歌唱、表演的方式需要做哪些准备工作呢？如何排练呢？王军伟老师感到不知如何安排，请你为王老师支着儿。

思政元素：从活动的主题上看，不但要让劳动者的光荣形象镌刻在我们的记忆之中，同时，还要找到在新时代克拉玛依这座城市在发展建设中的最美劳动者，为他们献上一曲赞歌。表现出优秀的劳动精神对一代代中国人的重要影响，表现出新时代的我们对劳动精神的赞美、传承和发扬。

学习任务一：感受劳动画面（模拟吟诵，拟写任务）

1. 诵读两首诗歌，初步感受诗歌画面。（生齐读，谈一下自己感受到的画面）

芣苢

采采芣苢，薄言采之。
采采芣苢，薄言有之。
采采芣苢，薄言掇之。
采采芣苢，薄言捋之。
采采芣苢，薄言袺之。
采采芣苢，薄言襭之。

插秧歌

杨万里

田夫抛秧田妇接，小儿拔秧大儿插。
笠是兜鍪蓑是甲，雨从头上湿到胛。
唤渠朝餐歇半霎，低头折腰只不答。
秧根未牢莳未匝，照管鹅儿与雏鸭。

《芣苢》这首诗是劳动的欢歌，《插秧歌》这首诗是劳动的赞歌，它们分别是怎样体现出来的？（仔细诵读，斟词酌句）

（学生展示，教师根据学生展示情况进行梳理补充）

学生活动：小组合作完成以下表格

诗歌	怎样体现	劳动场景
欢歌 《芣苢》	1. 重章叠唱 2. 动词	妇女们采摘芣苢，越采越快，越采越多
赞歌 《插秧歌》	1. 动词 2. 比喻 3. 对话（衬托）	一家人齐心协力，紧张忙碌的插秧场景

2. 需要跟着王老师一起吟诵两首诗歌，感受劳动的欢乐。

师：吟诵《芣苢》，生跟诵，体会与朗诵的对比，有何感受？

生：更加朗朗上口，更能表达出感情，欢快的情感。

3. 需要再听听广东神曲《插秧歌》，比较和上述两首诗歌的不同。

烈日田垌与你在秧地
一起去插秧，
扶着犁耙满身在滴汗
不必怕热浪。
默默笑语欢笑在田上
就像细雨扑面干，
但愿与你耕种在田上，
唱起秧歌响村庄。
烈日无忧与你在一起，
艰辛两不分
踏着泥漫两家在秧地，
不必怕滴汗，
田上有你充满活力，
田上有你笑面更多，
但愿与你相爱一起
陪伴天黑到天光。
默默笑语欢笑在田上
就像细雨扑面干，
但愿再创耕种神话，
这首秧歌一定火。

4. 需要说说吟诵、朗读、歌唱等表现形式的不同点，对主题表现有何作用。

（1）朗读：掌握抑扬顿挫，朗诵两首古诗。

（2）吟诵：吟诵《芣苢》，尝试吟诵《插秧歌》。

（3）歌唱：倾听后比较阅读歌词。

学习任务二：体味劳动者的艰辛与欢乐

现在，我们已经根据课文中内容完成了以上学习。接下来请小组自主学习，根据提示，发挥想象理解两首诗的诗意，体味劳动者的艰辛与欢乐。

学生活动：

（1）学生自由朗读这三首诗。

（2）根据课下注释依照例子翻译两首诗。

例1：

采呀采呀采芣苢，采呀采呀采起来。

采呀采呀采芣苢，采呀采呀采到了。

（采呀采呀采芣苢，一片一片摘下来。

采呀采呀采芣苢，一把一把捋下来。

采呀采呀采芣苢，提起衣襟兜起来。

采呀采呀采芣苢，掖起衣襟兜回来）

例2：

丈夫抛秧扔给妻子，小儿子拔秧大儿子插。

（笠是头盔蓑是甲，雨水从头湿到脖胛。

喊他吃饭休息一下，低头弯腰插秧不回答。

秧根不牢插秧未完，要顾好鹅鸭毁坏庄稼）

从翻译的字里行间，我们能感到《插秧歌》中一家劳动的艰辛与繁忙，从《芣苢》中我们能体会到劳动的浓浓的喜悦和欢乐之情。而这种喜悦和自豪是用劳动者的艰辛换来的，是经历了繁忙的劳动换来的，崇高的劳动精神，我们在到达历史中的诗歌和语言中看到了，在民歌的歌曲中听到了，在现实生活中看到了！这种精神让我们赞美，让我们传承，更让我们发扬！

学习任务三：以活动向身边最美劳动者致敬

1. 创作情景剧剧本

假如你是他们家的一员，再次阅读《插秧歌》，面对眼前农忙的情景，你的心理活动是怎样的？请你尝试用第一人称表现出来，要求字数不少于200字，注意适当运用肢体语言。

范例：

田夫

咱靠天吃饭的人，一年里最重要的就是这几天。秋苗插稳当了，这一年的收成可就踏实了。这么一大片地呢，可得赶紧干，过两天天一热，长势最快的机会就错过了。幸亏我俩身子骨还硬朗，孩子们也算半个劳动力了，也不知道这小子插得牢不牢，一会得去再检查一下。

哎，怎么下起雨了？下雨总比地干好，只是这一下雨，泥里边可就滑了，老大，老二，你们可千万站稳了，戴好斗笠，拽拽蓑衣，多少能遮挡点。吃饭？插完这块地再说吧！你快把饭放下，看看有没有小鹅和鸭雏来乱逛，刚插的秧苗可经不起折腾，别让它们给糟蹋了，这是一家人的口粮呢！

2. 小组合作完成《插秧歌》其他人物在插秧时的心理活动，并合作完成情景剧表演。（结合全诗）

3. 谈谈你如何理解“劳动才是人生快乐的真正来源”这句话的含义。

生1：劳动的过程虽然充满艰辛，但在和大自然斗争的过程中，却充满了家人相互关爱的浓浓温情，充满邻人之间的欢快言语，正是这种人情美让劳动变得充满美感。

生2：从古到今，劳动者都值得讴歌。古代的劳动者挥汗如雨，冒雨插秧，采摘野菜，日复一日地在劳作着，既是为了温饱，也是农耕社会的生活方式，一代代人就这样绵延着。

生3：袁隆平辛勤育种，张秉贵热心服务群众，钟扬探求生命的边界，这些都是劳动者杰出的代表。所有这些劳动者，支撑起了我们这个时代！

生4：劳动能够给予人能量。在大自然中劳作，中华民族是勤劳的民族，一代代炎黄子孙在这片的土地上，耕耘着、收获着，传承了历史，推动了中华文明绵延不息。

王老师：最美劳动者！是劳动让我们看到了自身价值所在，让生命变得更加有意义。我也为同学们正确的劳动观而深感自豪！

教师总结：劳动的欢乐，就是因为有了可贵的劳动精神，每一代人有每一代人的艰辛，每一代都会有劳动者的赞歌。相信本节课中，你已经深刻地感受到了劳动的精神，这精神将带领你，带领我，带领每一个中国人热爱自己的职业，在自己的岗位上坚守、奉献，为实现中华民族的伟大复兴贡献出自己的一份力量。

【作业设计】

1. 以“说说身边最美劳动者”为主题，小组合作完成一篇人物通讯。要求选材要真实，最好是你身边熟悉的劳动者。

2. 写一段有关劳动者劳作的场景剧本，主题要符合核心任务的要求，可以从课内篇目选材，表演时间限定为3分钟。（注：要有细节）

【板书设计】

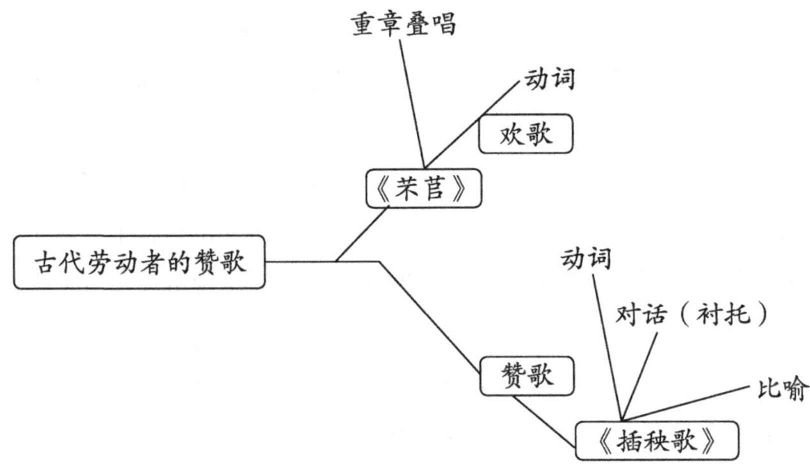

以勤追梦　以劳铸魂

——第二单元教学设计

河北省邯郸市涉县第二中学　张月雷

【单元学习目标】

1. 概括优秀劳动者的杰出事迹，深入分析人物形象；

2. 学习通讯报道，学会准确把握新闻信息，以典型事件和细节表现人物品质的写法，提升自己的媒介素养；

3. 认识践行工匠精神对于当代的意义与价值；

4. 学习新闻评论，学会联系社会现实提出观点并合理阐述的写法；

5. 鉴赏表现劳动生活的古诗，体会劳动之美和劳动的艰辛，丰富对社会生活的认识和对美好情感的体验。

【学习重难点】

重点：体会劳动的特殊意义和价值，形成正确的劳动观念。

难点：把握新闻通讯、新闻评论的特点，掌握其写作方法。

【课时安排】

9课时

第一课段　劳动之形

（第1、2、3课时）

【学习目标】

1. 阅读三篇通讯，了解袁隆平、张秉贵、钟扬的优秀事迹。
2. 分析概括通讯人物的精神品质，感受他们的人生情怀。
3. 分析三篇通讯特点，了解人物通讯及其特征。

【学习重难点】

重点：概括人物典型事迹，分析其精神品质。

难点：了解人物通讯的基本特征。

【教学过程】

学习任务一：导读与激趣：整体把握学习资源

活动一：复习回顾初中所学的新闻知识，了解常见的新闻体裁。

知识支架：

新闻是对新近发生和正在发生或早已发生却新近发现的有价值的事实及时报道的文体。是报纸、电台、电视台、互联网等媒体经常使用的记录与传播信息的一种文体。是记录社会、传播信息、反映时代的一种文体。

新闻概念有广义与狭义之分。广义上包括消息、通讯、特写、新闻评论等；狭义上特指消息。

消息：一般报道事实比较单一，突出最新鲜、最重要的事实，文字简洁，时效性最强。

新闻特写：是新闻体裁中富有表现力的重要体裁，以描写为主要手法，“再现”新闻事件、新闻人物“一瞬间”的形象化报道，它抓住新闻事件、新闻人物某些重要场面，或者具有特殊意义的一两个片段，用描写手法给予集中的、突出的刻画，将富有特征的真人真事“放大”和“再现”在读者面前，给人们留下深刻、鲜明的印象，使人们如临其境、如见其人、如闻其声。

通讯：一种比消息更详细和生动地报道客观事实或典型人物的新闻体裁，它以叙述和描写为主，兼用议论、抒情以及修辞等表达方式，及时报道现实生活中有影响的人物、事件、工作经验和地方风情等。

新闻评论：一种对最新发生的新闻提出的一定看法和意见的文章，是就当前具有普遍意义的新闻事件和重大问题发表议论、讲道理，有着鲜明的针对性和指导性的一种政论文体，是新闻媒介中各种形式评论的总称。

新闻体裁	初中学过篇目	本单元篇目
消息	《人民解放军百万大军横渡长江》《首届诺贝尔奖颁发》	
新闻特写	《“飞天”凌空——跳水姑娘吕伟夺魁记》	
通讯	《一着惊海天——目击我国航母舰载战斗机首架次成功着舰》	《喜看稻菽千重浪》《心有一团火，温暖众人心》《“探界者”钟扬》
新闻评论	《国行公祭，为佑世界和平》	《以工匠精神雕琢时代品质》

活动二：浏览单元目录、“单元提示”、“单元学习任务”，知晓本单元的学习内容和学习任务。

明确：任务群（实用性阅读与交流）；人文主题（劳动光荣）。

活动三：观看《“感动中国”颁奖典礼》袁隆平片段。

学习任务二：梳理与概括：归纳通讯人物的典型事迹及精神品质

活动一：快速阅读三篇通讯，积累生字新词和成语，简要概括文章各小节的内容。

活动二：依据文本，编制“人物大事记”，完成下面表格。

人物	典型事迹	精神品质
袁隆平	立志战胜饥饿，发现“天然杂交稻株”的杂种第一代	使命担当 敏于发现
	挑战世界性难题，寻找并发现“天然雄性不育株”	敢于探索 勇于创新
	捍卫农民福祉，以事实回应贬斥杂交水稻的观点	实事求是 坚持真理
	规划并培育超级水稻，引领杂交水稻走向世界	放眼世界 不断进取

续 表

人物	典型事迹	精神品质
张秉贵	接待抱着小孩的女顾客，照顾赶车却排在队尾的顾客	和蔼可亲 体贴入微
	耐心开解不讲道理的女顾客，女儿病重还以笑容迎接顾客	关怀备至 坚韧不拔
	照顾买得多的顾客而忽略了买得少的顾客，为面带病容的顾客选糕点以及被国民党兵痞打骂	知错必改 知恩图报
	利用业余时间到糖果厂参观，到医院向医生学习营养知识等	爱岗敬业 刻苦钻研
钟　扬	青少年时期，勇敢追求喜欢的专业与幸福的婚姻	雷厉风行 敢想敢做
	致力于科普工作，与自然博物馆、科技馆合作，并撰写、翻译科普著作，为中小学生义务进行科普	热心勤劳 富于远见
	对转导师的学生“接盘”与“兜底”，为学生定制个性化的发展规划，鼓励和帮助少数民族地区学生报考自己的研究生	勇于担当 严谨细致
	长期超负荷工作，不断探寻生命的边界	甘于奉献 勇于牺牲

学习任务三：分析与探究：理解劳动的价值和意义

活动一：什么是劳动？

提示：劳动是人的体力和智力的支出，必须提供对他人的有用性。

活动二：课堂探究

（1）选文的人物都是感动中国的杰出劳动者，这些劳动者是怎样感动中国的？

提示：劳动者的突出成绩；辛勤劳动、诚实劳动和创造性劳动；高度责任感和忘我的劳动情怀。

（2）这些劳动者为什么能成为杰出的劳动者，成为感动中国的人物？

提示：责任与奉献，耕耘与创造，平凡与伟大。

（3）这些劳动者的事迹给我们怎样的积极启发？

提示：树立无私奉献、锐意进取、勇于创造的劳动观念，立志成为奉献祖国的优秀劳动者。

学习任务四：总结与提升：怎么理解和报道新闻人物

知识支架：

（1）什么是人物通讯？

提示：以人物的新近行动为新闻，重在表现人物的品质、性格和精神面貌，通过个别显示一般，通过平凡突出伟大，达到揭示时代特征、感染并且教育读者的目的。

（2）怎样写好人物通讯？

提示：首先是要选好“新闻人物”。

选择人物，要注意如下标准：①能体现时代精神，反映社会面貌；②有能构成新闻的较充分的事迹；③生命形态和生活轨迹有一定的独特之处；④人物有鲜明的个性，能给读者留下深刻的印象；⑤可以反映某道理、事实。

其次，熟悉人物通讯的常用手法：①注意表现人物性格的特点；②在矛盾冲突中表现人物；③借他人之口刻画人物；④通过事实塑造人物；⑤通过细节刻画人物。

活动一：阅读教材56页《写人要关注事例和细节》，结合课文谈理解与运用。

活动二：比较分析三篇通讯塑造人物手法的异同。

<table>
<tr><th>课文</th><th>同</th><th>异</th></tr>
<tr><td>《喜看稻菽千重浪》</td><td rowspan="3">1.选取典型事件表现人物的优秀品质；
2. 正侧面描写相结合；
3. 大量的细节描写，如动作、心理、神态等；
4. 在矛盾冲突中展现人物性格；
5. 利用相关新闻背景塑造人物形象；
6. 在客观报道新闻事实的同时，有机融合记者的观点、情感，突出思想主旨</td><td>正面描写为主；细节描写多刻画人物内心</td></tr>
<tr><td>《心有一团火，温暖众人心》</td><td>多侧面烘托，如写人们对他的热情；细节描写多刻画人物语言动作</td></tr>
<tr><td>《“探界者”钟扬》</td><td>多侧面烘托，如周围人的评价；多引用人物个性化的语言；多事迹概述</td></tr>
</table>

活动三：评选最美新闻人物。

（1）制定最美新闻人物评选标准，比如体现时代精神和核心价值观，具有感人的事迹和杰出的成就，具备鲜明的个性和崇高的人格等。

（2）每个小组对照评选标准，从现实生活中评选一位最美新闻人物，并在班级内阐述交流评选理由。

【作业设计】

撰写颁奖词：搜集历年“感动中国”人物颁奖词，学习借鉴，为本组评选出的“最美新闻人物”撰写颁奖词。

【板书设计】

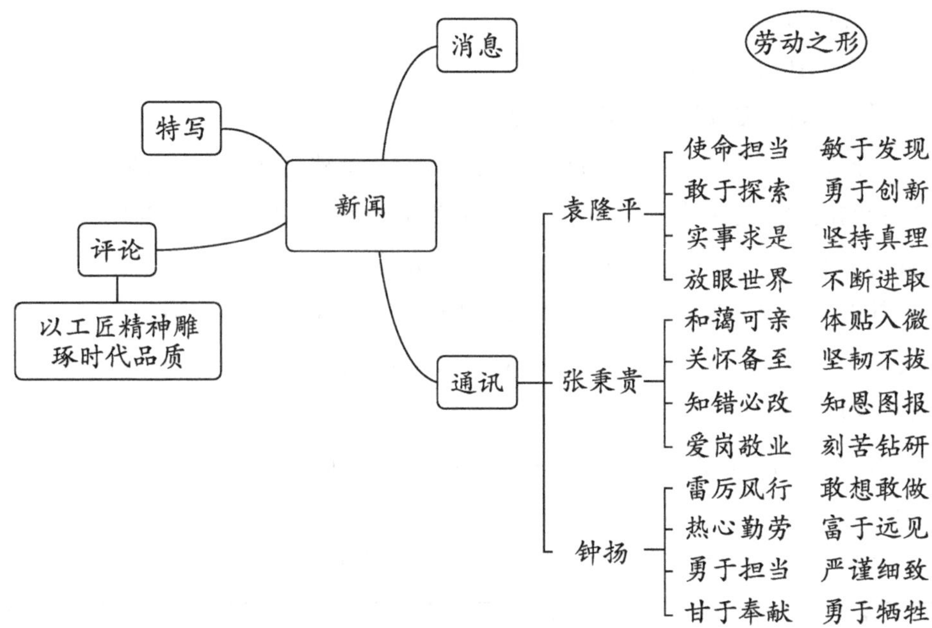

第二课段　劳动之神

（第4、5、6课时）

【学习目标】

1. 把握文章的主要观点，掌握其论证方法、论证思路。
2. 深入理解工匠精神的内涵及现实意义。
3. 体会新闻评论的逻辑结构和论证特点。

【学习重难点】

重点：探究如何践行工匠精神。

难点：掌握新闻评论角度选择的原则与方法。

【教学过程】

学习任务一：导读与激趣，整体把握学习资源

观看《大国工匠》视频片段，学生谈感悟。

设疑：工匠精神是什么？我们为什么要传承工匠精神？

学习任务二：筛选与整合，理解工匠精神的内涵及现实意义

活动一：阅读新闻评论《以工匠精神雕琢时代品质》，圈点批注关键信息。

活动二：结合“学习提示”，以“内涵”和“时代精神”为关键词，整合文本信息，形成思维导图。

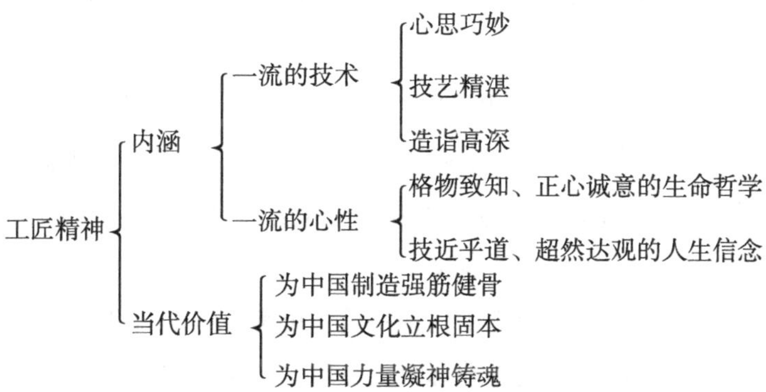

活动三：对照文本，具体分析我们从袁隆平、张秉贵、钟扬身上看到了怎样的工匠精神。

活动四：我们应该如何践行工匠精神？（可引用课文关键句）

提示：一个时代有一个时代的气质，我们的时代怎样被书写，取决于我们每个人的表现；工匠精神是手艺人的安身立命之本，亦是我们生命的尊严所在；我们不必人人都成为工匠，却可以人人都成为工匠精神的实践者。

（三）学习任务三：分析与探究，把握新闻评论的基本特征

知识支架：

1. 新闻评论的概念及其特征

新闻评论，是对新近发生的有价值的新闻事件和有普遍意义的紧迫问题，运用分析和综合的方法，就事论理，就实论虚，有着鲜明针对性和指导性的一种新闻文体，是现代新闻传播工具经常采用的社论、评论、评论员文章、短评、编者按、专栏评论和评述等的总称，属于论说文的范畴。简而言之，新闻评论是就有价值的新闻事实和社会现象发表意见以指导实践的一种具有现实针对性的文体。

2. 新闻评论和一般的议论文有何异同?

新闻评论就当前具有普遍意义的新闻事件和重大问题发议论、讲道理，与其他言论一样，也是由论点、论据、论证三要素组成。但新闻评论有着鲜明的针对性和引导性，更具政策性，兼具思想性和文采。

3. 如何选取新闻评论的角度?

新闻评论角度的选择一般基于以下方面的考虑：

（1）倾向性。依托新闻事实做出价值判断，这种倾向性往往反映的是主流社会的声音。

（2）引导性。通过对现实生活中的新闻事实和重要问题做出分析，以表彰先进，针砭时弊，明辨是非，引导人们正确认识当前的形势，为他们指明方向。

（3）政策性。尽可能从思想、政策理论高度提出问题、分析问题和解决问题，阐释新闻事实所包含的现实意义。

活动一：从本单元三篇通讯中任选一篇，思考可以从哪些角度进行评论。

活动二：梳理《以工匠精神雕琢时代品质》行文思路。

提示：时代呼唤工匠精神（总）—工匠精神内涵和时代价值（分）—呼吁践行工匠精神（总）

活动三：拓展阅读《用城市温度呵护劳动者的幸福生活》《抗疫全胜需要世界携手前行》，圈点批注关键信息，梳理文章论证思路。

提示：引述材料—议论主题—辩证分析—总结评价

活动四：结合三篇文章及你对新闻评论的理解，概括归纳新闻评论的基本特征。

提示：

（1）新闻评论的题目基本上就是中心观点。

（2）新闻评论讲究有的放矢、就事论理、有感而发，其立意贵在“准”“新”“深”。

立意贵“准”，指评论基本观点正确、切合实际，符合法制与政策思想，又恰如其分，合乎情理，这也是保证评论的舆论导向正确的必要条件；立意贵“新”，指的是见解新颖、论点新颖，能给读者以思想启迪，给实际工作以新的启示；立意贵“深”，就是要把评论涉及的基本道理与中心论点分析透、论述透。

（3）新闻评论整体一般都采用总—分—总结构，中间主体部分可以采用不同的结构思路，如层进式（《以工匠精神雕琢时代品质》《用城市温度呵护劳动者的幸福生活》）、并列式（《抗疫全胜需要世界携手前行》）等。

【作业设计】

学写新闻评论：收看最新一期的《新闻周刊》《新闻1+1》等新闻类节目，或浏览新闻网站，结合社会热点问题，任选一则新闻，写一篇500字左右的新闻评论。

【板书设计】

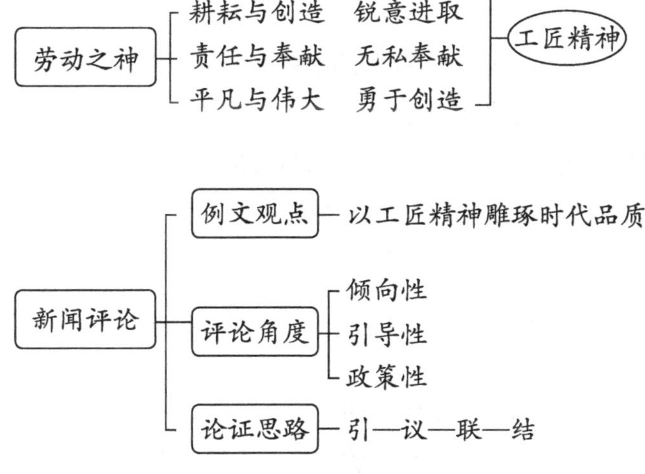

第三课段　劳动之美

（第7课时）

【学习目标】

1. 诵读诗歌，理解诗意，体会诗情。

2. 感受古代灿烂的文化，陶冶高尚的情操。

3. 领会劳动之乐，体会劳动之美与劳动者之美，丰富对劳动生活的认识。

【学习重难点】

重点：理解诗歌内容，把握其中的思想情感。

难点：学习重章叠唱手法在诗歌中的运用。

【教学过程】

阅读与鉴赏：准确把握诗歌内容和情感

知识支架：

《诗经》文化常识

（1）《诗经》是中国古代诗歌开端，是中国现实主义文学的光辉起点。收集了西周初年至春秋中叶（前11世纪至前6世纪）的诗歌，现存305篇，由孔子编订。

（2）先秦时期称为《诗》，或取其整数称《诗三百》。西汉时被尊为儒家经典，始称《诗经》，并沿用至今。

（3）《诗经》内容丰富，反映了劳动与爱情、战争与徭役、压迫与反抗、风俗与婚姻、祭祖与宴会，甚至天象、地貌、动物、植物等方方面面，是周代社会生活的一面镜子，被誉为“古代社会的人生百科全书”。

（4）《诗经》“六义”，指风、雅、颂三种诗歌形式与赋、比、兴三种表现手法。

活动一：反复诵读诗歌，整体感知。

活动二：结合课下注释，理解诗歌内容，小组内交流分享，老师答疑。

活动三：结合“学习提示”，深入理解诗歌思想内容及艺术特色。

活动四：结合两首诗歌，谈谈你对劳动有怎样更加深入的认识。

提示：中华民族有热爱劳动的优良传统。无论是欢愉还是忙碌，都表明劳动从来都是我们这个民族生生不息的不二法门。正是一位位普通而伟大的劳动者，创造了生活的物质条件，开拓了生活的智慧空间，让我们能够幸福生活。关注生活中的劳动者，才能真正认识生活的意义和价值。

【作业设计】

从《芣苢》《插秧歌》中任选一首，结合对诗句的理解，展开联想，描写诗中详细展示的某一劳动场景，200字以上。

【板书设计】

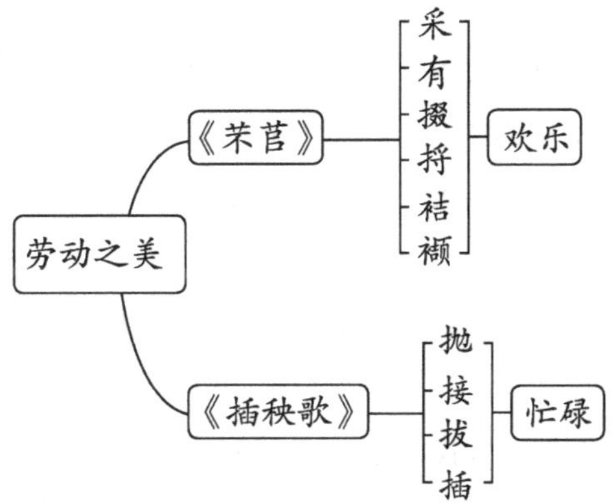

第四课段　劳动之志

（第8、9课时）

【学习目标】

1. 进一步加深对劳动价值和意义的理解，树立正确劳动观。
2. 写作训练。
3. 语文实践：演讲。

【学习重难点】

重点：演讲稿写作指导。

难点：演讲指导。

【教学过程】

活动一：阅读下面的材料，根据要求写作。（2019全国Ⅰ卷）

“民生在勤，勤则不匮”，劳动是财富的源泉，也是幸福的源泉。“夙兴夜寐，洒扫庭内”，热爱劳动是中华民族的优秀传统，绵延至今。可是现实生活中，也有一些同学不理解劳动，不愿意劳动。有的说：“我们学习这么忙，劳动太占时间了！”有的说：“科技进步这么快，劳动的事，以后可以交给人工智能啊！”也有的说：“劳动这么苦，这么累，干吗非得自己干？花点钱让别人去做好了！”此外，我们身边也还有着一些不尊重劳动的现象。这引起了人们的深思。

请结合材料内容，面向本校（统称“复兴中学”）同学写一篇演讲稿，倡议大家“热爱劳动，从我做起”，体现你的认识与思考，并提出希望与建议。

要求：自拟标题，自选角度，确定立意；不要套作，不得抄袭；不得泄露个人信息；不少于800字。

活动二：小组之间同学互评，写评语，自主升格作文。择优推荐参加班级演讲比赛。

活动三：“热爱劳动，从我做起”主题演讲比赛。

1. 观看《我是演说家》等演讲类节目，想一想演讲者除了演讲稿打动人心之外，还有哪些演讲技巧值得你借鉴，一场精彩的演说还有哪些问题需要关注。与同学交流讨论一下。

2. 设计演讲比赛宣传海报。

3. 设计请柬，邀请学校领导、老师、家长参加。

4. 遴选主持人，撰写主持词。

5. 制定演讲比赛评分标准。

6. 一切就绪，择期举行活动。

第三单元

《梦游天姥吟留别》

新疆生产建设兵团第六师五家渠高级中学　甘卫红

【教学设计说明】

根据课后“单元提示”（逐步掌握古诗词鉴赏的基本方法，认识古诗词的当代价值。在诵读和想象中感受诗歌的意境，欣赏其独特的艺术魅力。阅读古诗词，体味古人丰富的情感、深邃的思想、多样的人生，加深对社会的思考，增强对人生的感悟）、“学习提示”（在诵读中发挥想象，品味组成梦境的意象以及梦境所隐含的精神追求）和“单元学习任务”（体会古诗词深刻的意蕴和独特的艺术匠心）制定学习目标。

【学习目标】

1. 展开想象，体悟诗歌描绘梦境中的景物特点。

2. 置身诗境，深度思考，理解李白复杂深沉的情感，体会浪漫主义手法的运用。

【学习重难点】

重点：引导学生体会作者的想象，体悟诗歌描绘梦境中的景色特点。

难点：体会想象手法的运用，理解李白浪漫主义风格，理解李白复杂深沉的情感。

【教学过程】

（一）课前导入

送别诗，多是表达分别的难舍、悲伤，然而浪漫主义诗人李白，却另辟蹊径，借着这首梦游诗完全突破了送别、留别诗的惜别伤离的常规，表达了自己鲜明政治态度。那么，他的鲜明的政治态度是什么？他为什么会有这样的态度？他的这篇诗作又为什么成了传诵千古的名篇？让我们一起来探究一下吧。

设计意图：阅读诗歌从题目入手，培养自主解读文本的意识。开篇设疑激趣，此问题也能统摄全课堂。

（二）合作学习

任务一：概括景物特点，总结写景手法

自读第一段，完成以下学习活动：

活动1：诗人心里的天姥山是怎样的？

学习交流后得出天姥山的特点：神奇、高峻、雄伟。

活动2：诗人是如何写出这样的特点的？

学习交流后总结出具体写法：

（1）以虚衬实。天姥山像传说中的瀛洲一样，神秘而又美妙。然而瀛洲的“信难求”，让人却步，而天姥的“或可睹”则成了一种强烈的诱惑。如此以瀛洲陪衬天姥，以虚衬实，不仅给天姥山蒙上了一层神秘美妙的面纱，写天姥山的神秘缥缈、迷离恍惚，而且勾起了作者神游天姥山的念头。

（2）对比。用五岳、天台来衬托天姥山的雄峻巍峨，进一步勾起了作者神游天姥山的强烈愿望。

（3）夸张，“横”“拔”“掩”三个动词，描绘天姥山拔地参天、横空出世的雄伟形势。这三个动词不仅写出天姥山的外形，而且赋予强烈的气势和动态感。

活动3：此段语言上有什么特点？

学习交流后明确：

语言特点：第一段，以七字句为基础，杂用五言，构成了形式自由的长短句，这样长短交错，换韵自由，富于变化，是“歌行体”的突出特征。大量七言句，使诗歌文采飞扬，音乐和谐，铿锵悦耳。

设计意图：让学生在阅读中感悟文字内容。写作技法、答题规范，是高考必考内容，在教读中，慢慢渗透，增强“语言建构和运用”这一核心素养。

活动4：第1段的具体作用是什么呢?

学生深入思考交流后得出：

第一段为第二段的梦游作铺垫，所以我们就将第一段概括为梦游之因。

（因为天姥山的神奇、高峻、雄伟，让诗人无比地神往，因而就“我欲因之梦吴越，一夜飞度镜湖月”。因为是梦游，作者就借助他丰富的想象，完成了天姥山之游。让我们来学习第二段梦游之境）

任务二：理清想象路径，发展深度思维

活动1：因为是梦游，作者就借助他丰富的想象，完成了天姥山之游。诗人基本以时间为序，描绘了几幅图景。请同学们给诗人描画的图景命名，并用1—2个词概括每一幅图景的特点。

（出示PPT，展示教师示例）

我欲因之/梦吴越，一夜飞度/镜湖月。

湖月/照我影，送我/至剡溪。

谢公宿处/今尚在，渌水荡漾/清猿啼。

梦至剡溪图 清幽寂静

设计意图：让学生体会作者的想象，感受图景。感受图景特点，也是体悟作者想象的途径。作者丰富的想象，是本课重要的写法，也是作者浪漫主义手法的突出表现。感受图景特点以及蕴含在字里行间里的情感，这是高考语文必备素养，也是落实“思维发展与提升”这一核心素养。

（同学们按照以上示例，自己先思考，写下来。然后小组交流。最后小组展示最优解）

其余图景参考如下：

脚著/谢公屐，身登/青云梯。

半壁/见海日，空中/闻天鸡。

登山奇观图 壮美奇绝

（字里行间里流露出登山的轻捷情态和心境的愉悦）

千岩万转/路不定，迷花倚石/忽已暝。

熊咆龙吟/殷岩泉，栗深林兮/惊层巅。

云/青青兮/欲雨，水/澹澹兮/生烟。

山中夜景图 离奇险怪

列缺/霹雳，丘峦/崩摧。
洞天/石扉，訇然/中开。
青冥浩荡/不见底，日月照耀/金银台。

洞天奇景图
灿烂辉煌

霓为衣兮/风为马，云之君兮/纷纷而来下。
虎鼓瑟兮/鸾回车，仙之人兮/列如麻。

群仙降临图
瑰丽奇异

忽/魂悸/以魄动，恍/惊起/而长嗟。
惟/觉时之枕席，失/向来之烟霞。

梦惊神伤图
冷落凄凉

活动2：赏析诗歌的浪漫主义手法。

李白的浪漫主义，体现在他“飞流直下三千尺，疑是银河落九天”“燕山雪花大如席，片片吹落轩辕台”“大鹏一日同风起，扶摇直上九万里”“白发三千丈，缘愁似个长”这类诗句丰富的想象、大胆的夸张上，请同学们结合第一、二段，分析李白的浪漫主义风格。

思考交流后明确：诗人在第一、二段，写了梦游的原因，梦游的境况。诗人用了以下手法创造了瑰丽的意境，构成了他的浪漫主义风格。

（1）丰富的想象（天鸡、金银台、霓衣、风马、云之君……）

（2）大胆的夸张（向天横、拔五岳、掩赤城、倾天台……）

（3）瑰丽的境界（云霞、明月、渌水、清猿、海日、青冥……）

（4）奇特的构思运用对比、反衬手法，从现实（浑浊、冷酷）到梦境（美妙、欢乐），又回到现实。

（也许吴承恩的《西游记》就借助了李白的丰富的想象，描画了神仙鬼怪的世界。然而诗歌的目的是抒情，那么诗人抒发了什么情感呢？请同学们一起读第三段）

任务三：明确诗歌主旨，落实终极审美

活动1：诗人在第三段抒发了哪些情感？（学生再读，写出思考结果，然后小组交流）

设计意图：引导学生自主阅读，让学生明白，语文的答案是从文章里读出来的，要言之有据。落实“审美鉴赏与创造”这一核心素养。

参考答案：

（1）世事无常的伤感。（世间行乐亦如此，古来万事东流水）

（2）寻访名山，逃避现实。（且放白鹿青崖间，须行即骑访名山）

（3）蔑视权贵，追求个性自由。（安能摧眉折腰事权贵，使我不得开心颜）

（李白为什么会抒发出这样的情感呢？每一个人都是社会的成员，都会有自己的喜怒哀乐。李白也不例外，让我们用“知人论世”的方法来一探究竟）

活动2：联系背景，谈谈作者为什么会抒发以上情感？为什么要花如此多的笔墨来描写梦境？

设计意图：结合背景，知人论世，理解诗人复杂的情感。落实“审美鉴赏与创造”这一核心素养。

（PPT展示）李白生平

14岁　立志“安社稷”“济苍生”

25岁　仗剑远游，求仕无果

42岁　奉诏入京，供奉翰林

44岁　权贵排挤，赐金放还（诗人在此时写下了这首诗）

54岁　安史之乱，从军报国

56岁　兵败流放，中途遇赦

61岁　再请从军，因病折回

62岁　病逝当涂

结合背景，小组讨论，教师小结。

现实中，诗人遭到权贵排挤的愤懑难以排遣，所以只能在梦中憧憬。梦之所以憧憬得如此美丽，就是因为李白深怀着对现实的不满。不能改变现实，就只有飘入梦幻之所。梦境成为他摆脱现实的避难所，成为他人生追求的理想国。梦境越美，就越能衬出现实之丑恶。

作者用奇特的夸张描写了天姥山的雄姿，以主要的笔墨借助想象描绘了梦游天姥山的情景，突出展现了作者的浪漫主义风格，表现了诗人内心的矛盾。既有对人生感伤和逃避现实的态度，又有对上层统治者的蔑视。他的求仙问道，绝不是为了满足一己之贪欲，而是想用远离现实的办法，表达对权臣贵戚的鄙弃和不妥协。

（李白的特立独行，李白的浪漫主义风格，李白对权贵的鄙弃都成了很多文人精神坐标。想必同学们也会因为学习，对李白有话说。今晚的作业如下。）

【作业设计】

面对政治理想破灭却能坚守独立人格，同时具有蔑视权贵思想和傲岸不屈性格的诗人李白，你肯定想说的太多。请以“李白，我想对你说”这个句式写几句话来表达你的心声！

设计意图：通过作业，强化“理解李白复杂情感”的学习任务，读写结合，落实“文化传承与理解”这一核心素养。

【板书设计】

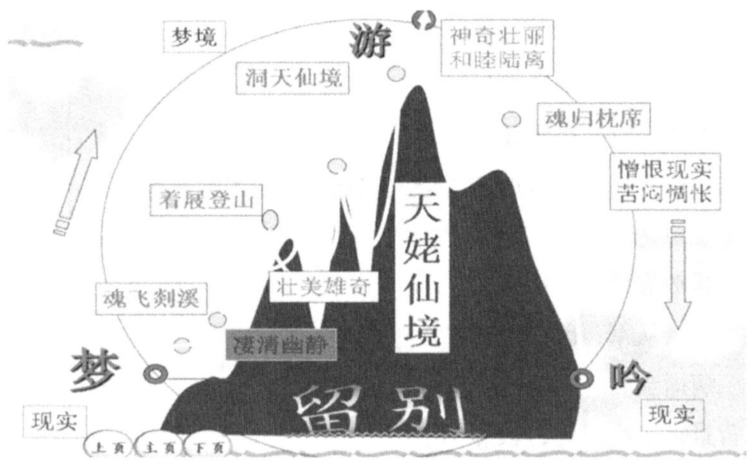

《声声慢》

——艰难苦恨清照影，花中一流易安词

新疆兵团第六师五家渠二中　林晖

【教学设计说明】

本单元是统编高中语文必修上册第三单元第九课，这个单元汇集了不同时期不同体式的诗词名作，表现出不同的人生境遇和情感世界。《声声慢》是李清照的代表作，学习中可以通过知人论世、以意逆志等方法把握诗歌内涵，体察作者对社会与人生的思考，通过比较阅读等方法进一步理解作者的精神境界。

【单元学习目标】

1. 从“生命的诗意”角度思考作品的意蕴，并结合自己的体验感悟对生命的思考。

2. 掌握古诗词鉴赏的基本方法，认识古诗词的当代价值，提升综合审美鉴赏力。

3. 学习从语言、形象、情感等不同角度欣赏作品，学写文学短评。

本课时是本单元阅读教学设计的第三课时，旨在通过赏鉴语言、形象、情感等方面的特点，进而学习写作文学短评，完成单元教学目标。

【学习目标】

1. 读感悟李清照人生经历对其创作的影响。

2. 品读感悟李清照新颖独特的情感表达方式。

【学习重难点】

重点：比较诵读感悟李清照作品中的情感变化。

难点：品悟李清照词作的独特艺术美。

【学习支架】

李清照的生平经历及各时期代表作品。

【教学过程】

（一）导入

今年夏天，老师有幸到山东章丘参观了“千古第一才女”李清照纪念馆，现在请同学们跟我一起走进李清照纪念馆，开启我们的文化之旅。（播放章丘李清照故居视频）（请七位同学做知识支架的相关介绍）

知识支架一：公元1084年，李清照生于章丘，父亲李格非是济南人，进士出身，苏轼的学生，母亲王氏也很有文学修养。受家庭环境的影响，特别是父亲李格非的影响，李清照少年时代便工诗善词。章丘这里环境优雅，庭院开阔，漱玉泉、梅花泉、墨泉遥相呼应汩汩流淌，像李清照的情思绵绵不断，看那雕梁画栋的水榭边的芭蕉树，听她内心流淌出的歌：（屏幕展示《如梦令·昨夜雨疏风骤》《如梦令·常记溪亭日暮》两首词）。公元1099年，16岁的李清照随母亲来到父亲任职的汴梁（也有资料说李清照是大约7岁的时候来京城），她还时常回忆故乡的生活。《如梦令·常记溪亭日暮》一词约作于来京城后。

设计意图：通过引导学生观看不同地区李清照的故居视频，补充李清照的生平经历介绍，帮助学生感悟其作品中的情感变化。

（二）学习研讨

学生活动一

学生自读两首《如梦令》。这两首写了哪些内容？表达出作者哪些情感？可以感受到这个时期李清照的哪些特点？

学生分享读后的感受：这两首《如梦令》一首写伤春怜花，一首写游玩醉酒泛舟与侍女比赛却惊起鸥鹭的欢快惊喜。从词作中可以感受到少女的活泼、天真，无忧无虑的悠闲生活。

知识支架二：公元1101年，18岁的李清照与门当户对的赵明诚喜结连理。婚后二人琴瑟和谐，同赏花月，但是社会的暗流却冲破了他们安宁的生活。公元1103年，李清照父亲因为是苏轼的学生，受苏轼被贬事件的牵连被罢官，全家被遣离京城，20岁的李清照被迫与丈夫分离。公元1107年，赵明诚父亲因得罪权臣蔡京被免职，在其去世后赵家离开京城，24岁的李清照随赵家归居青州。

学生活动二

同学们我们再来了解一下李清照在青州的生活情况。（视频播放青州李清照故居）

知识支架三：到青州后，生活虽然没有京城的热闹繁华，却也平静安宁，当时25岁的李清照给自己取了别号“易安居士”。在青州夫妇二人继续收集金石古籍，赵明诚开始写《金石录》，李清照协助，闲时一起写诗作赋，后来赵明诚离开青州，李清照写有《醉花阴·薄雾浓云愁永昼》《一剪梅·红藕香残玉簟秋》等词作。（屏幕显示《醉花阴》《一剪梅》）

学生赏读《醉花阴》《一剪梅》

这个时期李清照的词作中主要有哪些情感？这两首词中可以感受到李清照的创作中有哪些新颖之处？

学生讨论后分享：因为赵明诚在外，夫妻分离，她的词作中多带有相思意和相思苦，风格婉约细腻。新颖之处：用形象的比喻、生动的细节描摹，对比手法等把相思之愁写得淋漓尽致。

学生活动三

知识支架四：社会的风浪又一次打破了李清照生活的宁静。公元1127年，靖康之变，金人南侵，掳走北宋徽、钦二帝，朝廷岌岌可危，北方局势严峻。受赵明诚嘱托，李清照挑选多年收集的贵重收藏渡江南下，不久青州家中其余收藏的文物全部毁于兵祸。多年收藏的心血毁于一旦让李清照痛心不已，而丈夫赵明诚在江宁任上的临阵退缩更让李清照失望。

1129年，在向江西逃亡的路上路过乌江，面对浩浩江水，李清照吟诵了《夏日绝句》（屏幕展示《夏日绝句》）“生当作人杰，死亦为鬼雄。至今思项羽，不肯过江东”。

学生诵读《夏日绝句》思考：这首诗歌与李清照的词作在情感和写作风格方面有哪些不同？

学生思考后分享：李清照的诗歌中有更多对社会生活的关注，有满腔的报国雄心。她坚韧、刚烈的性格更显突出，虽然她不过是一个纤纤弱女子，却有着比热血男儿更坚定的报国壮志，诗歌风格豪迈，情感热烈。

学生活动四

知识支架五：生活对李清照的磨砺远没有结束，更猛烈的风暴正在逼近这个弱女子。1129年，赵明诚病故。李清照大病一场，寄送到洪州暂存的文物在金人攻破洪州后尽毁。1130年，李清照想带着身边仅存的文物投奔宋高宗，结果高宗皇帝没有见到文物也尽数被盗。一连串的打击使她尝尽了国破家亡、颠沛流离的苦痛。大约在这个时期她写下了《声声慢》。

学生品读《声声慢》

1. 词人在寻觅什么？她找到了吗？

2. 梁启超所说："那种茕独凄惶的景况，非本人不能领略；所以一字一泪，都是咬着牙根咽下。"你在词中体会出词人的哪些凄凉？

3. 请推荐这首词中你最欣赏的一处美，就词的用词用句、情感抒发、意境营造等方面，分享你的感悟。

学生探究思考后分享：这首词通过对残秋黄昏悲凉景色的描绘，反映了她遭到浩劫之后，在孤苦伶仃的日子里煎熬的情景。字字凄苦，声声催泪，表达出作者的哀愁和沉痛，也曲折地反映了战乱中的南宋百姓的苦痛遭遇。

学生活动五

知识支架六：公元1132年李清照再嫁张汝舟，但不久发现张汝舟只是贪图钱物，得不到便恼羞成怒，甚至对她暴力相加，不堪忍受的李清照选择宁愿坐两年牢也要脱离这婚姻的苦海。1134年身心俱疲的李清照继续在江南一带辗转漂泊，在浙江金华她登上了八咏楼。（屏幕展示金华八咏楼图片和《题八咏楼》诗）

学生齐读《题八咏楼》

思考：李清照在诗中表达出的情感与词作中有哪些不同？

这首诗中作者把大好河山与祖国命运结合起来，以雄峻的笔势，极写了在八咏楼所见江河横流、旷野无边的景色，气魄宏大，而一个"愁"字又把读者的心思从眼前壮丽的景色带到现实中风雨飘摇的南宋朝廷，如此大好河山竟忍心拱手让与敌人，不禁使人万分愤慨。李清照的此诗气魄宏大，思虑深广，颇有豪放之风格，与她的词作中婉约细腻的风格不同。

知识支架七：公元1136年居于临安，1155年前后，历尽了悲欢、荣辱的李清照香消玉殒。但是，她留给后世的文学艺术作品却熠熠生辉、光耀千古。

学生活动六

小组合作探究思考：

1. 回顾李清照的一生，你认为她的人生经历对她的创作风格有哪些影响？

学生比较李清照前期和后期的词作讨论后梳理完成下表

	李清照前期的词作	李清照后期的词作	小结
意象	海棠花、舟、藕花、酒、流水等	酒、梧桐、雨、黄花等	
意境	明丽	凄婉、沉郁	
情感	活泼、欢快、相思	凄楚、哀婉、悲凉	
语言风格	清新、淡雅	含蓄隽永	
表现手法	比喻、对比、细节描写等	比喻、虚实结合、细节描写等	

小结分享：李清照的遭遇和痛苦都是紧紧地和社会现实连在一起的。她的心路历程与她独立的思想性格使得她的创作风格在不断变化，少女时代的李清照在家庭环境及自然环境中受到熏陶，培养了良好的文学素质，造就了她率真自然的个性和心灵，奠定了她独立自由的创作风格。前期词作中充分表现出作者对大自然的热爱、对美好生活的向往以及对丈夫的思念，风格清新隽秀，充满活力。在经历了丈夫的离世和国破家亡的惨痛后，她的词中感情上更加悲凉，风格更加凄婉。她后期的词作，多是描写国破家亡时的离乱生活，寄托自己光复山河、重整乾坤的强烈愿望。婉约细腻的词风，也融入更广阔的社会生活，其思想内容也远远超出了对个人的身世飘零之叹。国难家仇交织在一起，风格苍凉沉郁，感人肺腑！

2. 李清照在《词论》一书中提出词“别是一家”之说，强调了词与诗的分野，那么她的作品是怎么表现出词“别是一家”的特点的？请结合一首词或其中的词句分享你感受到的别样之美。

（1）学生研读李清照的诗和词讨论后完成下表。

	李清照的诗歌	李清照的词作	小结
意象	乌江、八咏楼	舟、酒、花、梧桐、雨、流水等	
意境	开阔雄浑	柔美、哀婉	
情感	爱国情报国志	离愁别绪	
语言风格	豪迈雄浑	婉约细腻	
表现手法	用典、借古讽今	比喻、虚实结合等	

小结分享：李清照的诗歌题材广泛，爱憎分明，风格豪迈遒劲，颇有大丈夫气概，字里行间洋溢着慷慨激昂的爱国之情，善于使事用典，借古讽今，具有浪漫主义色彩。词作饱含着慷慨激昂的爱国之情、雄浑沉郁的家国之思和对人生的种种感悟。在李清照的词中，我们看到更多的是一个“人比黄花瘦”“欲语泪先流”的哀婉女子，她将女性细腻、婉约的内心世界用具体优美的文字表现出来，开辟了一道独特的文化风景。

（2）学生研读李清照的词作讨论后分享其独特之美：①真情至性动人心：李清照在词中展示的种种情感之所以打动人，主要的是她作品中真情实感的流露。一方面她真实地描写了在动荡不定的社会背景下，自己坎坷不平的生活道路；另一方面也毫不掩饰地倾诉了自己由此而触发的万千感慨。美好而纯真的少女情怀，幽怨深挚的闺情相思，靖康之变后，那颠沛流离、孤苦伶仃的苦难生活，字字句句，都是从作者心底涌出的歌，而她的勇毅和坚韧使她在面对人生中种种不幸遭遇时没有倒下，她始终保持那种“自是花中第一流”的高洁精神。这些都是作者真性情的自然流露，真挚而恳切，所以打动人心。②平实语言出新意：A.词人用平常无奇的文字表现新奇的意境，使得李清照创作出别具一格的作品。她善于把一些家常语熔炼于词中，运用通俗的语言铺成极其工巧细腻的画面，婉约深细，而又意境高远，比如《声声慢》中叠词的运用等。B.用白描的手法来表现对周围事物的敏锐感触，刻画细腻、微妙的心理活动，表达丰富多样的感情体验，塑造鲜明、生动的艺术形象。C.善用修辞手法以细腻委婉的笔触抒写自己的情感。她词作中的笔力横放、铺叙浑成的豪放风格，又使她在宋代词坛上独树一帜，从而对辛弃疾、陆游以及后世词人有较大影响。她杰出的艺术成就赢得了后世文人的高度赞扬。

设计意图：通过比较阅读，体悟李清照“别是一家”的风格特点，进一步学习感悟作者独特的艺术美。

（三）课堂小结

李清照从小衣食无忧，少年得意，扬名京师，当时的幸福与安乐在她的笔端是清秀旖旎的词句。然而世事难料，亲人离散，国破家亡，她漂泊半生，孤寂离世，易安居士终未得安。但是易安居士生前未了的心愿在今天实现了。请同学们再与老师去济南趵突泉边的李清照纪念馆看看吧（播放视频），这座纪念馆中有郭沫若先生的题诗："一代词人有旧居，半生漂泊憾何如？冷清今日成轰烈，传诵千秋是著书。"是啊，李清照用她的作品为我们展示出生命是如何在磨砺中拔节生长的，她对"自是花中第一流"精神的执着追求，她对坎坷命运发出的不屈抗争。苦难没能压垮李清照，相反，苦难越重，艺术的灵魂飞得越高。让我们一起美读《声声慢》，在诵读中向坚韧孤傲的灵魂致敬。

我们的生活中也会有坎坷波折，从李清照身上我们又学到了什么呢？

【作业设计】

（2、3题可选一题完成）

1. 背诵《声声慢》+自选一首李清照的其他词作。

2. 学校广播站《今日诵读》栏目计划推荐李清照的作品，你会推荐哪一篇？写一段推荐词并说明理由。

3. 冰心说过：成功的花朵，人们只知道它的娇艳，却不知道当初它的芽儿，沐浴了奋斗的泪泉，洒遍牺牲的血雨。结合李清照的经历和创造谈谈你对此的理解。

【板书设计】

《念奴娇·赤壁怀古》《声声慢》比较阅读

新疆生产建设兵团第六师五家渠第三中学　龙萍

【单元学习目标】

1. 诵读作品，深切地体会诗歌的情感。

2. 理解诗词内容以及作者的思想感情，感受诗人的人格魅力。

3. 通过鉴赏诗词，体会不同的诗歌风格，诗人个性化的表达，独特的审美视野，提高学生的审美能力、提升理性思维品质。

4. 积累诗词，并能熟练运用到写作当中去，会写诗歌推荐词，在单元教学中训练学生通过语言文字表达自己的审美感受，学写文学短评，提高表达能力。

【学习目标】

1. 通过诵读感受苏轼、李清照的词风。

2. 积累和建构品析语言的能力，提升理性思维品质，感受宋词豪放与婉约之美。

3. 知人论世，探寻苏东坡的“心安之处”，感受其人格魅力。

【学习重难点】

重点：积累和建构品析语言的能力，感受宋词豪放与婉约之美。

难点：探寻苏东坡的“心安之处”，感受其人格魅力。

【教学过程】

第三单元“生命的诗意”为我们展示的名家名篇颇具时代的意义又有生命的哲思。为弘扬传统文化、感悟诗词之美，五家渠第三中学高一年级组计划开展“经典诵读”活动。

设计意图：结合新课标为提升学生审美能力与经典诗词传承意识，特以高一年级组“经典诵读”活动作为本单元的大单元任务。

情境任务：

今宵酒醒何处？杨柳岸，晓风残月。此去经年，应是良辰好景虚设。便纵有千种风情，更与何人说？

——柳永《雨霖铃》

怒发冲冠，凭栏处、潇潇雨歇。抬望眼、仰天长啸，壮怀激烈。三十功名尘与土，八千里路云和月。莫等闲、白了少年头，空悲切。

——岳飞《满江红》

宋词犹如一位绝美的女子，穿越千年，走过幽深的长巷，叩开朱红的门扉，无数词人借小桥流水赏花惜春写尽人间悲欢离合，无数词人绘豪山壮水纪游咏物尽展个人抱负。形成豪放与婉约两大流派。苏轼留下了许多诗文，治愈了自己的悲伤，也治愈了许多后来人。

试问岭南应不好？却道，此心安处是吾乡。

——苏轼《定风波》

一生都在“贬逐”中度过的苏轼，他的坚守他的释怀，他的旷达与豪放让我们沉醉。让我们通过本课的比较阅读，与苏轼、李清照共觅心安之处，感受这一份“生命的诗意”。最后整合自己本堂课的点评为《念奴娇·赤壁怀古》或《声声慢》写一段推荐词并推荐小组代表朗诵。为第三单元“生命的诗意”大单元任务：高一年级“经典诵读”做准备。

（一）课前预习

1. 结合苏轼、李清照生平经历，重点标注苏轼、李清照的人生经历。

2. 诵读诗歌，小组推荐代表PK。胜者谈谈诵读感悟。

（二）学习任务一：初读比较，品赏苏词、李词之美

1. 初读文本，品赏苏词、李词之美。（方法点拨：意象特点）

2. 请简要点评。

A. 从《念奴娇·赤壁怀古》的题目看，这首先是一首怀古词，怀古词的一般内容，它应该写到古地、古人、古事。那我们先来梳理一下诗词内容，完成表格填写，找出这首怀古词中的景物描写和人物描写。

	诗句	特点
景物	大江东去，浪淘尽　故垒西边 乱石穿空，惊涛拍岸，卷起千堆雪 江山如画	境界开阔、历史久远 气势雄壮
人物	公墐（周瑜） 小乔初嫁了 雄姿英发 羽扇纶巾，谈笑间，樯橹灰飞烟灭 我——苏轼 早生华发 人生如梦，一尊还酹江月	年轻、儒雅、意气风发、 功业有成 多情 年老、功业未成

B. 寻找《声声慢》中的意象并简要分析

意象	内涵、作用
淡酒	“愁文化”
秋风	渲染愁情
秋雁	怀乡之思，音信之盼
黄花	憔悴的容颜
梧桐	牵愁惹恨
细雨	哀伤、愁思

（三）学习任务二：细读比较豪放与婉约之美

1. 细读文本，比较豪放与婉约之美。

2. 请简要点评。

	念奴娇·赤壁怀古		声声慢	
意象	大江乱石，惊涛峭壁	壮美	淡酒、秋风、秋雁 黄花、梧桐、细雨	凄美
人物	指挥若定，谈笑却敌	豪迈	寻寻觅觅、以酒御寒 守窗听雨	哀婉
情感	壮志难酬之恨	悲愤	国破家亡夫死误嫁之根	凄凉

	题材	意象	意境、情感	艺术手法
婉约词	狭窄单一。“词为艳科”，多写男女恋情，悲欢离合，赏花惜春，艳月歌舞，都市繁华等	多为小巧而情思细腻的事物：风花雪月，梧桐细雨，芭蕉杨柳等	多柔婉、含蓄、细密，萦绕低回，缠绵悱恻，哀婉凄凉等	多为细腻的白描，委婉的抒情，辞藻华美
豪放词	多为豪山壮水，纪游咏物，怀古说理，军情国事，百姓疾苦，个人抱负等	多为宏阔的事物：大江大河，名胜古迹，金戈铁马等	多奔放阔大，气势恢宏，豪迈旷达，苍凉悲壮等	多为大笔勾勒，借古抒怀，直抒胸臆

我们看到苏轼写这首诗时正经历着人生的低谷，本来也是才华满腹与周瑜一样，却历经坎坷，到黄州时一事无成，看不到未来的前途。所以苏轼借周瑜的功成名就感慨自己的壮志难酬，周瑜写得越光彩照人，他的内心就越落寞失意。

（四）学习任务三：知人论世，探究主旨，共觅“心安之处”

据史书记载，建安三年（198）乔玄把自己美丽的次女嫁给周瑜，不久吴主孙权又拜周瑜为大都督，这时周瑜才24岁。

周瑜是赤壁之战中孙刘联军的前线总指挥，当年24岁。词人为我们塑造了一个风流倜傥，气度儒雅，镇定自若的儒将形象。赤壁之战时，他迎娶小乔已有十年。

活动一：探究苏轼大肆赞美周瑜的原因（多角度比较下的情感表达）

	周瑜	苏轼
年龄	24岁	47岁
生活	幸福美满	屡遭不幸
外貌	英俊儒雅	早生华发
职位	东吴都督	团练副使
际遇	功成名就	仕途坎坷

表达了作者对周瑜不朽功业的仰慕，对自己壮志难酬的哀痛。

追慕周瑜的英雄业绩也引发了自己的感伤。周瑜年轻有为，而自己年将半百，却贬谪黄州，功业无成，怀古思今，对比反差强烈，怎能不感慨万分？

活动二：（豪放、婉约）巅峰词人对比，品析“生命的诗意”

知识支架一：

泱泱华夏五千年，只有一个李清照：

她是才女：16岁的少女随手写下首《如梦令》，没想到轰动了整个京师。3年后，又写下一首《醉花阴》让丈夫赵明诚甘拜下风。

她爱酒，逢酒必醉：李清照留下的诗词也就78篇，但提到酒和喝酒的就有26首。国土沦丧，背井离乡，宿醉不解愁。

她是赌神，逢赌必赢：她专门写了一本《打马图经》——“打马”是李清照最喜欢的一种博戏，图文并茂地介绍游戏规则。

她爱得坦坦荡荡，恨得痛快淋漓：任职南京的赵明诚遇叛乱，连夜弃城逃跑，让李清照倍感羞愧。后来两人经过乌江镇，想到当年自刎的项羽百感交集之下，她霸气挥毫，写下《夏日绝句》。李清照年近五十时，嫁张汝舟。但其品格卑劣，婚后不久，凶相毕露，李清照宁肯入狱也不将就自己的人生。

知识支架二：

了解苏轼的心路历程——众所周知，黄州、惠州、儋州是苏轼人生贬谪最悲惨的地方，也正是在这三地，苏轼留下了许多诗文，治愈了自己的悲伤，也治愈了许多后来人。

他是美食家：在黄州，处于险恶的环境中，他不在失望中沉沦，而是发现生活的另一番美好。他喜欢吃，黄州的猪肉便宜，他买回来，研究成了“东坡肉”，风靡一时。

他是快乐的农夫：在黄州，一家人生活无着，他从学士变成了农夫，学着种稻。他还自己动手，建了一处房屋，名为“雪堂”，过起了自在旷达的生活。

他是酿酒师：自己酿过橘子酒和松酒，俨然一个行家。惠州的荔枝，也让苏轼爱不释手。“日啖荔枝三百颗，不辞长作岭南人”给岭南打了一千年的广告。

在儋州，他写下《定风波》：“此心安处是吾乡”，苏轼的心安之处，究竟在何方？

苏轼在被贬期间，写下了千古名篇《念奴娇·赤壁怀古》和前、后《赤壁赋》；留下了被后世称为“天下第三行书”的《寒食帖》；完成了注解《易》《书》《论语》三部著作。无论诗词、书法、绘画、经学，都取得了极高的成就。

感悟：两位词人，不同的境遇，同样的寻觅，在精神的世界，觅得一方心安之处。不论在何种悲惨的境地，他们总能找到生活的乐趣，在苦难中，依然能将生活开出一朵花来。

无论何时，无论何种境遇，你的爱好，你的坚持，你的信念都将伴你度过最艰难的时光。

（五）学习任务四：诵读诗词传承经典

如果央视邀请你去参加《朗读者》栏目，请各小组同学整合自己本堂课的点评为《念奴娇·赤壁怀古》或《声声慢》写一段推荐词并推荐小组代表朗诵，可合作完成。

苏轼的一生：读书：“闭门书史丛，少有凌云志。”工作：“平生五千卷，一字不救饥。”态度：“人有悲欢离合，月有阴晴圆缺，此事古难全。”一生：“起舞弄清影，何似在人间。”一生历典八州，过无数穷山恶水，却能如处天堂，遭遇朋友背叛，亲友反目后却能说“吾上可陪玉皇大帝，下可陪卑田院乞儿。眼前天下无一个不是好人”。

如果你困囿于苦难时，依然能发现生活中的小美好；如果你陷入沼泽，依然能自己安慰治愈自己；如果你跌入低谷，依然不失对生活的希望，那么，这个世界上，就没有什么能够打倒你。不论身在何地，都如在乐园。

愿世间每一个你，都不畏苦难，不失快乐，度过一段无悔的人生。

【作业设计】

（余生，寻找我们的心安之处）

1. 背诵这两首词。

2. 爱好诵读的同学请录制一首诵读作品。爱好书法的同学，请抄录一首喜欢的古诗词作品。爱好写作的同学，请写一段对苏词的感悟。爱好音乐的同学，请录制一首古风音乐。爱好画画的同学，请就你喜欢的词句创作一幅绘画作品。

3. 关注微信公众号“唐诗宋词元曲”“国际朗诵联盟”“朗诵艺术杂志”“古典书城”。下载《全民K诗》练习配乐朗诵。

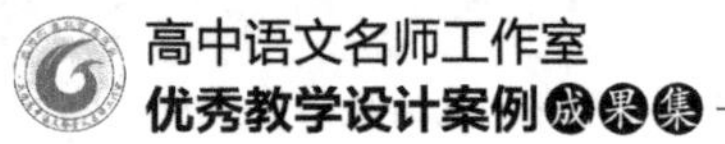

【板书设计】

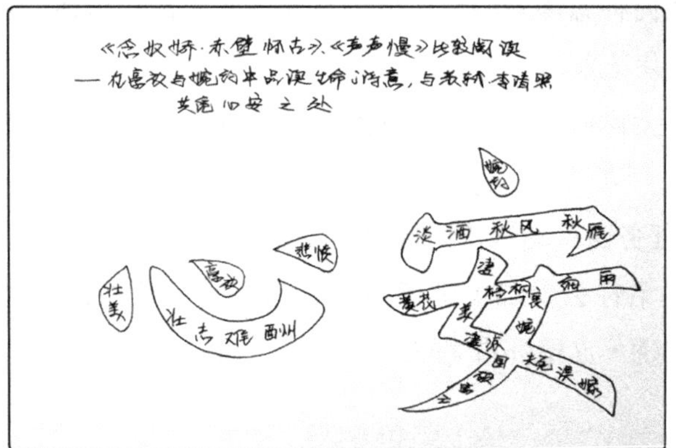

《念奴娇·赤壁怀古》、《声声慢》比较阅读
——在豪放与婉约中品读生命诗意，与苏轼、李清照共觅心安之处
壮美
豪放
悲怅
壮志难酬
婉约
淡酒 秋风 秋雁

第四单元

家乡文化生活

——走进新疆民间故事　掀起你的盖头来

新疆生产建设兵团第二中学　冯甜甜

【学习目标】

1. 通过搜集新疆民间故事初步掌握一些调查的方法，提高“发现和提出、分析和思考、认识和解决问题”的能力。

2. 通过搜集到的民间故事材料，记录家乡的人和物，梳理语言特点，让学生学会写内容摘要，从而认识家乡文化的特征。

3. 激发学生热爱家乡、热爱家乡文化的情怀，让家国情怀渗透在学生们的日常行为中。

【学习重难点】

重点：1. 梳理民间故事材料，明确新疆民间故事特征。

2. 通过撰写内容提要，提高概括典型的能力。

难点：1. 通过民间故事认识理解家乡文化特色。

2. 让家国情怀渗透到同学们的日常行为中。

【教学过程】

（一）学习导入

（课前播放《我们新疆好地方》相关视频）

正如歌中所唱：“我走过许多地方，最美的还是我们新疆”，作为新疆人，我们应该有这样的自豪和自信。但你真的了解新疆吗？你对新疆的了解足够多、足够深吗？今天，就让我们一起走进家乡文化生活，掀开新疆的文化面纱。

（二）学习任务

从同一个地方走出去的人，往往带着某种若隐若现却也根深蒂固的相同印记，可能是异乡人不解的俚语，可能是某个坊间读传的奇谈，可能是一些家乡特有的文化习俗，也可能是几道别具风味的菜肴……纵然走遍三山五岳、长城内外，这片土地始终以一个名字的形式蕴含不可忽视的符号意义，贯穿生命前后，为其他乐土、佳处所不能替代，这个地方往小了说是一个住宅区、街口，往大了说可扩至整个县、市、省，这个地方我们把它叫作——家乡。

为了传承并发扬地方优秀文化，也为了让更多的人了解新疆，我们每位同学都要做好新疆的代言人，基于此，学校准备编印一本真实反映新疆本土文化的校本教材——《这里是新疆》。

《这里是新疆》包含四个部分的内容：新疆话、新疆节、新疆故事、新疆人，我们每一位同学都要参与其中，接下来我们走入“新疆故事”部分。

活动一：讲好新疆故事

（上节课交流调查方法：文献查阅、经典阅读、访谈，课前已做好民间故事搜集工作）

1. 分享搜集到的故事（四人小组）。

2. 讲好新疆故事（找生讲故事）。

活动二：明确故事特点

1. 阅读指定民间故事，完成相关表格。

故事	人物	情节	结局
《天格尔峰的传说》			
《玉美人》			
《库尔班的故事》			

2. 明确人物、情节、结局，梳理民间故事特点。

想象奇特；情节曲折；结局圆满，表达人们的美好愿望。

3. 对比阅读，明确新疆民间故事特征。

对比阅读《红山的故事》与《天格尔峰的传说》，你发现了什么？

明确：新疆民族文化的多样性、特异性；独特的地理环境造就地域文化的不同；丰富的人文环境确立故事的内容。

活动三：撰写内容提要

1. 介绍内容提要

概念：内容摘要又称“内容大要”“内容提要”“内容简介”等。简明扼要地介绍图书或者文章的主要内容，方便读者快速了解本书或文章主要内容的文字性说明，便于读者了解选购以及查找。

特点：抓住关键，提出要点；文字简练，吸引读者；把握分寸，实事求是。

举例：《二十四节气》内容提要，必修上册第一单元、第四单元内容提要，明确特点。

方法：平铺直叙法、开门见山法、书名定睛法、设问回答法。

2. 撰写内容提要

请你根据所学，结合自己的理解与感受，为《这里是新疆》校本教材“新疆故事”部分撰写内容提要。（300字左右）

【作业设计】

1. 以小组为单位，汇总整理“新疆故事”，收集优秀内容摘要并确立；

2. 继续完成“新疆话”“新疆节”“新疆人”部分的资料搜集及整理。

【板书设计】

走进家乡文化

新疆民间故事

撰写内容提要

附：学生学案

故事一

天格尔峰的传说

很久很久以前，有一个魔怪占据了这座山峰。为了控制这一带人，他驱动魔法将山峰上流下的雪水全冻住了，即使最热的盛夏，也不让它滴下一滴。

草原干枯了，农田龟裂了。人们没有办法，只得远远近近选派人来向他敬献贡品，他才给化一些水。人们起先给他的贡品是羊、牛、马、粮食、酒等，但后来他却越来越不满足，发令让人们给他送人吃。为了得到水，人们只能忍着内心巨大的伤痛，用抓阄儿的办法送人给他吃。但他的欲望越来越大，再后来便不要上了年纪的人，而专要童男童女，并且要的数量也逐渐增多。人们面临着种族灭绝的危险，实在是忍无可忍了，便暗中商量着准备反抗。但魔怪法力无边，大家感到难以对付，就决定派人去博格达圣山寻高人求法宝来降灭他。

一个善于骑射的哈萨克族小伙子主动请缨，去完成这项任务。他骑马骑了七天七夜，来到博格达山中，又在山中转了七天七夜，与狼虫熊豹进行了搏斗，终于在一个深山洞穴中访到一位神仙。这位神仙仿佛事先已知道他的来由，对他说，占据那座山峰的魔怪是在冰洞中修炼百年成精的，他最怕东方神灵的咒语“天格尔”。

说完，他给了青年一个雕有火神的银饰，让他回去后悄悄将银饰扔到山上，并大喊三声“天格尔降妖”，魔怪便会灭亡。青年人千恩万谢地回来了。在天将黎明时，他将银饰抛到山上，并用洪亮的声音连续大喊三声“天格尔降妖”。随着他的喊声，面前的山峰开始摇动起来，并有熊熊的烈火自东方的天空落下，在山上燃烧。魔怪痛苦地号叫着，化成一缕烟气消失了，他的魔法也随即被解除。

三屯河水又开始日夜奔流。甜甜的河水浇绿了两岸的草原、农田，也流进了人们久渴的心田，人们欢欣鼓舞。为了纪念，也为了以后不再有魔怪逞凶，他们将此山命名为“天格尔峰”

故事二

玉美人

在新疆维吾尔族民间，流传玉是美丽而善良的姑娘的化身。相传古代于阗国的玉河畔，居住着一位技艺绝伦的老石匠，带了一个徒弟。

在六十岁生日那天，他在玉河中拾到一块很大的羊脂玉，精心琢成了一个非常漂亮的玉美人。老石匠情不自禁地说："我要有这样一个女儿多好啊！"

果然，这玉美人变成了一个活泼、可爱的姑娘，拜老石匠为父，取名叫塔什古丽（玉花）。不久老石匠去世，塔什古丽与小石匠相亲相爱。

可是，当地一位恶霸，趁小石匠外出，抢走塔什古丽，妄图强迫成亲。塔什古丽不从，恶霸用刀砍她。她身上发出了耀眼的火花，点燃了恶霸的府邸，而自己化成一缕白烟，向故乡昆仑山飞去。

小石匠得知后，骑马去追，沿路撒下了小石子，成为后人找玉的矿苗。维吾尔族人民历来崇玉爱玉，谚语说："宁做高山上的白玉，勿做巴依（地主）堂上的地毯。"

故事三

库尔班的故事

有一个维吾尔族老妈妈死了丈夫，与女儿玛丽克相依为命。有一天，她们到山里打柴，玛丽克不幸被白熊掳去做了妻子。一年以后，玛丽克生下了一个男孩，她给儿子起了个名字叫作艾里·库尔班。库尔班见风就长，一晃7年就过去了。7岁的艾里·库尔班已长得身材非常魁梧，力大无比。

他常和白熊父亲翻山越岭捕捉野兽，但他对父亲奇特的长相感到异常不解，便问母亲玛丽克。当他得知母亲的遭遇以后，便决心和母亲逃出山洞去过人的生活。他们打死了白熊父亲，找到了孤苦伶仃的老奶奶——也就是玛丽克的妈妈。

库尔班心地十分善良，遇事总是见义勇为，经常为孤苦人打抱不平。这就使国王非常地害怕，他特别担心人民将来会拥戴艾里·库尔班，又怕艾里·库尔班会日后作乱，便想寻机杀掉他。当时东山里有条恶龙经常祸害百姓，有个大臣献计让国王派库尔班去取恶龙的头，企图利用恶龙借机杀掉库尔班。库尔班义不容辞地接受了国王的命令，他斗智斗勇，终于杀死了恶龙。

全城人一片欢呼。国王见加害不成反添了库尔班的威望，大为懊丧。国王于是又召集大臣商量让库尔班去魔王国杀死魔王。也好趁机让魔王吞噬掉他。库尔班独自骑马向魔王国走去，路上经过种种磨难以及艰苦的鏖战，终于征服了八个拦路的武士。其中的四个正直的武士决心跟随他一起去杀魔王。

最后，小英雄库尔班带领四个正直的武士终于找到了魔王，经过九场血战，小英雄库尔班挥剑砍落了魔王的头颅，但魔王马上又长出一个头。如此反复，魔王依然不死。魔王见库尔班骁勇善战，便化作风暴隐循而去。库尔班寻迹追踪到一眼枯井中，那里房屋毗连，绿树成荫，别有洞天，这就是魔王国。他救出了被魔王监禁的他自己的两个女儿，并从她俩那里得知了魔王灵魂的处所。她们说，只有烧掉装有魔王灵魂的小盒子，才能杀死魔王。库尔班历尽千辛万苦，终于找到了装有魔王灵魂的小盒子，烧死了魔王。魔王国上下欢声雷动。

但是，当库尔班要胜利返回的时候，他却被四个武士抛弃了。他们从井口吊上来被救的六个姑娘后，将库尔班一个人留在了井底。魔王国里的一只大鹰为了报答库尔班救命之恩，答应救他出去。大鹰驮着库尔班飞了十八天，准备的肉和水都没有了，可是还有一天的行程。大鹰疲惫不堪，回过头来要肉吃。库尔班为了回到家乡，便抽出宝剑从自己腿上割下一块肉。

库尔班终于到了家乡，他受到了空前的欢迎，人们视他为无畏的英雄，他的名字响彻云霄。

1. 阅读上述三个故事，梳理人物、情节、结局，完成表格：

故事	人物	情节	结局
《天格尔峰的传说》			
《玉美人》			
《库尔班的故事》			

故事四

红山的传说

王母娘娘的蟠桃会刚刚散去，把守南天门的四大天王绳捆索绑地抓来了一个人，他们向娘娘回禀："这个人是西海龙王的大儿子，因为调戏在蟠桃会上唱歌跳舞的仙女，违反了天条，现在将犯人带到，请娘娘发落！"

王母娘娘一听，气得连话也说不出来，她立刻命令四大天王将这小龙打下凡尘。于是天王举起降魔杵，一杵把小龙从博格达山顶打到乌鲁木齐河里。

这小龙在西海里娇生惯养，来到乌鲁木齐河连身都藏不住，还要每日做苦役，他哪里受得了？于是他一不做二不休，拿出他的全部看家本领，施展法术，使乌鲁木齐河水不停地往上暴涨。这一来居住在两岸的老百姓可遭殃了：每次发水，庄稼被淹没，房屋被冲坏，牲畜被冲走，人们喊天叫地，哭声震天。

据说清朝年间，二百多年前，连续两年发生特大洪水。这事情叫玉皇知道了，便打发四大天王下界，处置这个小龙，四大天王下界一看，这小龙正横卧在乌鲁木齐河上，洪水一个劲地往上涨，眼看一场特大的劫难要降到众生头上，天王大发雷霆，举起斩妖剑，把这孽龙一剑砍作两段，中间断开一个大豁口，乌鲁木齐河就顺流而下了。天王砍断的后面一段是小龙的尾部，变成了后来的妖魔山（雅玛里克山）；前面的一段变成了后来的红山嘴，因为流血过多把头半段山给染红了，所以叫作红山。

2. 思考：对比阅读《红山的传说》与《天格尔峰的传说》，你发现了什么？

3. 请你根据所学，结合自己的理解与感受，为《这里是新疆》校本教材"新疆故事"部分撰写内容提要。

第六单元

《劝学》

——学非探其花，要自拔其根

新疆生产建设兵团第二中学　高靖薇

【学习目标】

1. 了解《荀子》及相关知识，掌握文言实词、虚词及文言句式。
2. 通过课堂梳理，掌握本课论证思路和比喻论证的方法。
3. 通过品味探究，理解本文蕴含的学习的道理，形成良好的学习观、人生观。

【学习重难点】

通过课堂梳理，掌握本课论证思路和比喻论证的方法。

【设计思路】

《劝学》选自《荀子集解》，是荀子的代表作品之一。本篇课文收录在部编版教材必修上册第六单元，该单元主题就是“学习”。本篇课文主题上侧重阐发“学习的方法和意义、作用”，从而达到“劝学”的目的。在写作方法上侧重议论文的写作，尤其是使用比喻论证的方法论证道理。在实际的教学中既要学会合理运用比喻论证方法阐明道理、突出主题，更要把握主题在现代社会的价值，尤其是对高中学生来讲的重大作用，期待学生能够构建正确的学习观，在遇到短期享受影响向学动力的时候，希望学生能够延迟满足感，达到自律的目的。

【教学过程】

学习任务一：知识建构

1. 解题

劝：形声字。“劝”的本义是鼓励、勉励。小篆作图1，从力，雚（guàn）声。右部的“力”字作形旁，指力量、气力、精力；左部的“雚”本义是猛禽惊视的样子，于此作声旁，表音。“劝”由本义鼓励、勉励。

学：会意字。在字形上，甲骨文中的“学”字是由“两只手朝下的形状（图A1，有以两手帮助、扶掖、提携、教导之意）”，“爻”（图A2，古代组成“八卦”中每一个卦的长横短横，长短横互相交错成“爻”，便表示物象的变动、变化，知识无穷）和“一间房子的侧视形（图A3，表示这房子是学习的地方）”组成。之后，在周代早期的“盂鼎”里出现的金文中的“学”字（图B）的“房子”里增加了个“子”，表示孩子们获得知识的场所是“学”（一种教育机构，即学校）。“学”意为：通过帮助、教导、提携等，孩子们获得无穷无尽的变化的知识。

劝学：鼓励学习，那人们为什么要学习呢？我们一起看看作者的观点。

明确：“学不可以已。”

2. 知人论世

荀子（约前313—前238），名况，字卿（一说时人相尊而号为卿），战国末期赵国人，两汉时因避汉宣帝询名讳称“孙卿”，思想家、哲学家、教育家，儒家学派的代表人物，先秦时代百家争鸣的集大成者。

荀子最主要的努力是确认人在道德修养和治理国家中的主体地位。在道德修养方面，作为前提与起点的，是荀子主张的性恶论。《劝学》是战国时期思想家、文学家荀子创作的一篇论说文，是《荀子》一书的首篇。文章语言精练，设喻贴切，说理深入，结构严谨，代表了先秦论说文成熟阶段的水平。

学习任务二：提纲挈领，因据说理

1. 观点明确，说理思路清晰

学生活动：请大家朗读课文，找到并勾画文中与“学习”相关的关键句或关键词。按议论文文体，梳理文本思路，画出结构图，最后进行讲解展示。

（学生展示并解说，师补充）

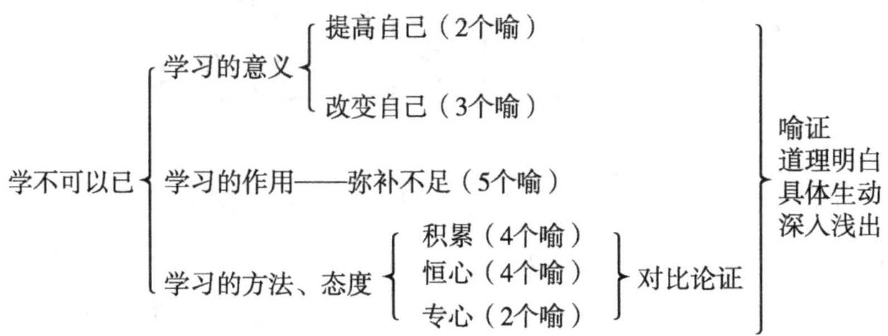

这篇文章分别从学习的重要性、学习的态度以及学习的内容和方法等方面，全面而深刻地论说了有关学习的问题，较为系统地体现了荀子的教育思想。全文可分四段，第一段阐明学习的重要性，第二段说明正确的学习态度，第三段论述学习的内容和途径，第四段阐述学习的最终归宿。

2. 针对问题深挖根源

情境任务：学以致用是我们的不懈追求。一直以来，同桌明华在学习上都很刻苦，但是总是不见成效，请结合《劝学》，把你学习到的方法运用到实际生活中，对其进行“劝学”。你会怎么劝呢？

“吾尝终日而思矣，不如须臾之所学”——思与学的关系

“善假于物也”——有没有向老师同学请教

“不积跬步，无以至千里”——重视积累的重要性

（1）第二段用了三个比喻来论证学习的意义，这三个比喻有什么共同点？

明确：事物都发生了改变（颜色、温度、形状）。

（2）仅仅是发生了改变吗？

明确：青于蓝，寒于水，这说明事物在原来的基础上某些性能提高了。通过比喻论证告诉我们，通过学习是可以改变自己，提高自己，甚至超越自我的。

（3）“木受绳则直，金就砺则利”，这里也是用比喻来论证，和前面的比喻有什么区别？

明确：目标更明确了，要改变到什么程度，提高到什么水平，这里明确地指出，木受绳后要变直，金属的刀具靠近磨刀石要变锋利，君子的目标是智慧明达，行为没有过错，他是通过向外广泛地学习，向内每天对自己检查，省察才达到的知明而行无过。

（4）这里有一个字非常重要，请大家找出。

明确：“日”，他强调每天都应这样，要坚持下去，和中心论点相呼应。

小结：陆机的《文赋》中说：“立片言而居要，乃一篇之警策。虽众辞之有条，必待兹而效绩。”议论是针对某个具体问题或者某种现象进行有针对性的分析评论、辩驳析理和逻辑推演。

怎么做才有针对性呢？

（1）针对现实问题发声；

（2）针对问题深挖根源，不能就事论事。

学习任务三：喻巧而理至

学生活动：怎么说才能更好地给明华提出合理建议，让他能够接受呢？

阅读《劝学》选段，找出比喻说理的本体、喻体，总结说理规律，探讨规律作用。

（1）“吾尝终日而思矣，不如须臾之所学也；吾尝跂而望矣，不如登高之博见也。”

（2）“蚓无爪牙之利，筋骨之强，上食埃土，下饮黄泉，用心一也。”

（3）“积土成山，风雨兴焉；积水成渊，蛟龙生焉；积善成德，而神明自得，圣心备焉。故不积跬步，无以至千里；不积小流，无以成江海。骐骥一跃，不能十步；驽马十驾，功在不舍。锲而舍之，朽木不折；锲而不舍，金石可镂。蚓无爪牙之利，筋骨之强，上食埃土，下饮黄泉，用心一也。蟹六跪而二螯，非蛇鳝之穴无可寄托者，用心躁也。”

选段	理	喻	规律
吾尝终日而思矣，不如须臾之所学也；吾尝跂而望矣，不如登高之博见也	吾尝终日而思矣，不如须臾之所学也	吾尝跂而望矣，不如登高之博见也	先理后喻
蚓无爪牙之利，筋骨之强，上食埃土，下饮黄泉，用心一也	用心一也	蚓无爪牙之利，筋骨之强，上食埃土，下饮黄泉	先喻后理
积土成山，风雨兴焉；积水成渊，蛟龙生焉；积善成德，而神明自得，圣心备焉 不积跬步，无以至千里；不积小流，无以成江海 骐骥一跃—驽马十驾 锲而舍之—锲而不舍 蚓—蟹	积累的意义 不积累的危害 坚持—不坚持 坚持专注 用心不专	积土成山，风雨兴焉；积水成渊，蛟龙生焉；积善成德而神明自得，圣心备焉 不积跬步，无以至千里；不积小流，无以成江海 骐骥一跃—驽马十驾 锲而舍之—锲而不舍 蚓—蟹	正面设喻 反面设喻 比喻评判 正反对比设喻 比喻举例

注意：1.比喻是手段，说理才是目的。（板书：忌为比喻而比喻）

2.使用比喻说理的同时还可兼用其他修辞手法和其他论证方法。（板书：手法灵活）

总之，我们要明确说理才是最终的目的，为了将抽象的道理讲清楚，我们采用了比喻说理的方式，或先理后喻，或先喻后理，还可以将其他论证方法与之灵活使用，说得清道理，辨得明观点就达成了目标。

【全文总结】

后疫情时期，学生面临动辄居家上网课、各种考试延期等种种情况，部分学生因此心浮气躁，无法静心学习。有位教育家说得好："任何质量的提高，都是要付出代价的。"荀子说："蟹六跪而二螯，非蛇鳝之穴无可寄托者，用心躁也。"荀子的话用于治疗当今教子、学习中的浮躁的心态，是再合适不过的。

【作业设计】

1. 选取《劝学》中的一句话作为自己做学问、修身养性的格言，并说明理由。

2. 给明华写一封“劝学”的书信，运用比喻论证的手法，不少于500字。

【板书设计】

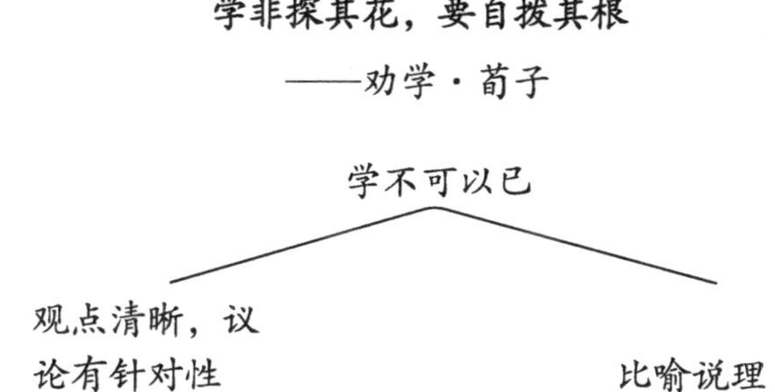

《劝学》

——学习是一种力量

新疆生产建设兵团第十师北屯高级中学　李江燕

【学习目标】

1. 掌握文言基础知识，包括掌握特殊句式判定方法，积累文中实词和虚词的意义。

2. 学习文中比喻、对比论证的方法，尝试联系运用到议论文写作中。

3. 了解荀子有关学习的意义、作用和学习应持态度的论述。

【学习重难点】

重点：整体感知文章，理清文章脉络，学习比喻、对比论证方法，提高围绕中心论点合理论证的能力。

难点：掌握全文寓议于喻及从正反两方面论证的特点。

【教学过程】

（一）导入

今天我们进入文本学习之前，请大家认真品读这段文字，注意它的表达特点。（生展示，教师根据学生的答案引导学生对比喻修辞、比喻论证知识进行梳理）

学习是一道亮丽的风景，鸟儿因学习而展翅翱翔于天际；学习是一种特殊的能力，老虎、狮子因学习捕猎而称王于森林；学习是一股神秘的力量，孙敬为学习而头悬梁，苏秦为学习而锥刺股，车胤因学习而囊萤取光，孙康为学习而映雪，匡衡为学习而凿壁偷光。（PPT展示）这段文字因运用了比喻而连贯有势，语言因此更易理解，今天我们要接触的荀子就非常善于运用这个方法，他的这篇说理性质的议论文形象生动，千百年来为人传诵、经久不衰，比喻的论证方法功不可没。

情境任务：班里的文化墙需要大家献言献策，现面向全班同学征集鼓励大家学习的格言，你从课文当中能不能得到一点启示呢?

（二）学习任务一：疏通文意，梳理知识

1. 认识作者，了解背景

荀子（约前313—前238）名况，字卿，战国末期赵国人，曾游学于齐，当过楚国兰陵令，后来失官居家著书，死后葬于兰陵。

荀子是我国古代的思想家、教育家，是先秦儒家最后的代表（指出先秦儒家三个时期的三位代表人物），朴素唯物主义思想集大成者。韩非和李斯都是他的学生。他反对迷信天命鬼神，肯定自然规律是不以人们意志为转移的，并提出“制天命而用之”的人定胜天的思想。他强调教育和礼法的作用，主张治理天下既要靠“法制”，又要重视教化兼用“礼”治，强调“行”对于“知”的必要性和后天学习的重要性，认为后天环境和教育可以改变人的本性。

荀子的著作有《荀子》二十卷。该书由《论语》《孟子》的语录体、对话体，发展为有标题的论文（指出先秦议论文发展的三个阶段），标志着古代说理文的进一步成熟。他的散文说理透彻、语言质朴、多排比句，又善用比喻。《劝学》是《荀子》的第一篇。本文是原文前几段的节选。

2. 梳理文言基础知识

（师生交流讨论文言实词、文言虚词、文言句式）

（1）文言实词

（2）文言虚词

①“于”的三种用法：

a. 相当于“从”，如“取之于蓝”的“于”；

b. 表示比较，如“青于蓝”的“于”；

c. 表示动作方向，如“善假于物”的“于”。

②“者”的两种用法：

a. 相当于“……的人”，如“假舟楫者”的“者”；

b. 指代结果，以示将有所解释，如“不复挺者”的“者”。

③“而”的四种作用：

a. 并列（“知明而行无过”）；b. 表修饰（“终日而思”）；

c. 表转折（“而致千里”）；d. 表顺接（“积善成德，而神明自得”）。

3. 文言句式（判断句、倒装句、被动句等）

（三）学习任务二：再读文本，探究本文论证方法

本文第一句提出全文的中心论点：“学不可以已。”为什么学习不能停止？有的人不学习似乎也过得挺好，那么荀子的这句话又有何意义可言？

1. 在第二段荀子用了几个比喻来论证学习的意义？请同学们合作分析这几个比喻论证之间的关系。

2. 第三段也运用了比喻论证，这几个比喻有什么共同的地方？请用原文来回答。

明确：善假于物。

3. 具体分析第三段中它们如何善假于物？

（给学生朗读文本的时间，再分小组合作交流探究，最后小组选代表和老师交流成果，组员随时做补充）

第四段也运用了比喻论证，此段与其他几段有什么不同？

知识框架：

第一段作者运用5个比喻阐述学习的意义即“青于蓝”，“冰寒水”，“輮以为轮”，“金就砺”“木受绳”。他们之间是递进发展的关系，来说明学习是人发展的过程，如果不停止地学习，人的知识、才能、品德会不断地增进、提高，达到“知明而行无过”的境界。

第二段的中心句是“君子生非异也，善假于物也”。可分三层。第1句为第一层，第2、3句为第二层，第4句为第三层。用了登高而招、顺风而呼、假舆马、假舟楫等比喻。

第三段比喻论证中还有对比关系。“骐骥”与“驽马”；“朽木”与“金石”；“蚓”与“蟹”。使中心论点更生动更鲜明，增强了文章的说服力和感染力。犹如黑与白、美与丑的对比。使美的更显美，丑的更显丑。

（四）学习任务三：古为今用，借古开今

课堂小结：本文是先秦时代著名的思想家、文学家荀子的一篇名作，连用20个比喻反复论证学习的意义、作用。妙语连篇，具有激荡人心的力量，不愧是语言大师。春秋战国五霸七雄迭起，诸子百家活跃于政坛、文坛，不但留下了他们光耀千古的思想理论，也同时留下了他们语言艺术的名篇精粹。希望同学们牢记学习的意义、作用，化用荀子告诉我们的学习方法，坚持发扬好学不倦的精神，把视野投向古今中外，从大千世界中吸收丰富的营养滋润自己。

【作业设计】

1. 自主学习本课的自读课文《师说》，尝试总结文中的论证方法并与本篇比较。

2. 班里的文化墙需要大家献言献策选取鼓励大家求学的格言，请从今天学习的《劝学》中选取一条格言，并说明理由，运用比喻论证、对比论证等方法，不少于200字。

【板书设计】

劝　学

荀子

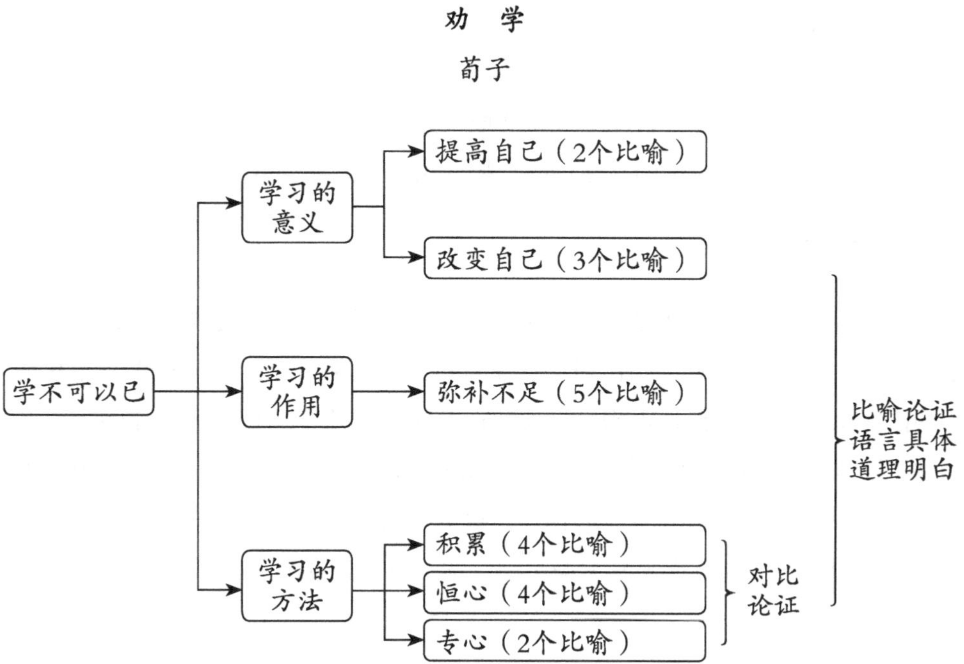

议论文比喻说理的妙用

——喻巧而理至

新疆生产建设兵团第二中学　高靖薇

【学习目标】

1. 探究课文内比喻说理的写法，总结其效果。
2. 研读课文并分析比喻说理文段，探讨总结其规律。
3. 参与比喻说理的写作训练，学会在议论文写作中使用比喻论证的手法。

【学习重难点】

重点：研读课文并分析比喻说理文段，探讨总结其规律。

难点：参与比喻说理的写作训练，提升议论文论证创造美的能力。

【单元解读】

部编版教材必修上册第六单元主题就是“学习”。本单元课文主题上侧重阐发“学习的方法和意义、作用”，在写作方法上侧重议论文的写作，尤其是使用比喻论证的方法论证道理。在实际的教学中既要学会合理运用比喻论证方法阐明道理、突出主题，更要把握主题在现代社会的价值，尤其是对高中学生来讲的重大作用，期待学生能够构建正确的学习观，在遇到短期享受影响向学动力的时候，希望学生能够延迟满足感，达到自律的目的。

【教学过程】

（一）情境设置

日常进行议论文习作的时候，总有同学认为使用例证法就能够写好议论文；也由同学除了例证法就再也不会使用其他的论证方法了。你能够通过对以下几篇课文的斟酌，学会一种新的论证方法，并且行之有效地使用在议论文说理中吗?

著名作家梁实秋先生在《我的一位国文老师》一文中回忆：“徐先生教我许多作文的技巧。……说理说至难解难分处，来一个譬喻，则一切纠缠不清的论难都迎刃而解了，何等经济，何等手腕！”

议论文写作中，有多种论证方法，比喻论证是很常见的方法之一。我们说“喻巧而理至”，今天我们就来学习比喻论证的其中一种方法——比喻说理。

（二）学习任务一：知识建构

比喻被誉为“修辞之王”，它是同学们熟知的修辞手法，使用比喻能够让事物形象生动，可以将抽象的事物描摹得更加形象具体。它同时还是一种常见的论证方法。大家一起来回忆一下，我们学过的哪些课文使用了让你印象深刻的比喻说理呢?

请同学们阅读《劝学》《拿来主义》节选，再回想学过的《寡人之于国也》《鱼我所欲也》等课文中的比喻说理，交流总结一下比喻说理的作用。

（预设：1.在内容上，使复杂的道理浅显易懂；

2. 在语言上，使行文语言生动活泼；

3. 在表达效果上，使论证道理深刻有力。）

（三）学习任务二：规律总结

一个恰到好处的比喻，胜过一大篇平淡的议论。比喻说理既然有这么多作用，我们能马上写出语言优美、内容深刻的语段吗？难处在哪里?

（预设：词汇量不足，手法不会运用，逻辑不够清晰……）

接下来，让我们再认真阅读课文中比喻说理文段，探寻比喻说理的规律。

1. 阅读《劝学》选段、《反对党八股》选段、《拿来主义》选段，找出比喻说理的喻体、总结规律，探讨规律作用。

《劝学》：“青，取之于蓝，而青于蓝；冰，水为之，而寒于水。木直中绳，輮以为轮，其曲中规。虽有槁暴，不复挺者，輮使之然也。故木受绳则直，金就砺则利。君子博学而日参省乎己，则知明而行无过矣。”

《反对党八股》：“我们有些同志欢喜写长文章，但是没有什么内容，真是‘懒婆娘的裹脚，又长又臭’。”

《拿来主义》：“他占有，挑选。看见鱼翅，并不就抛在路上以显其‘平民化’，只要有养料，也和朋友们像萝卜白菜一样的吃掉，只不用它来宴大宾；看见鸦片，也不当众摔在茅厕里，以见其彻底革命，只送到药房里去，以供治病之用，却不弄‘出售存膏，售完即止’的玄虚。只有烟枪和烟灯，虽然形式和印度，波斯，阿拉伯的烟具都不同，确可以算是一种国粹，倘使背着周游世界，一定会有人看，但我想，除了送一点进博物馆之外，其余的是大可以毁掉的了。还有一群姨太太，也大以请她们各自走散为是，要不然，‘拿来主义’怕未免有些危机。”

<table>
<tr><th>篇目</th><th>说理喻体</th><th>规律</th><th>效果</th></tr>
<tr><td>《劝学》选段</td><td>“青，取之于蓝，而青于蓝”“冰，水为之，而寒于水”“金就砺则利”等</td><td rowspan="3">1. 喻体来源于日常生活中常见的事物现象。
2. 喻体和本体之间有贴切而自然的相似性</td><td rowspan="3">化深奥为浅易、化抽象为形象充分解释道理，类相异，理相同</td></tr>
<tr><td>《反对党八股》选段</td><td>我们有些同志欢喜写长文章，但是没有什么内容，真是“懒婆娘的裹脚，又长又臭”</td></tr>
<tr><td>《拿来主义》选段</td><td>鱼翅、鸦片、烟枪和烟灯、姨太太</td></tr>
</table>

注意：

（1）选择喻体，在常见基础上还要力求新颖。（板书：忌套板效应）

（2）比喻选择要恰到好处说明被论证的道理。（板书：忌引喻失义）

找到了比喻说理最重要的两个点：本体喻体不同类但相似，比喻的选择要突出论证的观点，比喻说理的使用也依然还有灵活的方法可以借鉴。

2. 阅读《劝学》选段，找出比喻说理的本体、喻体，总结说理规律，探讨规律作用。

（1）“吾尝终日而思矣，不如须臾之所学也；吾尝跂而望矣，不如登高之博见也。”

（2）“蚓无爪牙之利，筋骨之强，上食埃土，下饮黄泉，用心一也。”

（3）“积土成山，风雨兴焉；积水成渊，蛟龙生焉；积善成德，而神明自得，圣心备焉。故不积跬步，无以至千里；不积小流，无以成江海。骐骥一跃，不能十步；驽马十驾，功在不舍。锲而舍之，朽木不折；锲而不舍，金石可镂。蚓无爪牙之利，筋骨之强，上食埃土，下饮黄泉，用心一也。蟹六跪而二螯，非蛇鳝之穴无可寄托者，用心躁也。”

选段	理	喻	规律
吾尝终日而思矣，不如须臾之所学也；吾尝跂而望矣，不如登高之博见也	吾尝终日而思矣，不如须臾之所学也	吾尝跂而望矣，不如登高之博见也	先理后喻
蚓无爪牙之利，筋骨之强，上食埃土，下饮黄泉，用心一也	用心一也	蚓无爪牙之利，筋骨之强，上食埃土，下饮黄泉	先喻后理
积土成山，风雨兴焉；积水成渊，蛟龙生焉；积善成德，而神明自得，圣心备焉 不积跬步，无以至千里；不积小流，无以成江海 骐骥一跃—驽马十驾 锲而舍之—锲而不舍 蚓—蟹	积累的意义 不积累的危害 坚持—不坚持 坚持专注—用心不专	积土成山，风雨兴焉；积水成渊，蛟龙生焉；积善成德，而神明自得，圣心备焉 不积跬步，无以至千里；不积小流，无以成江海 骐骥一跃—驽马十驾 锲而舍之—锲而不舍 蚓—蟹	正面设喻 反面设喻 比喻评判 正反对比设喻 比喻举例

注意：

（1）比喻是手段，说理才是目的。（板书：忌为比喻而比喻）

（2）使用比喻说理的同时还可兼用其他修辞手法和其他论证方法。（板书：手法灵活）

总之，我们要明确说理才是最终的目的，为了将抽象的道理讲清楚，我们采用了比喻说理的方式，或先理后喻，或先喻后理，还可以将其他论证方法与之灵活使用，说得清道理，辨得明观点就达成了目标。

在我们日常作文中，也有很多同学使用了比喻说理的方法，或恰当或还需改进，今天我们总结了比喻说理的作用及使用规律，刚好小试身手吧。

（四）学习任务三：方法评价

热热身——评价几位同学作文段落中的比喻说理语句，说说使用了哪些方法，如果写得好，好在何处；是否有不当，有修改方案吗？

1. 学习之道并不如何高深晦涩，唯“坚持”二字得以悟其关窍。

古人云：“驽马十驾，功在不舍。”便点出坚持的重要性。坚持之于学习，如小溪汩汩不绝终汇成大潮滂滂；如点点火光不熄终成燎原之势；如滴滴水珠不断终可有穿石之力。高锟三十年如一日，将恒心凝聚于小小光纤，开辟全球光学通信的新纪元；女排姑娘用无数个日夜的艰辛训练铸造“女排精神”，成为打不垮的女排；袁隆平终生将汗水流淌在棵棵稻穗上、块块稻田间，最终造福全球。“锲而不舍，金石可镂。”此为学习之道。

——生1

（三个比喻论证中“不绝”“不息”“不断”三个词语紧扣“坚持”，论证了坚持之于学习的意义。先理后喻，运用整句句式，语句铿锵结构整齐，使用得当。）

2. 学习之道重在勤思善问。水不经沉淀吸附无法纯净清澈；碳不经聚合加压无法成为坚固闪耀的钻石；青虫不经摄食化蛹无法蜕变为美丽绚丽的蝴蝶。学习亦如此，不加分辨地全盘接纳，没有勤思慎取，没有质疑论证，便很难有所精进。

——生2

（论证本体是“学习之道重在勤思善问”，比喻论证的喻体是三个反向论证，使用了排比句式，论证了没有沉淀聚合摄食的危害，先喻后理，反向证明学习需要思考。但是善问没有着落，还需思量。）

3. 对待学习需具有敬畏精神和求知精神。学习便是巍峨壮阔的高山，面对它能更深刻地体会自身的渺小和不足，心怀敬畏才动力十足，高处充满未知吸引我们努力探求。

——生3

（这处比喻论证将比喻与论证结合得较为紧密。比喻论证不是单独的比喻句，其最终目的还是为论证服务。）

4. 学习之道，亦在“三更灯火五更鸡”的勤奋刻苦。放眼古代，有匡衡凿壁偷光，有孙敬头悬梁，苏秦锥刺股日夜苦读。回望近代，有毛泽东于闹市静心读书，有闻一多呕心沥血潜心钻研。他们都是通过勤奋学习来促进个人发展。勤奋是渡江之舟，怀勤奋之心才能在学海徜徉；勤奋是燎原之光，持勤奋之行才能成就个人闪光。由此可见，勤奋是学习的必需品，是使个人成长的基础。

——生4

（比喻论证的比喻，本体和喻体要有相似性，越贴切越好。此处比喻太过寻常，本体喻体又不曾关联相似。不合适。）

教师总结：比喻论证看似简单，实际使用中并不那么容易。我们既要注意本体和喻体之间不能是同类事物，更要注意本体喻体的相似点。时刻不忘论证的目的，才能达成比喻论证的意义。喻体可以常见，但设喻还需巧妙，不要入了套板的窠臼。勤思善总结，相信都能灵活使用这种方法。

（五）学习任务四：写作实战

我们精研了名家名篇学习方法，又用同学的文段小试身手，接下来就让我们自己写一写。

练练手——用比喻说理的方法论证“学习可以开阔我们的眼界”这一论点。

例文：学习可以开阔我们的眼界。只有通过学习，我们才能够走进知识的大观园，见到更多富丽堂皇的楼台亭阁，听到更多清脆悠扬的鸟雀鸣唱，嗅到更多沁人心脾的馥郁芳香；只有通过学习，我们才能走进人生的“三体联盟”，感知人伦的上下尊卑，人品的高雅低俗，人性的良善邪恶。不学习的人就像一只井底之蛙，只能看到碗口大的天空，当它跳入知识的海洋，才知道世界有多么博大；不学习的人就像一只孤雁，只能独自按照自己的经验和感知飞翔，当它与雁群同伍，才能够相互交流更多的天气、地貌、水源、栖息地等信息，才知道经历的世界有多么绚丽多姿。

【作业设计】

日本首相安倍晋三曾发表演讲称：“历史和国际法均可证明钓鱼岛是日本领土。”事实上，在1895—1971年，没有一个国家对此提出质疑。

如果你是我国外交部发言人，请用今天学会的比喻说理方法写一个片段加以驳斥。

【板书设计】

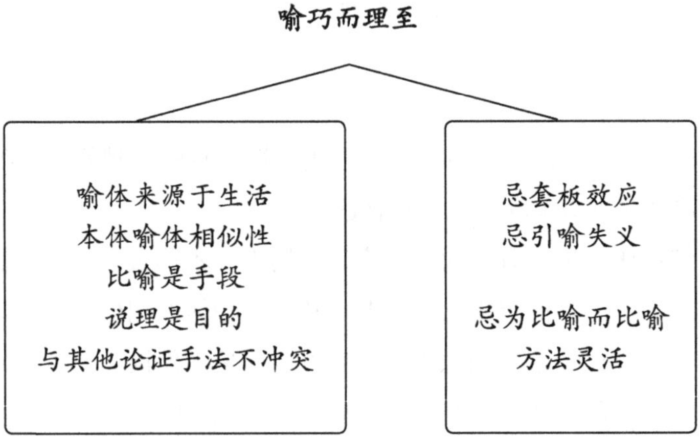

喻巧而理至

喻体来源于生活 本体喻体相似性 比喻是手段 说理是目的 与其他论证手法不冲突	忌套板效应 忌引喻失义 忌为比喻而比喻 方法灵活

第七单元

《故都的秋》

——特别的爱给特别的秋

新疆生产建设兵团第一师第二高级中学　尹婵娟

【单元教材分析】

统编高中语文必修上册第七单元人文主题是“自然与情怀”，属于“文学阅读与写作”任务群。所选的五篇散文，分别是郁达夫《故都的秋》、朱自清《荷塘月色》、史铁生《我与地坛》（节选）、苏轼《赤壁赋》和姚鼐《登泰山记》，均为以往教材中的经典作品。通过学习本单元内容，学生可从作者对自然的热爱和散文中表现出的人文情怀的新视角探讨作品的含义。

【学习目标】

1. 体会作者着重描写牵牛花、槐蕊、秋雨等平凡细小事物的细腻情感。
2. 能通过所写景物的语言特点寻找到郁达夫笔下悲凉“秋味”特殊的美。
3. 领悟作者所说中国文人“与秋的关系特别深”的道理。

【教学重难点】

重点：赏析散文语言，掌握以情驭景，以景显情，情景交融的艺术手法。

难点：学习作者对大自然深沉的热爱和其语言中所表现出来的深厚人文情怀。

【教学过程】

（一）情景导入

1945年9月17日，郁达夫在苏门答腊岛惨死于日本宪兵之手，那一年世界反法西斯战争刚刚取得胜利，郁达夫尚未来得及欢呼，就以身殉国，令人不禁扼腕叹息。今天我们如果要在群星灿烂的中国现代文坛选择一位既具名士风流又有传奇色彩的作家来，非郁达夫莫属了。胡愈之先生曾这样评价郁达夫的一生，他说："在中国文学史上，将永远铭刻着郁达夫的名字，在中国人民反法西斯战争的纪念碑上，也将永远铭刻着郁达夫烈士的名字。"

为纪念郁达夫先生逝世七十六周年，弘扬郁达夫先生人文之风，传播郁达夫先生爱国情怀，继承并发扬郁达夫先生精神内核，学校广播站将开展"达夫文章我来读"的活动。请你调动各种感官去体会郁达夫散文的情感意蕴，读出作者内心对一切事物深沉的爱恋。

（二）课堂活动

学习活动一：请你来诵读

任务一：选取《故都的秋》中你喜欢的一段文字并配上合适的音乐来读一读，并为这段文字配一幅插图。全班分为六个小组，每组推荐一位同学进行示范朗诵。

要求：

1. 读准字音，读出韵律感和节奏美。
2. 注意语调、控制语速，要与所选音乐贴合。
3. 听众要展开想象和联想，将自己置身文本，缘景明情。
4. 教师和学生要给出恰当的点评，肯定优点，指出不足。

设计意图：通过反复的诵读，引导学生关注文本中极具特殊性色彩的景物，抓住描写景物时语言的特点。让学生自己选择恰切的乐曲，能够强化朗诵的效果，精选的配图能带来更好的体验感，对理解作者情感起到渲染烘托的作用。

学习活动二：请你来赏析

伴随着同学们有感情的配乐朗读，我们仿佛已经置身于这幅秋的画卷中，请你调动各种感官去品悟这秋的韵味吧！

任务二：《故都的秋》分别选取了哪些景物？各有什么特点？分小组交流讨论，运用多种感觉器官进行赏析。

感官	写景文句	赏析情感
视觉角度	“很高很高的碧绿的天色”“以蓝色或白色者为佳，紫黑色次之，淡红者最下”“显出淡绿微黄的颜色”	这些枯淡的色彩，无一不显出清、静、悲凉。也许有人会认为这样的风景过于单调和素朴，可郁达夫正是在这些多数人也许会觉得索然无味的地方，捕捉到最值得玩味的乐趣，感受到它别样的美
听觉、嗅觉、触觉角度	“脚踏上去，声音也没有，气味也没有，只能感出一点点极微细极柔软的触觉”	从感觉深化到潜意识，作者欣赏的不是秋槐茂密的树冠、高大的树干，而是细小的落蕊。这落蕊带给我们怎样的感觉？经过一夜飘零，枯叶从树上窸窸窣窣地飘落，一觉睡醒起来，铺得满地金黄，作者把这飘落的动态过程省去，只为我们呈现了静态的铺得满地的画面，铺在地上的落蕊，没有声音，没有气味，已经丧失了生命活力
味觉角度	“比起北国的秋来……黄犬之与骆驼”	这几个对比中兼用了比喻，从饮食上的味觉与“秋之味”的相似作比，不仅化抽象为形象，而且让人回味无穷
触觉角度	“着着很厚的青布单衣或夹袄的都市闲人……一层秋雨一层凉啦！”	都市闲人的出场，一下子拉近了与读者的距离。作者没有把自己看成高高在上的文人，而是将自己定位为普通百姓。在老百姓轻松愉悦的对话中，蕴藏着作者悠闲落寞的感伤情绪，同时展现出带有故都浓郁地方特色的风土人情
听觉角度	“青天下驯鸽的飞声”“秋蝉的衰弱的残声，更是北国的特产”“陶然亭的芦花……潭柘寺的钟声”	作者所怀念与留恋的不是繁华都市的喧闹，也不是名胜古迹的优美。几声秋蝉的哀鸣足以牵人心魄，他更青睐那些古朴的意象。 他中意的是陶然亭朴素淡雅的芦花；他钟情的是柳条平淡的影子；他怀念的是那幽幽的西山虫唱。潭柘寺古老、悠远的钟声就能引发他无限的遐思

设计意图：本环节旨在引导学生通过赏析自然风物，直观感受景物与作者主观情感的契合。随着对故都景物的一一描绘进入画境，由此探寻作者对故都的一片深情。鼓励学生用简练的语言对景物所投射出的作者内心丰富情感进行概括。

学习活动三：请你来评价

过渡语：散文不过“情、景、理”三端，在品味了情与景之后，再来看看这篇散文又充满了哪些理趣？

思考：郁达夫笔下的悲凉美和中国传统“秋士”的悲秋色彩一致吗？

小结：传统文人写悲秋之作时，常常沉浸在悲伤之中，往往是对自身不幸遭遇的悲慨和国家前途命运的忧虑，内心往往有不平之气。与怀才不遇、羁旅飘零、被贬边塞之类的不幸遭遇有关。而郁达夫的悲却是对悲凉美的欣赏，一种发现悲伤之中也蕴藏美好的欣喜。

与古代“秋士”的悲秋伤己不同，郁达夫是在颂秋赏悲。

任务三：郁达夫写秋，为什么会选择那些灰暗的景物来写呢？我们可与毛泽东的《沁园春·长沙》做比较。郁达夫独特的审美情趣是从何而来的？

过渡语：作者笔下的“故都的秋”，在小院的每一座破屋内；在秋槐的每一朵落蕊里；在秋蝉的每一声残鸣中。一切景语皆情语，我们通过这些景，读出了郁达夫的悲凉与落寞。那么作者为什么会有这样的心境呢？跟他所处的时代背景和个人际遇有没有关系？

分小组查阅作者资料，也可根据练习册上提供的知识支架进行梳理分析。将小组学习成果进行总结汇报。

汇报小组1：

从人生经历角度，郁达夫3岁丧父，17岁到日本留学十年，饱受屈辱和歧视。这种坎坷的经历，形成其抑郁善感的性格。在日本期间，他受到物哀美学的影响。物哀就是“自然和人生的各种情态触发、引生的优美、纤细、哀愁的情感表现”。物哀感动的对象不仅是人、自然物，且是整个社会。在他的散文之中，选取那些衰败的事物如“落蕊”“牵牛花”“蝉声”“破屋”等，将物与我完美交融，构成了一幅细腻深沉的秋意图，于细微之中见真情。

汇报小组2：

从时代背景角度，钱理群先生在《品一品故都的秋味》：“时代是苦闷的，作家必定时时处处陷入单一的苦闷中，他写出的每一篇作品必然充满单一的苦闷感。”由于郁达夫当时处于国民党的白色恐怖威胁之中，因此，内心投射出深远的忧虑和孤独者的冷落，他笔下的秋的意境与姿态，也笼罩了这一层苦闷的色彩。这种情绪与他所处的社会时代是分不开的。

汇报小组3：

从审美情趣角度，在郁达夫的《故都的秋》中，传统的悲秋主题不同，在他眼里秋天的悲凉也好，颓废也罢，本身都是美好的，静静地观赏这一切，享受这一切，不被打扰其实并不是什么悲苦。能够从衰败和死亡中品鉴出美好是人生的一种高雅的境界。

设计意图：通过查阅资料，可以从作者学习经历、家庭影响、社会因素等多方面进行分析，探究其作品所呈现出特殊情感的原因。学生可以分组对探究成果进行汇总，最终形成汇报文字。

【课堂小结】

郁达夫之所以能写出这么美的文字都源于他的深情。他将目光投向那些不大引人注目的微小事物，在这北国的秋里，满满的都是他对国家的爱，对世界的爱，对世间所有事物的爱，甚至枯败，甚至死亡，他的爱就藏在那些色彩词、动词之中。他宁愿将自己寿命的三分之一折去，换得一个三分之一的零头。不仅表达出对秋的深爱，更是对祖国强烈的眷恋和热爱。这样用生命写就的文字怎会颓废？所以，在这篇文章中，我们不仅领略了故都的“秋味”，还感悟到了作者的“人生之味”。

【作业设计】

近日，外交部发言人赵立坚在微博上频频为新疆打卡，请以“多彩新疆”为题，写一段解说词，向其他地方的朋友介绍我们的家乡，并为他们做好秋季来疆旅游攻略。字数不少于800字。

【板书设计】

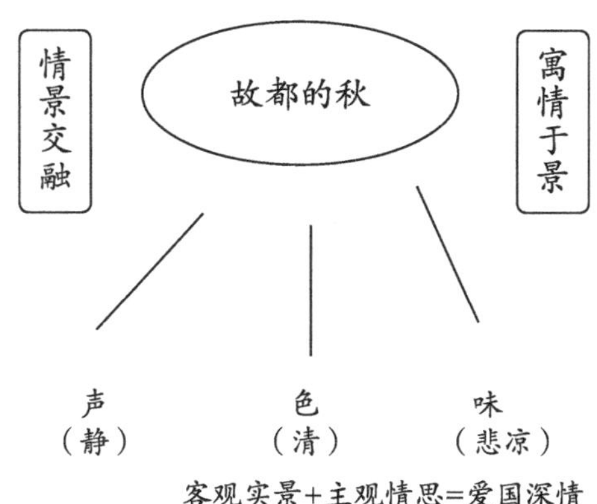

【教学反思】

这是一篇情深意浓的抒情散文，但由于特殊的写作时期，作者蕴含的思想感情学生很难感受和理解，更难以产生共鸣。困难主要在于一些“负面”情感难以理解。如文眼句“可是啊，北国的秋，却特别地来得清，来得静，来得悲凉”，“清、静”好理解，“悲凉”就不好理解了。抓住议论部分“颓废”这个带有明显贬义的词语，来探究作者的特殊审美情绪，感受人文精神。真正让学生做到有所读、有所悟、有所作、有所进，从而满足学生自我表达、自我提升、自我实现的需求。

本设计亮点主要有以下三点：

1. 任务情景化。在郁达夫逝世七十六周年纪念日来品读先烈的文章，这样的情境设置，立足学生阅读及生活实际，有利于传承中华民族精神，弘扬民族优秀传统文化。

2. 课堂诗意化。通过配乐、配图进行个性化诵读，并在预习中让学生通过小组合作，探究选读文段的理由。增强了学生合作探究的能力，提升了对经典散文的个性化解读能力。

3. 活动实践化。让学生以“多彩新疆”为题，设计新疆旅游攻略，学以致用。旨在引导学生热爱家乡，热爱自然，这样的任务让学生感兴趣，愿挑战，激发他们继续探索的兴趣，同时将单元人文主题落在实处。

《故都的秋》

——品故都之秋，悟家国之情

新疆生产建设兵团第五师高级中学　谢静

【单元学习目标】

1. 知人论世，了解作者及其写作背景，对不同时期不同作家的作品，把握好品析的重心。

2. 重视诵读，展开想象、联想，力求身临其境，感受山水风物，感受作者心灵的搏动。对那些优美的段落，要反复诵读，熟读成诵，逐步增强对散文的鉴赏能力。

3. 学会抓脉络、巧设问，加深理解文章情理。作家对山水景物描绘时往往借景抒情，有感而发，把自己的思想感情、审美趣味寄寓其中。

4. 掌握借景抒情、寓情于景的写作手法。

【学习目标】

1. 通过诵读，抓住意象，通过对五幅画的解读，紧扣“清”“静”“悲凉”的感情线索，体会作者的思想感情和审美情趣。

2. 体味本文以情驭景、以景显情、情景交融的艺术手法。

3. 理解本文“主观情”与“客观景”的自然融合。体会作者对故都的秋的赞美之情及文中流露出的悲凉、伤感之意，体会作者对故都之秋深深的眷恋之情。

【学习重难点】

重点：紧扣“清”“静”“悲凉”的感情线索，体味本文以情驭景、以景显情、情景交融的艺术手法。

难点：理解本文“主观情”与“客观景”的自然融合。体会作者对故都的秋的赞美之情及文中流露出的悲凉、伤感之音，体会作者对故都之秋深深的眷恋之情。

【教学过程】

（一）课前预习

1. 学生自主查阅作家郁达夫经历以及创作背景，做到知人论世。

2. 阅读全文，选取你喜欢的写景语段，用批注法赏析，品味意境，感受情感。

情境任务：在国际形势风云变幻的今天，新时代青年的家国情怀该如何表达是值得我们每一个学生思考的问题。近期，针对这个话题我校拟举办“心怀家国自不凡”的主题活动，以名人名篇为素材，阐述他们的家国情怀和独特的表达方式，以期启迪新时代的师生。

学生通过研读《故都的秋》，体会作者对故都之秋深深的眷恋之情，感悟家国之秋，家国之悲。

设计意图：爱国是《故都的秋》的主题，通过研读文本，学生可以深入理解郁达夫的家国情怀和独特的表达方式，以此提高学生审美能力和核心素养。

（二）学习任务一：视频导入，知人论世

1. 视频导入

播放视频《新疆：醉人秋色美不胜收》，秋以它独特的魅力吸引着一代代文人墨客，无数文人为之倾倒，为之迷醉，在他们的笔下秋各具特色。今天我们一起学习郁达夫的散文名篇《故都的秋》，看看他又是如何描绘故都的秋的。关于郁达夫，有人这样评价：

他是具有忧郁特质的诗人，幼年丧父，立志苦读，贫困的生活考验他。

他是具有忧伤情怀的作家，留学日本，饱受欺凌，屈辱的日子磨炼他。

他是具有忧患悲凉的战士，羁旅飘零，北望家园，苦难的祖国警醒他。

设计意图：这样导入新课来激发学生学习新课的兴趣，引领学生进入阅读情境，不仅从宏观上了解作者郁达夫，对郁达夫的身份和人生经历有了一个大致了解，更为课堂后面深入分析家国情怀做好充分的铺垫，而导语中的“贫困的生活”和“苦难的祖国”正是家和国的具体写照，这样可以让学生把个人遭遇和国家命运联系起来，初步感悟家国关系。

2. 知人论世

学生将收集的资料在课堂交流展示，互相补充，了解作家经历和写作背景。

郁达夫生平的关键节点：

1913年赴日留学（与郭沫若同期留学，时鲁迅已回国）；

1922年回国；

1927年与第二任妻子王映霞结婚；

1933年因国民党白色恐怖至杭州居住，其间创作大量山水游记、诗词等；

1935年离婚，之后多进行抗日宣传工作；

1939年赴新加坡，领导南洋地下党组织工作，易名赵廉；

1941年流亡至苏门答腊岛；

1945年因汉奸告密，日本投降后，依旧被日本宪兵暗杀。

教师补充：1934年7月，郁达夫“不远千里”从杭州经青岛去北平，再次饱尝了故都的“秋”味，并写下了散文《故都的秋》。因此，作者描写故都的秋的清、静、悲凉，不仅仅是单纯的景物描写，而且是自己心情的折射，更有着对整个人生的感悟。1934年，山河分裂，作为一名知识分子，尤其是一个有着浓厚家国情怀的知识分子，郁达夫内心的焦虑和担忧可想而知。

设计意图：古诗词鉴赏少不了知人论世，散文也不例外。本文的写作背景和作者个人情怀可以当作重点来解读。我采取的方法是在学生预习的基础上，由浅入深引导他们深入诗人内心的深处，这是产生情感共鸣的前提和基础。跨越时代，要深刻理解作者和文字的确不易，所以我让学生课前搜集郁达夫的个人资料。学生整理完郁达夫个人资料后，详细了解了郁达夫和当时的社会环境。

（三）学习任务二：由题入手，初读文章

1. 提问：“故都”指何处？

明确：“故都”是指北平。

2. 追问：“故都”就是北平，那作者为什么不直接把标题写成“北平的秋”？

明确：如“故园东望路漫漫”“月是故乡明”“故国不堪回首月明中”等。从而引发学生对故乡、故国等词的联想，“故都”也会让人联想起北平曾作为元明清三朝古都，历经700年的历史沧桑，所以“故”不仅有过去的，历史悠久的意思，给人一种深沉之感，更有着深厚的历史文化底蕴；同时，也有一种人世浮沉，繁华落尽，物是人非之感。再看看当时的郁达夫，他从杭州再回到北平，离开北平已达十年之久，对北平有着深深的怀念和无限感慨。“故都”这一称呼无不饱含作者对北平深沉执着的爱恋，何况，“故都”这个词语本身亦渗透浓郁的家国之情，而北平也有成为“故国”的危险；中国有成为“故国”的危险：国土沦陷，文化消亡。

设计意图：在解读题目时让学生引发一系列联想，影射家国情怀。

3. 追问：那作者深深眷恋着的故都的秋具有哪些特点？请找出概括北国之秋特点的句子。

明确：“可是啊，北国的秋，却特别地来得清，来得静，来得悲凉。”——具有“清、静、悲凉”的特点。

（四）学习任务三：细读文本，体会意境，揣摩景情

1. 围绕北国之秋的这几个特点，作者在文中描写了几幅故都秋天的图景？

明确：5幅（教师为各幅图取名。小院秋晨、秋槐落蕊、秋蝉残鸣、秋雨话凉、秋日胜果）

2. 细读课文写景部分，选取你最喜欢的图景进行赏析（意象、意境、情感、手法等），思考作者是如何体现秋的清、静、悲凉？（以小组为单位，结合文本批注点评赏析，形成小组交流成果，随后全班交流）

学生交流过程中，教师适时点拨。

设计意图：此环节通过诵读，抓住意象，通过对五幅画的解读，紧扣“清”“静”“悲凉”的感情线索，体会本文以情取景、以景显情、情景交融的艺术手法。

（五）学习任务四：再读文章，悲凉情景深探究

1. 提问：作者为什么不写火辣辣的香山红叶或游人如织的颐和园，而挑选了五种清、静、悲凉的景物来写呢？

明确：特别的人生经历和特别的个人气质。

2. 中国文人的悲秋情结。

（引导：1.留学日本的人生经历：深受日本“物哀说”影响，以寂静、恬淡、残缺为美，这是一种不健康的美学。悲惨的身世经历，人生几度风雨，历尽沧桑悲凉，造成抑郁孤僻。2.文章第12段“凡有情趣的人，对于秋，总是一样能引起深沉、幽远、严厉、萧索的感触”。感秋处处有，而中国的文人最为突出。郁达夫他就继承了中国传统文人的审美态度悲秋。所以，我们可以发现他的散文是对自我的写真，将个人的个性、气质、审美情趣，都以主观抒情的方式传达出来，以自己内心感受来构想文章。所以，“悲凉”已不仅是故都秋景，更是他是对自己整个人生的感受。）

教师总结：因此，作者描写的心中的“悲凉”已不仅是故都赏景的心态，而是对整个人生的感受。

3. 追问：可见，文中“情”与“景”构成了怎样的关系？

明确：以情驭景，以景显情。

文章选择了五种秋景，紧扣“清、静、悲凉”来表现北国的秋味。我们发现，作者赞美故都，并没有选择生机盎然的春天，而是选择了生命将逝的秋天；也没有选择灿烂多彩的秋景，而是选择了清、静、悲凉的秋景。作者以深沉的忧思和落寞的悲凉来颂秋。可见他的审美情趣：以悲凉为美。之所以拥有这样的审美情趣，主要是受了他苦闷、落寞、悲凉的心情影响。这种悲凉的本质是一种家国之秋、家国之悲。所以作者在文中的景物的描写中处处表现着自己的情感，“情”与“景”就这样构成了“以情驭景、以景显情”的关系。

设计意图：此环节突破难点，理解本文“主观情”与“客观景”的自然融合。体会作者对故都的秋的赞美之情及文中流露出的悲凉、伤感之音，体会作者对故都之秋深深的眷恋之情。

（六）学习任务五：拓展延伸

体会“我的不远千里，要从杭州赶上青岛，更要从青岛赶上北平来的理由，也不过想饱尝一尝这‘秋’，这故都的秋味”。这句话，联系艾青名言“为什么我的眼里常含泪水，因为我对这土地爱得深沉！”

由此再次强调，“故都的秋”，“故”，从前的，过去的，有繁华逝去之意。都，都城，也就是北平。此时，故都不仅仅是一个人的小家，这更是一个千万人的大家！

1934年的旧中国，内忧外患，但即便破败，即便悲凉，那也是无比珍贵的，是值得自己用生命去捍卫的。因为那是自己的家，自己的国，自己的根。郁达夫先生也用行动捍卫了自己的誓言。

【作业设计】

孟晚舟在归国途中写道：秋风掠过，登机前，温哥华已需寒衣加身。此时，祖国的秋日正是天朗气清、暖风和煦，期待一年好景致，再赏橙黄橘绿时。请你写一写孟晚舟眼中的秋天，注意情景结合。

设计意图：这个环节的设计，我想到了归国时的孟晚舟，想起她朋友圈发文《月是故乡明，心安是归途》，我又以此为契机，让学生再次体会家国情怀，只有强大的国，才有安宁的家。

【板书设计】

《故都的秋》

郁达夫

清、静、悲凉

↙表象　　内核↘

表象	内核
小院秋晨图	家国之秋
秋槐落蕊图	家国之悲
秋蝉残鸣图	
秋雨话凉图	
秋日胜果图	

《荷塘月色》

——情景交融中自有意趣

浙江省龙游县第二高级中学　苏静

【教学设计说明】

本单元以“自然情怀”为人文主题，从古今散文方面承担“文学阅读与写作”的学习任务，五篇散文，都是写景抒情的经典篇章。单元学习目标为：

1. 反复诵读课文，推敲词句，品味精彩语段，撰写评点文字，感受作品的文辞之美。

2. 赏析景物描写，分析情景交融、情理结合的手法，领会作品的人文内涵。

3. 查阅资料，与课文进行比较，体会民族审美心理，增强对民族审美传统的认识。

4. 借鉴写景抒情艺术手法，撰写写景抒情散文，表达对自然和生活的热爱之情；汇编一本班级写景抒情散文集。

《荷塘月色》为朱自清美文的代表作，具有很高的审美价值。本课将从审美的角度出发，引导学生从景、情和智三个环节中获得审美体验，认识作品的美学价值，发现作者独特的艺术创造。

【学习目标】

1. 反复诵读课文，推敲词句，品味精彩语段，感受作品的文辞之美。

2. 赏析景物描写，分析情景交融的手法，领会作品的人文内涵。

【学习重难点】

分析情景交融的手法，感受作品的人文内涵。

【教学过程】

（一）情境任务

自《荷塘月色》问世后，清华园荷塘成为人们的精神圣地。不少网友不远千里奔波而来，只是为了一睹荷塘风采。暑假时，荷塘发烧友小华终于实现了自己夜游荷塘的梦想。可游完荷塘归来，他觉得有点失望，荷塘并不似朱自清先生笔下的那样幽静美好。

请你来告诉小华，为什么现实中的荷塘不如笔下的荷塘。

设计意图：设置疑问，激发学生兴趣，引导其思考现实之景与文人之景的关系，为下面相关任务的展开埋下伏笔。

（二）学习任务一：巧用感官，体味荷塘之境

结合课文，观察作者在描写景物时用到了哪些感官？分别有何特点？完成表格。

感觉	原文原句	特点
视觉		
嗅觉		
听觉		
总结		

明确：

感觉	原文原句	特点
视觉	叶子……裙。而叶子……风致了	风姿优雅
	有袅娜地开着的……美人	娇美清丽
	月光如流水一般……泻在……花上	幽静恬美
	叶子和花……笼着轻纱的梦	朦胧淡雅
	虽然是满月……小睡也别有风味的	柔和朦胧
	塘中的月色……名曲	优美和谐

续 表

感觉	原文原句	特点
视觉	树色一例是阴阴的……	阴森朦胧
	……隐隐约约……远山，只有些大意罢了	朦胧淡雅
	高处丛生的灌木……如鬼一般	阴森
	树缝……睡人的眼	朦胧柔和
嗅觉	微风过处……渺茫的歌声似的	淡雅
听觉	树上的蝉声与水里的蛙声	热闹
总结		总体特点：优美、恬静、朦胧、柔和 存在不和谐元素：阴森、热闹

设计意图：这是以“我”的感觉为中心的环境，写景抒情类散文的环境描写往往是作者心灵世界的外化。通过表格的完成，有利于帮助学生整合信息，把握环境特点，有利于帮助学生进一步走向作者的情感世界。

（三）学习任务二：关注有我，分析作者情思

在这唯美的环境中为什么会存在怪异如鬼般的黑影、阴阴的树色、热闹的蛙鸣这些不和谐因素？请找到作者的直接议论或抒情语句，分析作者的情思变化，绘制成图。

明确：

1.“这几天心里颇不宁静”，“……这路上阴森森的，有些怕人。今晚却很好……”，“……什么都可以想，什么都可以不想，便觉是个自由的人……现在都可不理”。

作者“颇不宁静”的根本原因是现实中的“不自由”。作者的言行思想都被现实束缚着。而平常幽僻、阴森森的小路就与他此时的心境非常契合，因为路的幽僻与寂寞正好可以让他获得“独处”的机会，从而获得无人约束的自由。此时的作者，他是烦闷苦恼的，也正是因为现实中的这份苦恼，让他迫切地需要自由的“另一世界”。对现实的苦恼与压抑，并想要逃离，是作者情感的第一个层次。

2.“这是独处的妙处，我且受用这无边的荷香月色好了。”

作者此时暂且得以逃离生活中的烦恼，让自己沉浸在荷香月色之中，他需要有一方清幽“另一个”的世界，所以在他的眼中，他着力描绘荷塘与月色的清幽朦胧，想看清却总是看不清，连香味都是若有似无，如同来到了一方梦幻的世界，就像是在梦境中，而在梦中自然就能忘记了尘世，暂且得到安宁、自由，此时作者的心情似乎是平静悠闲且惬意的。

3. 当作者沉浸在荷塘清幽朦胧而美好的梦境中时，却认为灌木的黑影怪异如鬼般，它是作者挥之不去的烦恼，是静中的不静，是寻静中的挣扎。

“这时候最热闹的，要数树上的蝉声与水里的蛙声；但热闹是它们的，我什么也没有。”

蝉声与蛙声更是将作者的思绪从理想中的幻境拉回到了现实。作者刻意逃避寻求到的平静，平静中又有着不平静。

总结：求静（苦恼压抑）、似乎得静（平静悠闲又暗藏苦恼）、出静（失落）

设计意图：通过对文本的再次深入分析，把握作者的情思变化，绘制成图，既让学生抓住了文章的意脉，也更能深入地理解情景交融的艺术手法。

（四）学习任务三：研读资料，探究深层自我

讨论：作者于眼前的荷塘，想到了江南采莲的旧俗，想到了六朝时采莲的盛况——《采莲赋》与《西洲曲》，有读者认为，作者是在思念自己的家乡，而有读者却持不同的见解。

你知道作者此时的心中所思所想吗？请说出你的看法并阐明理由。

知识支架：

1. 六朝

（1）六朝是中国政治上最混乱的时代，然而却也是精神上极自由、最富有艺术精神的一个时代。（宗白华）

（2）社会的动荡，政权的更替，致使文人淡化了对功名、世俗的欲望，转而探索自然、问询人生，追求解脱与自由。而南朝就是这一时期最典型的代表，尤其是有关山水自然，有关女性以及男女之情的题材更是得到集中的表现。

（3）南朝士族的权力和利益并不完全依赖于一姓一氏的恩赐，只要不卷入具体的政治斗争，他们的地位就可以不受改朝换代的影响。因此，士族始终与政治斗争保持着距离。

2. 写作背景

（1）文章写于1927年7月，这年白色恐怖笼罩着中国大地。“1927年，蒋介石背叛了革命，大革命失败了，蒋介石统治了全国。佩弦当时没有找到正确的出路，四顾茫然，‘觉得心上的阴影越来越大’。他又在苦闷彷徨了。他知道‘只有参加革命或反革命，才能解决这惶惶然’。但是当时，他两条路都没有走，而是采取了逃避的办法。”（朱自清夫人陈竹隐《忆佩弦》）

（2）但他毕竟是一个爱国的民主主义者，面对黑暗现实，又不能安心于这种“超然”。“这几天似乎有些异样，像一团火，似乎在挣扎着……”（朱自清《一封信》）

3. 作者

朱自清（1898—1948），原名自华，号实秋，后改名自清，字佩弦。原籍浙江绍兴，出生于江苏省东海县（今连云港市东海县平明镇），后随父定居扬州。中国现代散文家、诗人、学者、民主战士。

明确：

南朝的文人、士族，相较于动荡的政局，他们的精神是自由的。这是否就是朱自清寻求的自由？“那是一个热闹的季节，也是一个风流的季节”，“风流”，课本注解指“年轻男女不拘礼法地表露自己的爱情”，在这里，作者着意表现的应该是当时的自由，而“热闹”，自然是因为自由，所以呈现出的热闹的场景。而“可惜我们早已无福消受了”则是暗指当前的社会现状，“白色恐怖”笼罩着的，压抑的、不得自由的社会氛围。同样动荡的政局，作为文人，却再难得那样的安宁与自由。

所以将《西洲曲》中的相思，理解为对精神自由的这一历史时期的惦念与向往，会更为贴切。

设计意图：情感的背后还有智性的思索。立足文本，借助相关资料，让学生进一步探究朱自清智性的深思。

【作业设计】

荷塘发烧友小华游完荷塘归来，他觉得有点失望……

请你来告诉小华，为什么现实中的荷塘不如笔下的荷塘。请结合所学知识，写下你的见解，不少于300字。

设计意图：呼应情境，使课堂结构完整。以读促写，以写带读。

【板书设计】

情景交融中自有意趣

——《荷塘月色》

寻找自由

不得自由

崇尚自由

《故都的秋》《荷塘月色》

——从自然的景色中汲取精神的财富

新疆生产建设兵团第二中学　崔萌萌

【学习目标】

1. 反复吟咏咀嚼文本，了解写景状物散文对语言美的高要求，感受这类散文的文辞之美。

2. 体会作者观察自然、欣赏和表现景物的角度，学习根据表达的需要选择不同形式的艺术构思。

3. 体会景象在传情达意方面的重要作用，分析情与景交融、情和理结合的手法，体会作者的一种审美心理，提升自身的文学欣赏品位，培养热爱自然风光的感情。

【学习重难点】

重点：反复咀嚼文辞，体会作者的构思之美。

难点：分析意象背后情与理的融合之美。

【教学过程】

（一）趣味导入：读文知景

1933年的郁达夫饱尝了人生的愁苦和哀痛，面对国民党白色笼罩下的国家，他想用创作救国，可创作又枯竭，可谓思想苦闷；1927年的朱自清同样面对白色恐怖笼罩中国大地的现实感到“惶惶然”。李白面对巍峨的岳阳楼获得了“雁引愁心去”的爽快；哪怕只是“门前流水”的一隅之景，苏轼也能获得“休将白发唱黄鸡”的自洽。足见景色能“怡人”，那么，郁达夫和朱自清寻找的景色在哪里呢？

《故都的秋》，景色在北平；《荷塘月色》，景色在北京。

追问：确定景色的依据是什么？

设计意图：调动学生学习兴趣，通过快速阅读、整体把握，锁定个别语段信息，引导学生关注不同位置的语句、语段等在文本中的作用有所不同，尤其需要注意出现在开篇和结尾处语句、语段信息的作用。明确阅读文本需要咬文嚼字、瞻前顾后。

明确：

《故都的秋》开篇第一段：北国的秋，却特别地来得清，来得静，来得悲凉。作者要前往的“北国”就是北平，从“我的不远千里，要从杭州赶上青岛，更要从青岛赶上北平来的理由，也不过想饱尝一尝这‘秋’，这故都的秋味”可以得知。《荷塘月色》结尾落款处明确了时间和地点：1927年7月，北京清华园。

朱自清曾说，“在我，也许可以说在我们这一些人吧，北平实在是意想中中国唯一的好地方”。

活动一：景中明情

“虽不能至，心向往之”，我们展开想象的翅膀，通过对“生动细致描绘”句段的品味，力求身临其境，感受作者身处景色环绕之中时情感的起伏，借助作者的丹青妙笔观赏其中所描绘的美景，以步入一种审美的境界。

追问：借助品味色彩字词，体会两位作者的情感的不同？

设计意图：文学创作是充满动机的，基本都带有一定的目的性、针对性和方向性，作者在进行生动细致的描绘前，对具体意象的选择就很重要。文中出现的意象并不是作者一时兴起随意胡乱拿来就用的。意象选择的代表性包含两个方面的因素：一是要选择最能代表事物特征、最符合诗文表现意图、最具有诗文审美要求的意象；二是要选择符合诗文内在逻辑要求、最具有意义暗示的深度意象。本活动试着以“意象”为切入口，让学生分析其中的情感密码。

明确：

（1）①郁达夫《故都的秋》

“租人家一椽破屋来住着”，“屋”是破的；“早晨起来，泡一碗浓茶”，“茶”是浓的；“像花而又不是花的那一种落蕊”，“蕊”是铺得满地的“落蕊”。“扫街的在树影下一阵扫后”，留在灰土上的是“一条条扫帚的丝纹”，看起来“觉得有点儿落寞”，应和了古人所说的“梧桐一叶而天下知秋”，显得落寞、深沉。

……

②朱自清《荷塘月色》

作者漫步的小路是“曲折的”“幽僻的”，在“夜晚更加寂寞”，“这路上阴森森的”；如流水一般的“月光”，是“静静地泻在这一片叶子和花上”。浮起在荷塘里的“青雾”则是薄薄的。叶子和花“像笼着轻纱的梦”。夜晚的天上“却有一层淡淡的云”，所以不能朗照。

（2）情感的不同：《故都的秋》的情感是深沉的、“悲凉”的，如作者所言，足见有感觉的动物，尤其是有情趣的人类，对于秋天，何况是不同于江南的秋，总是一样地能特别引起深沉、幽远、严厉、萧索的感触来的。《荷塘月色》的情感则是“迷迷糊糊”的、“寂寞”的，笼罩着一种淡淡的愁绪。

活动二：情中悟理

李白看到“长风破浪”便吟诵了《行路难》中的名句“直挂云帆济沧海”，苏轼看到“门前流水尚能西”则发出了“休将白发唱黄鸡”的感慨……历代文人志士无不热爱自然，尤其是身处困顿时，总能从自然风景中汲取精神财富，寻求身心的放松。两位作者是否也是如此呢？

追问：两位作者在风物美景的描写中徜徉，他们汲取到了怎样的精神内涵呢？

设计意图：我们人类始终生活在大自然之中，而自然风景也就深深融进了人类的精神世界，进而成为人类心灵的寄托。而写景状物散文总会将自然之景、时代之情与个人之志紧密结合在一起，篇幅不长，却藏有深厚的人文内涵。通过这一活动，引导学生反观自然风景，提升对自然美的感悟力，进而激发对自然和生活的热爱之情。

明确：

缘景求“神”：对于诗人，即便是“被关闭在牢狱里的囚犯”，北国的秋总能引起他们深沉、幽远、严厉和萧索的感触，但郁达夫笔下的“故都的秋”景却带有几分生命力。无论是“泡一碗浓茶”，还是“上桥头树底去一立”，都会觉得满足、感到舒适，甚至心里有一些的畅快。在万物萧索的秋季，“牵牛花”却以蓝色、白色、紫黑色、淡红色等绽放着，不仅如此，让几根疏疏落落的尖细且长的秋草，作为自己的陪衬，来宣示自己的领地，彰显自己的不同。还有秋蝉，或许只能发出衰弱的残声，“无论在什么地方”，它们都要啼唱。郁达夫由此汲取到了，“尽管时势危急，生活流离，也依然不放弃呐喊、抗争”。

《荷塘月色》中的荷塘充满视野的是“田田的叶子”，有一种“接天莲叶无穷碧”之美；“层层的叶子中间”则是“零星地点缀着些白花”，伴随着“缕缕清香”还能看到“像闪电般”划过的“凝碧的波痕”。而月色则“如流水一般，静静地泻在这一片叶子和花上”。无论是荷塘还是月色，似乎都披上了朦胧的轻纱，显得淡雅、安谧、柔和，作者“颇不宁静”的心绪在这样的景色中逐渐变得有一丝的喜悦。或许回到家中的作者，并未获得真正的解脱，但朱自清在努力调节自己的情绪，试图寻找精神世界的放松，让自己成为一个“自由的人”。

活动三：寻法提技

“形散而神不散”是散文的一个特点。散文看似结构自由、不拘一格，但又有贯穿全文的线索。我们漫步“故都的秋”中，漫步“荷塘月色”下，能否给未能同游的朋友绘制欣赏景色的漫步图？

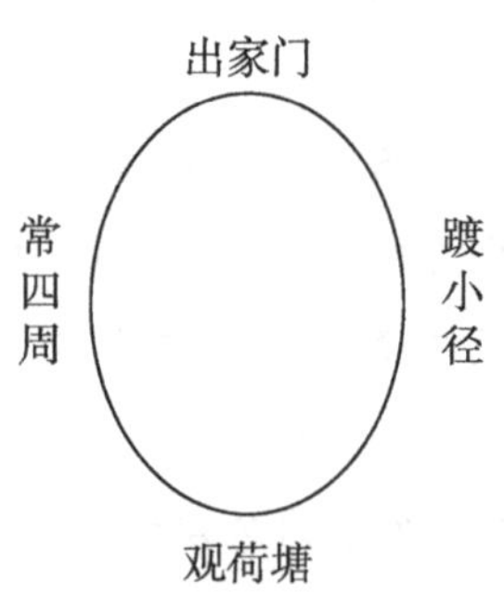

追问：同学们能否就两种景色欣赏点的路线图说说异同？

设计意图： 作者创作散文会选择不系统的零散的生活素材，学生在阅读文章时，有时很难把握文章，是因为其结构无形，虽然实际存在，却隐于题材之间，若有若无，像锦线串珠，只见珠光不见线索，而以“绘图”的方式呈现，则明确、直观，作者隐含于文本中流动的感情就清晰了。

明确：

异——“故都的秋”景是在“一椽破屋”的“院子”中赏的；“荷塘月色”景则是“沿着荷塘”，走过“荷塘四面”，又回到“自己的门前”。前者之景更多的是院落中，青天下；后者之景则是荷塘中，月色下。

同——文章的结构都呈现出了“闭合”的特点，这一“闭合”联结了作者的赏景的情感。

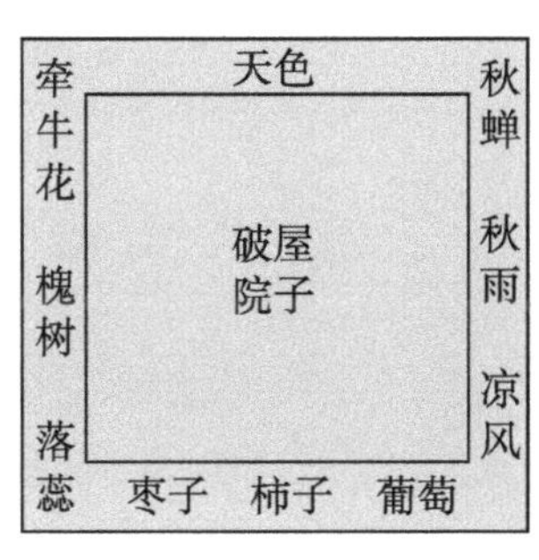

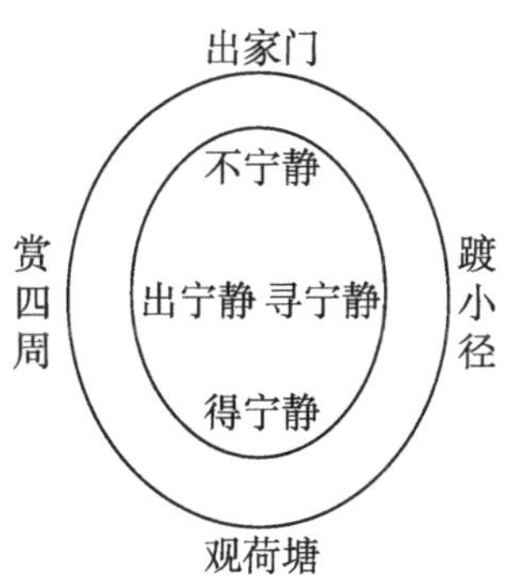

【作业设计】

技落笔端：通过对《故都的秋》《荷塘月色》两篇文章的语言、技法的品味和鉴赏，学习描绘校园风景，进而汲取一种精神财富。

1. 唱响校歌《校园那钻天的白杨》，以其中的意象“白杨”为描写对象，先完成表格，再进行300字的微写作，要求：在描写中彰显白杨精神。

对象	主题环境	角度	描写 环境（位置）+（定语）对象+比喻、拟人、通感等修辞
校园里的白杨	积极向上	绘形	
		着色	
		动态	

2. 以兵团二中后花园中的“秋色”或者“冬色”为描写对象，写一段文字。

注意：谋篇+立意；关注：景象的选择、情感和思想主旨要清晰。

设计意图：为了及时落实“遣词造句”的技法，引领学生获得写作时关于“用词、造句”等方面的启示。

【板书设计】

从自然的景色中汲取精神的财富

《赤壁赋》《登泰山记》

——寻找山水中的“我”

新疆生产建设兵团第二中学 张红梅

【教学设计说明】

本单元学习的是写景抒情散文，共选取了三篇现代文，两篇古文，这几篇文章都有融情于景、情景交融的特点。所以本单元教学目标之一就是要引导学生体会“情由景生，情变景变，因情写景，情景交融”的特点。

新的课程理念强调真实情境式学习，强调群文阅读，所以本节课我抓住两篇文章情景相融的共同点，采用群文阅读的方式，在授课形式上，我设置了“山水游学团——跟着课本去旅行”的情境，在教学中努力创设真实情境，让学生在情境中感受苏轼和姚鼐的内心世界。

【学习目标】

1. 品味文人笔下的山水之美。
2. 研读文本，结合资料，从文字本身入手，理解作者的内心情感。
3. 通过群文阅读的方式，构建起文与文的关联。

【学习重难点】

重点：通过景色描写，结合资料，走近作者，理解作者的内心情感。

难点：理解情与景之间的关系。

【教学过程】

（一）情境任务

俗话说“读万卷书，行万里路”，可见旅行和读书同样重要，欢迎同学们加入“山水游学团”——跟着课本去旅行。我是“山水游学团”的金牌导游。这一期的游学团，我特意为同学们推出两个景点，一处我们一起跟着《赤壁赋》去看看苏轼曾游览过的赤鼻矶，还有一处，是跟着《登泰山记》去看看姚鼐曾登过的泰山。

（二）任务一：感受寻“我”

活动1：月圆之夜，我们“山水游学团”来到黄州的赤鼻矶，同学们静静地感受赤鼻矶的夜色，和千年前苏轼形神交会，你此刻有怎样的感受？

明确：放松，平静，恬淡自适，沉醉于美景。

活动2：隆冬除夕夜，天寒地冻，我们“山水游学团”来到泰山，按照姚鼐的行踪浏览泰山，谈谈此时感受。

明确：看到喷薄而出的太阳，站在五岳之首泰山的最高峰，心潮澎湃。

设计意图：让学生初步体会情景交融的关系。

（三）任务二：探求本“我”

但是，我们真的体会到了苏轼和姚鼐的感受吗？

活动：“山水游学团”，游是手段，学是目的，游学不是打卡，而是随着文人的脚步，走近文人的内心。请同学们根据苏轼和姚鼐的人生经历，回到山水中去，走近作者，体会他们的内心世界。

知识支架：

1.《赤壁赋》背景资料

熙宁二年（1069），宋神宗任用王安石为参知政事，主持变法改革。由于苏轼与变法派的政见不合，遭受排挤。苏轼自觉在朝廷无法立足，于是申请外任。苏轼于熙宁四年（1071）任杭州通判。之后又分别担任密州、徐州、湖州知州。在任职上，苏轼看到了新法执行过程中的诸多流弊。像涉嫌朝廷放贷的青苗法、两浙路严苛的食盐专卖法、鼓励人告密的手实法等，苏轼都极为反感，于是便形诸吟咏，对新法实行过程中出现的弊端进行批评和讽谏。

宋神宗元丰二年（1079），时御史何正臣等上表弹劾苏轼，奏苏轼移知湖州到任后谢恩的上表中，用语暗藏讥刺朝政，随后又牵连出大量苏轼诗文为证。这案件先由监察御史告发，后在御史台狱受审。据《汉书·薛宣朱博传》记载，御史台中有柏树，野乌鸦数千栖居其上，故称御史台为“乌台”，“乌台诗案”由此得名。

苏轼被贬到黄州（今湖北省黄冈市）任团练副使。元丰五年（1082）七月和十月作者先后两次游览黄州城外的赤壁，写了两篇游记，后人习惯称前一篇为《赤壁赋》或《前赤壁赋》，称后一篇为《后赤壁赋》。

2.《登泰山记》背景资料

“桐城派”的基本理论是从方苞开始建立的。姚鼐是桐城派的集大成者，他的古文主张，提倡“义理（内容合理）、考据（材料确切）、辞章（文辞精美），三者不可偏废”。

姚鼐参加纂修的《四库全书》于乾隆三十七年（1772）告成。乾隆三十九年（1774）以自己病羸、奉养双亲为由致仕，道经泰安与挚友泰安知府朱孝纯（字子颍）于此年十二月二十八日傍晚同上泰山山顶，第二天即除夕（当年十二月小）五更时分至日观峰的日观亭后，观赏日出，写下了这篇游记。

纂修（《四库全书》）者竞尚新奇，厌薄宋元以来儒者，以为空疏，掊击讪笑之，不遗余力。先生（姚鼐）往复辩论，诸公虽无以难，而莫能助也。将归，大兴翁覃溪（翁方纲）学士为叙送之，亦知先生不再出矣，临行乞言，先生曰：诸君皆欲读人未见之书，某则愿读人所常见书耳。（姚莹《从祖惜抱先生行状》）

去秋始得《四库全书》一部，阅之，其持论大不公平。鼐在京时，尚未见纪晓岚（纪昀字）猖獗若此之甚，今观此，则略无惮矣。岂不为世道忧邪？鼐老矣，望海内诸贤，尚能捄（救）其敝也。（姚鼐《与胡雒君书》）

思考1：当我们泛舟于赤鼻矶下，面对一幅清幽朦胧的江月美景，我们感受到的是恬淡自适，但为什么客“扣舷而歌”如此哀伤呢?

明确：

苏轼所看到的景色澄澈明净，但也浩瀚无边，天地浩瀚无边，反衬个人的渺小。“纵一苇之所如，凌万顷之茫然”，看似随性洒脱，但是“一苇”与“万顷”相比，难免会有人生渺小无依、沉浮飘荡之感。况且江水，不仅存在于空间，还存在于时间，无穷的江水，不仅是空间的无穷，也是时间的无穷，与之相比的人类，自然会羡江无穷，哀己短暂，“寄蜉蝣于天地，渺沧海之一粟。哀吾生之须臾，羡长江之无穷”，所以主客同体的客，才会“托遗响于悲风”。苏轼能重新回到喜乐的状态，源于对江月的重新认识：江水逝去，但未尝往也，明月圆缺，但卒莫消长也。况且风声须入耳乃得以成为声，月色要入眼才得以成为月色，在宏大的宇宙中，人的淋漓生气就表现出来了。

由此可见苏轼的心情随着对江月的不同认识而改变，同样，苏轼的心情也体现在江月上，从“清风”到“悲风”又回到“清风”正是作者的内心写照，从心灵的片刻宁静，到心灵深处的挣扎，再到与自己争辩后的释然。这就是情由景生，情变景变。心境不同，所见的景致不同；认知不同，面对同样的景致，心情也不同。

结合背景资料，再回到江月中，我们看到一个获得自我澄明、自我通达的苏轼。

思考2：姚鼐是在辞官之后登的泰山，姚鼐为什么要在人到中年辞官？辞官之后为何要去登泰山？为何要在隆冬除夕夜登泰山？他在登泰山的时候，和我们一样感受到的是心潮澎湃吗？

明确：

自己病羸、奉养双亲是借口，身体不好的人，不会长驱千里，冬天登泰山。欲夺其族，先忘其史。清廷为了长治久安，雇用了纪昀等一批御用文人，组织了一场史无前例的对中华传统文化的侵蚀，就是《四库全书》纂修。姚鼐辞职登泰山，也不过是一种反抗的方式，回到文本中，我们可以在泰山景色中看到这份无言的反抗。

“日观峰、西边群峰”“傲立、若偻”：象征被四库馆汉学派排挤，体悟“傲立”的作者。

“苍山负雪”：与“覆”不同，被动变主动，有一种反重压，反束缚的力量。

“由中谷入，复循西谷”：不怕走“异”路，敢于突破自己，敢于突破传统的窠臼。

结合背景资料，再回到山水中，我们看到一个秉承着坚韧、超拔的儒家进取精神的姚鼐。

设计意图：让学生体会“情由景生，情变景变，因情写景，情景交融”的特点。

（四）任务三：致敬真“我”

活动：比较两人之后的生活轨迹，分析其不同的人生选择。

知识支架：

1. 游赤壁后的苏轼

元丰八年（1085），司马光复相，苏轼升任朝奉郎知登州。四个月后，还朝任礼部郎中。再升翰林学士、知制诰，知礼部贡举。

元祐四年（1089）政见不合，以龙图阁学士出知杭州。整治西湖，修苏堤。

元祐六年（1091）受人攻击，调知颍州。整治颍州水利，修筑堤坝。

元祐七年（1092）调知扬州，关心百姓，请求朝廷暂时停止催欠。

元祐八年（1093）君臣不睦，调知定州，肃贪倡廉。

绍圣元年（1094）新党执政，被贬远宁军节度副使，惠州安置。

绍圣四年（1097）再贬琼州别驾，儋州安置。兴办教育。

元符三年（1100）赦复为朝奉郎。北归回朝任职。途中病逝常州。

2. 登泰山后的姚鼐

乾隆四十一年（1776）至乾隆四十三年（1778）主持扬州梅花书院。

乾隆四十五年（1780）至乾隆五十二年（1787）主持安庆敬敷书院。

乾隆五十三年（1788）至乾隆五十四年（1789）主持徽州紫阳书院。

乾隆五十五年（1790）至嘉庆五年（1800）主持江宁钟山书院。

嘉庆六年（1801）至嘉庆十年（1805）主持安庆敬敷书院。

嘉庆十年（1805）至嘉庆二十年（1815）主持江宁钟山书院。

嘉庆二十年（1815）卒于江宁钟山书院。

明确：

我们看到两个人面对人生，做出了不同的选择。苏轼在起起伏伏的人生中重复着自己的经历，而姚鼐却彻底放开，彻底重新开始。叶嘉莹评价说，东坡把儒家用世之意志与道家旷观之精神，做了一个极圆满的融合。而姚鼐，面对不公正的人生，选择果断放弃，另起炉灶，迎接新的朝阳。人的生活时代不同、性格不同、理想不同、面对的困难也不同，我们很难对两人的取舍做是非判断。但是两人的相同之处就是，面对困难，融入山水中，从山水中找到困境的出路。

设计意图：让学生更深刻地理解苏轼和姚鼐的不同选择。

【作业设计】

1. 必做：写一篇文章，发表在微博上，介绍今天你看到了什么景色，有什么心情或感悟。

2. 选做：请写一次游记片段，尝试用景色描写表现你的心情。

设计意图：让学生在写作中落实情与景。

【板书设计】

《赤壁赋》　　　清风—悲风—清风

　　　　　　　　情由景生，情变景变

《登泰山记》　　　傲立　若偻

　　　　　　　　因情写景，情景交融

第七单元教学设计

河北省邯郸市第二中学　潘静

【教学设计说明】

根据本单元“单元导语”“学习提示”“单元学习目标”和将要阅读学习的文本属性，参考《普通高中语文课程标准》中的“学业质量水平”评价标准和《中国高考评价体系》“学科素养”“关键能力”等的有关表述设计本学习任务。

【学习目标】

从单元“学习任务群”学习的角度出发，具体学习任务设计如下：

1. 引导学生从不同角度、不同层面鉴赏文学作品，对作品的表现角度和艺术价值有独到的感悟和思考，分析情景交融、情理结合的手法。

2. 掌握古代常见的记录时间的方法、掌握课文中的文言实词、虚词、词类活用现象、特殊句式等文言知识。

3. 丰富学生的审美趣味，启迪学生对文化、哲理的思索。

4. 激发学生对自然的珍爱和对生活的热爱，了解散文写作的一般规律，捕捉创作灵感，进行写作。

【学习重难点】

重点：掌握课文中的文言实词、虚词、词类活用现象、特殊句式等文言知识，分析情景交融、情理结合的手法。

难点：激发学生对自然的珍爱和对生活的热爱。

【教学设想】

该单元教材共三课五篇文章，分别为：14.《故都的秋》《荷塘月色》，15.《我与地坛》（节选），16.《前赤壁赋》《登泰山记》。

人文主题是“自然情怀”，主题任务目标指向为“体会民族审美心理，提升文学欣赏品位，培养对自然的热爱”。

课文的编排意在强调群文阅读的两种方式——单篇延伸阅读与篇章对比阅读，在阅读中充分欣赏作品语言表达的艺术魅力，同时探究写景抒情的不同视角，并学习运用散文的多种表现手法进行文学写作。

共安排10个课时，四个任务。

任务一：赏玩自然风景，丰富审美情趣（2课时）

任务二：品味自然环境，读懂人生思考（2课时）

任务三：走进自然胜迹，探索文化情结（5课时）

任务四：记录美好自然，书写大地情诗（1课时）

【教学过程】

任务一：赏玩自然风景，丰富审美情趣（2课时）

课前预习：

1. 通读全文，积累字词，标注疑难语句。

2. 查阅郁达夫、朱自清和史铁生的经历及文章的写作背景。

环节一（第1课时）：初读感知

学习活动1：朗读品味

1. 个人配乐朗读。

2. 选择自己喜欢的段落朗读，小组分享。

学习活动2：

假如一朋友准备要上《朗读者》这档节目，他在《故都的秋》和《荷塘月色》之间犹豫不定，请你向他推荐一篇，说明你的理由。

提示：《故都的秋》和《荷塘月色》在用词、句式方面都有独特的美。《故都的秋》多用短句、排比，节奏舒缓，冲淡文雅；《荷塘月色》多用叠词，排比、比喻，清新典丽。

环节二（第2课时）：对比鉴赏

学习任务：

有人说，用一比喻来说，两个名篇都像传统的中国画，《荷塘月色》像一幅工笔画，精描细绘，纤毫毕现；《故都的秋》像一幅写意画，随意点染，自由开合。你怎么看待《故都的秋》和《荷塘月色》的不同？请仿照《故都的秋》的第1、2自然段，或者倒数1、2自然段，写一段话来表达你对二者的比较和偏爱。（独立完成，小组分享，推荐展示）

提示：《故都的秋》和《荷塘月色》都是现代写景抒情散文的经典，既有精彩的景物描写又有独特的情感体悟，通过比较鉴赏，可以丰富学生的审美情趣，对悲凉美和清新美产生较深刻的认识。

推荐阅读：

1. 关于我父亲的《故都的秋》——郁飞

2.《想北平》——老舍

3.《江南的冬景》——郁达夫

任务二：品味自然环境，读懂人生思考（2课时）

环节一（第1课时）：初读感知

1. 搜集梳理史铁生的资料，制作作者生平年表。

2. 感悟思考。

由景悟理，作者在面对自然景物时，自身经历的作用。

史铁生看到眼前的景物，它们破败、荒芜、古旧、宁静，但同时又充满活力、生气，体现这古老的园子生命依然顽强，洋溢着生命的律动。

作者的思想感情经历了一个从苦闷、绝望到充满希望的过程。正是地坛这种难以言传的包孕着永恒与瞬间、古老与新鲜、沉寂与涌动、博大与纤细的双重境界给作家的心灵以强烈的震动。文章中的地坛概括地说，令作者感到的便是地坛在看似沉寂、荒凉、萧瑟、幽深之中的那种醇厚沉重、超然博大的历史沧桑和喧嚣不已、生生不息的生命意识。用文中的话即为："荒芜但并不衰败。"

环节二（第2课时）：深入鉴赏

1. 阅读思考

文章在景物描写和往事追忆中穿插了许多富有哲理的语句，选取1—2句进行鉴赏，小组内分享并形成文字。（100—150字）

2. 对比阅读

“我也超出了平常的自己，到了另一世界里。”——《荷塘月色》

“我就摇了轮椅总是到它那儿去，仅为着那儿是可以逃避一个世界的另一个世界。”——《我与地坛》

推荐阅读：

《我二十一岁那年》——史铁生

任务三：走进自然胜迹，探索文化情结（5课时）

环节一（前置任务）：学生借助多媒体、课文注释，完成导学案（见附表1）的学习任务。

环节二（第1课时）：读通课文

1. 检查预习情况，小组合作学习，朗读课文并解决疑难字词句，小组长汇总疑难问题，交给老师。

2. 评价：组员（自评）和小组长评价合作学习的情况。（见附表2）

3. 课后作业：

（1）借助注释和工具书完成文言文知识的梳理归类表。（见附录3）

（2）背诵《赤壁赋》第1、2自然段。

（3）熟读两篇课文。

环节三（第2课时）：理解课文

1. 展示上节课的疑难问题，学生、教师答疑。

2. 小组分享交流文言文知识归类表，继续整理和完善归类表。

3. 以小组为单位展示知识归类表的对应内容，教师点评。

4. 评价：组员（自评）和小组长评价合作学习的情况。

5. 课后作业：

（1）熟记知识归类表内容和注释。

（2）设计一份文言文知识检测题，并提供答案。包括10道文言文知识填空，每题3分。4个句子翻译，每题5分。

（3）背诵《赤壁赋》第3、4自然段。

环节四（第3课时）：梳理脉络

1. 小组之间交换试题，一对一互测，学生互评打分，小结易错知识点，评选最佳试题。

2. 任务设计：请梳理《赤壁赋》中的情感脉络，并在此脉络上标注上相应的景、情或理。可用简洁的图形来形象地表示它们的关系。

提示：《赤壁赋》乐—悲—喜的情感为脉络，即月夜秋江之景生喜悦之情，由箫声转悲，由赤壁江山之景产生思古伤己之幽情，后以江、月、清风表达哲思，生旷达超脱之喜悦。

3. 评价：组员（自评）和小组长评价合作学习的情况。

4. 课后作业：

（1）背诵《赤壁赋》全篇。

（2）熟读两篇课文，选出自己最喜爱段落，尝试配乐朗读或制作诵读小视频。

（3）熟读注释。

环节五（第4课时）：鉴赏品味

1. 朗读并请学生展示背诵《赤壁赋》全篇。

2. 小组分享交流“脉络图”，以小组为单位进行展示，教师点评。

提示：通过小组展示，让学生分享成果，并进一步深入领会写景抒情散文景、情、理交融的艺术特点。

3. 任务设计：

《登泰山记》第3自然段：

泰山正南面有三谷。中谷绕泰安城下，郦道元所谓环水也。余始循以入，道少半，越中岭，复循西谷，遂至其巅。古时登山，循东谷入，道有天门。东谷者，古谓之天门溪水，余所不至也。今所经中岭及山巅崖限当道者，世皆谓之天门云。道中迷雾冰滑，磴几不可登。及既上，苍山负雪，明烛天南；望晚日照城郭，汶水、徂徕如画，而半山居雾若带然。

请结合《赤壁赋》的第1自然段和《登泰山记》的第3自然段，分别列举所描绘的景物，概括风景的特点。两相比较，你愿意与苏轼泛舟赤壁还是与姚鼐登泰山赏日出？为什么？（见附表4）（先独立完成，后小组分享交流）

提示：《赤壁赋》为秋江月夜之景，宁静、广阔、澄澈，给人超凡脱俗的空灵之感；《登泰山记》为冬日泰山日出之景，雄伟、壮丽，给人震撼鼓舞之感，两者各有其美。

4. 任务设计：结合课文谈谈苏轼或姚鼐对于自然的情感，以及自然在他们生命中的意义。对比今人对待自然的态度，你有何感悟？

提示：苏轼和姚鼐都很热爱自然，亲近自然，但两者对自然的情感也有所不同，苏轼游玩赤壁有兴之所至的成分，更多的是散心解忧，大自然是他宣泄被贬苦闷心情的导线，也是安慰、启迪他的对象。姚鼐对于自然是一种纯粹的热爱之情，为了欣赏泰山奇景，他顶风冒雪、千里跋涉，只为饱览泰山日出之景。自然是他生命中的诗意，是让人生变得更丰富更美好的存在。

5. 评价：组员（自评）和小组长评价合作学习的情况。

6. 课后作业：

（1）默写《赤壁赋》第1、2自然段。

（2）配乐诵读《赤壁赋》或《登泰山记》的选段，或完成配乐诵读小视频的制作。

（3）搜集关于黄州赤壁或泰山的诗文，探讨寄托其中的不同情思，探究其背后蕴含的文化意义。

环节六（第5课时）：拓展探究

1. 以小组为单位，现场诵读或展示制作的小视频。

2. 以小组为单位，分享关于黄州赤壁或泰山的诗文，探讨寄托其中的不同情思，探究其背后蕴含的文化意义。小组长负责整理汇报。

3. 教师小结，推荐阅读余秋雨《洞庭一角》，帮助学生更好地理解古代山水散文、游记背后的文化心理。

4. 评价：组员（自评）和小组长评价合作学习的情况。

5. 作业：

（1）默写《赤壁赋》第3、4自然段。

（2）课后阅读苏轼的《赤壁赋》（后），李健吾的《雨中登泰山》，感悟写景抒情散文中景、情、理交融的艺术特色。

任务四：记录美好自然，书写大地情诗（1课时）

同是写景抒情，本单元的几篇文章运用的艺术手法各具特色，借鉴这些文章的写法，进行创作。

1. 对我们的校园（村庄或小区等），你也许已经非常熟悉了，但很可能其中还有你未曾留意的一小块天地；同一处景物，你也未必观察到它在不同时间

的变化。以“我仿佛第一次走过……”为题，写一篇散文。（不少于800字）

2. 完成“风景这边独好”微视频拍摄脚本。（15分钟视频）

“风景这边独好”微视频拍摄脚本				
文本	景物	文本语句	拍摄脚本	撰写说明

附1：《赤壁赋》导学案

1. 标注字音、读通课文。

2. 将重要的注释标注在课文中，基本疏通课文的大意。

3. 标注不理解的文言实词和句子。

4. 查找“赋”和“记”两种古代散文的文体特点，并列举出这两类学过的或读过的相关散文。

5. 阅读“学习提示”。

附2：小组学习评价表

课时	项目	自评	小组长评价
1	课文朗读通顺		
	参与小组交流学习		
2	文言文知识归类表完成情况		
	参与小组讨论		
3	试题编制完成情况		
	参与小组讨论		
4	“脉络图”绘制评价		
	参与小组讨论		
5	参与诵读活动		
	参与分享推荐活动		

依据实际表现评分

附3：文言文知识归纳表

实词
虚词
古今异义词
特殊句式
文化常识

附4：你愿意与苏轼泛舟赤壁还是与姚鼐登泰山赏日出？为什么？

比较项目	《赤壁赋》	《登泰山记》
描写的景物		
景物特点		
你的感受		

附5：文学作品评价标准

共60分		一等（20—16分）	二等（15—11分）	三等（10—6分）	四等（5—0分）
基础等级	内容20分	符合题意 中心突出 内容充实 思想健康 感情真挚	符合题意 中心明确 内容较充实 思想健康 感情真实	基本符合题意 中心基本明确 内容单薄 思想基本健康 感情基本真实	偏离题意 中心不明确 内容不当 思想不健康 感情虚假
	表达20分	符合文体要求 结构合理 语言流畅 字迹工整	符合文体要求 结构较合理 语言通顺 字迹清楚	基本符合文体要求 结构基本合理 语言基本通顺 字迹基本清楚	不符合文体要求 结构混乱 语言不通顺，语病多 字迹潦草难辨
发展等级	特征20分	丰富 有文采 有创意	较丰富 较有文采 较有创意	略显丰富 略显文采 略显创意	个别例子较好 个别语句较精彩 个别地方有新意

第八单元

词义的辨析和词语的使用

——言必有中最贴切，言必由衷乃达意

新疆生产建设兵团石河子一中　马奋虎

【学习目标】

1. 在特定的语言情境中探究词语表达的感情色彩和语体色彩，探究语言文字运用规律，增强语言文字运用的规范性、敏感性。

2. 根据表达需要恰当选择和规范使用词语。

3. 体会汉字在传承中华优秀传统文化方面的重要作用，增强学生文化自信，热爱祖国语言文字的感情。

【学习重难点】

重点：具体语境中探究词语表达的感情色彩。

难点：根据表达需要恰当选择和规范使用词语。

【教学过程】

（一）热词导入，见词说义：尝试说说这些热词的意思：

笑不活了、破防、躺平、YYDS、网抑云、绝绝子、emo、夺笋啊、内卷

可以让学生再说说自己积累的网络热词。

追问：为什么会有网络热词的出现？你经常和谁交流时使用热词？

设计意图：调动学生兴趣，明确对热词的态度，也为了让学生在课堂畅所欲言成为习惯。

教师总结：每一年的网络热词，都是由民众关心的大事件组成，或严肃或戏谑，都是时代的记录。但是为了规范表达和顺利沟通的需要，一定要恰当选择和使用规范词语。刘勰《文心雕龙·章句》：“夫人之立言，因字而生句，积句而成章，积章而成篇。篇之彪炳，章无疵也；章之明靡，句无玷也；句之清英，字不妄也。”说明词语的选择要准确规范。

（二）活动一：咬文嚼字见词义，比较辨析置情境

任务1：辨析词义，“语味”无穷。

叶圣陶先生说：“教材无非是一个例子。”我们先看鲁迅先生经典篇目《从百草园到三味书屋》中的这段“例子”，看完之后结合自己亲身的经历和同桌交流一下加点词和原稿中的词哪个更合适、更恰当？

油蛉在这里低唱，蟋蟀们在这里弹琴。翻开断砖来，有时会遇见蜈蚣；还有斑蝥，倘若用手指按住它的脊梁（原稿：背脊），便会啪的一声，从后窍（原稿：后身）喷出一阵（原稿：一股）烟雾。

追问：同学们都能结合语境说出自己的看法。大家再想想还有没有哪些诗文里面的词用得特别好呢？

设计意图：以学生自主学习为中心，自己辨析词义，体会语言表达的准确和恰当。自主积累语文知识，探究语言文字运用规律，增强语言文字运用的敏感性，提高探究发现的能力。

任务2：置身情境，调整情感。

现在我们请几位同学来示范一下孔乙己的“摸”“排”这两个细微动作，思考交流动作的细微差别所透露出的孔乙己的心境变化。

（孔乙己）便排出九文大洋……

他从破衣袋里摸出四文大钱……

追问：同学们还觉得我们学过的诗文中哪些词用得特别生动传神？请大家翻开教材找出一些例子，做点评，然后和大家分享词语选用如何“最恰当”“最合适”？

设计意图：创设语文情境，让学生体会到我是课堂的主人，才能大胆参与课堂活动。从教材中找“例子”，也是发挥程红兵老师所说的“用教材教”的作用。

活动一总结：朱光潜先生在《咬文嚼字》里说：“咬文嚼字，在表面上像只是斟酌文字的分量，在实际上就是调整思想和情感。”我们一定要有一字不肯放松的严谨态度，表达交流写作时用最恰当、最合适的词语表达最准确的情感。

（三）活动二：咬文嚼字辨语体，褒贬分明须得体

任务3：请同学们修改以下材料中五处用语不得体的地方，并试着修改。

邀请函

尊敬的家长：

为了让家长全面知道孩子在校学习和生活的情况，并进一步和家长一起聊聊孩子的教育和培养问题，形成家校教育合力，促进令郎令爱健康成长，学校定于2月16日周一上午10点在各班教室召开家长会，到时候要求各位家长按时到会。

×××中学

2022年2月10日

设计意图：语言表达要符合具体的情境、对象。看对象，做到谦辞、敬辞使用不错位；看场合，注意环境和氛围；看目的，注意程度和方式。

任务4：再读《拿来主义》节选，感受加点词感情色彩变化和不同语体的表达效果。

	感情色彩	语境中的色彩	语体风格
染污			
欣欣然			
吝啬			
……			

追问：同学们能试着完成教材第129页其他加点词语的填空吗？挑战一下自己吧。

“但是，如果反对这宅子的旧主人，怕给他的东西染污了，徘徊不敢走进门，是孱头；勃然大怒，放一把火烧光，算是保存自己的清白，则是混蛋。不过因为原是羡慕这宅子的旧主人的，而这回接受一切，欣欣然的蹩进卧室，大吸剩下的鸦片，那当然更是废物。”（鲁迅《拿来主义》）

设计意图：完成由“要我学”到“我要学”的身份转变，进一步树立学生自信，体会词语的表达效果。让学生感受祖国语言文字的独特魅力，增强热爱祖国语言文字的感情。

任务5：以共同成长合作伙伴小组为单位，找出毛泽东《反对党八股》一文中你认为最能准确生动体现作者情感倾向的词语，和大家分享。

设计意图：《反对党八股》是演讲稿，语言通俗易懂，接地气，很有感染力，口语书面语灵活运用、褒贬分明，表达目的明确，考虑到了听众的限制。是根据表达的需要，恰当地选择和使用最合适的词语的典范。为后面“活动二总结”提供依据。

活动二总结：语言表达要符合具体的情境、对象、语体和感情色彩。做到“五看”：看对象，做到谦辞、敬辞使用不错位；看语体，分清口语书面语；看场合，注意环境和氛围；看目的，注意程度和方式；看感情，分清褒贬和反语。

【作业设计】

2021年9月25日是鲁迅140周年诞辰。统编教材总主编温儒敏专家呼吁：“在浮躁的时代要读点鲁迅。”×××一中德育处在高一年级发起以“难以忘却的纪念”为主题的阅读月活动。请高一年级的同学们根据以下任务，写一则语言札记，参与全校的海选。

要求：①研读鲁迅任何一篇作品，探究作者如何利用词语的褒贬色彩和语体色彩来表达最准确的情感。②使用第一人称和至少一种修辞手法，刻画你心目中的鲁迅形象，要求语言生动得体，建议字数在200字以内。

设计意图：缅怀大师，感受祖国语言文字的独特魅力。任务驱动完成练笔，检测学生学完本课后语言运用能力，也为下节课巩固提升提供素材。另外，如果时间紧迫当本课作业布置下去；如果时间充裕，课上分享点评个别学生习作，学生课下作业是修改习作。

【板书设计】

“三最五看”

词义的辨析和词语的使用

调整思想和情感：最恰当、最合适的词语

最准确的情感

看对象　看语体　看场合　看目的　看感情色彩

【教后反思】

本单元的教学目标围绕词语的积累和词语的解释开展学习活动。正如刘勰《文心雕龙·章句》：“篇之彪炳，章无疵也；章之明靡，句无玷也；句之清英，字不妄也。”首先，词语的选择至关重要，学生无论是口语沟通交流还是书面表达都要选用准确恰当的词表达自己的情感态度。这是必须要通过本课传达的信号。其次，本课通过活动育人，运用3个活动5个任务完成让学生能对词语进行比较、辨析，并根据表达的需要，恰当地选择和使用词语的总目标。调动学生学习主动性和积极性，去积累、搜集词语，运用了从个别到一般的归纳思维和从点到面的演绎思维。最后，通过情景化教学和任务驱动完成活动目标。

教学课堂生成是课程资源开发的主要内容。因为时间紧，提前未在另一个班试试，就直接选择录课。课堂节奏快慢把握整体不错，碎问碎答有些多，给学生独立思考的时间有些少。其实这种活动课，应该让学生大胆参与，这样才会有许多课堂生成的东西，而不应该限制学生思维的发展。当然，老师的准备要非常充沛。老师对学生回答的评价、活动开展的管控以及课堂应变能力都考量着老师的临场应变能力和智慧评价。

统编版必修下册

第一单元

《子路、曾皙、冉有、公西华侍坐》

——心随明月高，志与秋霜洁

新疆生产建设兵团第四师可克达拉市镇江高级中学　刘筱莉

【设计理念】

《子路、曾皙、冉有、公西华侍坐》是部编版高中语文下册第一单元的第一篇文章。本单元属于思辨性阅读与表达学习任务群，旨在：一、在理解文意的基础上，整体把握每篇文章的思想内涵，认识其文化价值，思考其现实意义；二、初步了解儒家、道家的思想特征，体会相关篇章论事说理的技巧及表达风格。本设计是《子路、曾皙、冉有、公西华侍坐》的第二课时，是在第一课时熟读课文，掌握重点文言字词句，疏通文意的基础上深入探讨、理解四位弟子的人生志向，思考孔子为什么对他们的说法表现出不同的态度？进而从“吾与点”出发探讨孔子的志向，思考其现实意义。

【学习目标】

1. 我能比较分析孔子各弟子的性格特征和他们分别的志向以及孔子对各弟子志向所持的态度；

2. 我能从“吾与点”出发探讨孔子的志向，加深学生对儒家思想的理解；

3. 我能联系社会现实，树立正确的人生观、价值观。

【学习重难点】

1. 从“吾与点”出发探讨孔子的志向，表述观点时要有依据及体现思辨性。

2. 探讨孔子之志和儒家思想，思考其现代意义。

【学习方法】

文本细读法、合作探究法、引导法

【教学过程】

情境创设：我们班要召开“畅谈理想·生涯规划”为主题的班会，有些同学对于“生涯规划”有些茫然，不知该从何说起、做起。其实，在春秋时期，孔子就带领他的弟子召开过类似的主题班会，今天我们就跨越历史，穿越时空，一起走进孔圣人的课堂，看一看在2500年前，孔门弟子是如何畅谈人生理想，做好生涯规划的，从中给我们的生涯规划带来什么样的启示？

学习任务一：探讨孔子及其弟子的志向

1. 细读文本，同学们完成以下表格。选出小组代表展示并讲解，其他小组做补充。

人物	子路	冉有	公西华	曾皙
志向				
治理面积				
国势情况				
自我期待				
性格特点				
孔子态度				
孔子此态度的原因				

设计意图：任务的完成需要学生细读文本，在细读文本的基础上分析子路、曾皙、冉有、公西华的性格和他们各自的志向以及孔子对各弟子志向所持有的态度，完成本课的第一个学习目标。

最终学生成果展示：

人物	子路	冉有	公西华	曾皙
志向	治理“千乘之国”可使有勇，且知方也	治理“方六七十，如五六十”的小国，可使足民。如其礼乐，以俟君子	“宗庙之事，如会同”，愿为小相	异乎三子者之撰，莫春者……咏而归
治理面积 国势情况 自我期待	面积大 内忧外患 百姓勇敢善战，懂道义	面积小 未提及 使百姓生活富足	未提及 未提及 在祭祀、会盟场合担任司仪官	未提及 未提及 未提及
性格特点	有抱负，坦诚，但性格比较鲁莽、轻率、自负	谦虚谨慎，说话很有分寸、敦厚	谦恭有礼，娴于辞令。忍让、虚心	淡泊于功名、从容不迫、豁达、洒脱、自得（舍、作、浴、风、咏）
孔子态度	哂之	叹之	惜之	与之
孔子此态度的原因	“其言不让”赞成他的治国志向，但认为他不够谦虚	“求则非邦也与？”没有正面加以评论，但可以看出是满意的	“赤则非邦也与？”“赤也为之小，孰能为之大？”赞成他的治国志向，肯定他的谦虚态度，但认为他低估了自己，完全可以担任更重要的工作	“吾与点也！”与孔子的观点相同，得到孔子的赞扬

2. 教师小结

通过填表，我们发现孔子的学生性格各异，志向各有不同。子路有抱负，坦诚，性格相对其他弟子来说有些鲁莽、轻率，所言志向是治国阶段；冉有就相对谦虚谨慎些，说话比较有分寸，志向重在谋求于国家经济发展；公西华谦恭有礼，娴于辞令，致力于国家文明建设。曾皙爱乐懂礼，洒脱高雅，卓尔不群，他到底描绘了一个什么样的理想画卷，让孔子喟然叹曰：“吾与点也！”

学习任务二：知人论世，由弟子推及孔子，完成孔子理想的终极探讨

1. 曾皙到底描绘了一个什么样的理想画卷，让孔子喟然叹曰：“吾与点也！”从中可以看出孔子什么样的志向？（学生小组合作探究，畅所欲言）

明确：曾皙所表述的志向，暮春时节投身于大自然界中，用心感受大自然界的万物复苏的和煦春意，然后唱着歌回家。曾皙这个理想境界，正是在前三位师兄、弟理想实现的基础上，达到的国家太平、人民富足，盛世图景。这也正是孔子所提倡的礼乐教化，以踏春的行为来正人心，塑造美好人性，虽然没有直言政务，但却超乎政务之上，这就是孔子的理想——一个依礼而治的大同气象。

设计意图：学生在完成第一个学习任务的基础上，聚焦曾皙的志向，进而探讨孔子的志向。

2. 知识支架：（根据学生探讨的情况适时展示）

（1）孔子之志

颜渊、季路侍。子曰："盍各言尔志？"

子路曰："愿车马，衣轻裘，与朋友共，敝之而无憾。"

颜渊曰："愿无伐善，无施劳。"

子路曰："愿闻子之志。"

子曰："老者安之，朋友信之，少者怀之。"

——《论语·公冶长第五》

（2）孔子的主张

礼是儒家学派的核心思想之一。孔子说："殷因于夏礼，所损益可知也；周因于殷礼，所损益可知也；其后继周者，虽百代可知也。"（《论语·述而》）似乎周礼是千秋不变的规范。

（3）时代背景

孔子是一位有着强烈的政治理想和远大抱负的人。他在担任鲁国大司寇时，推行礼治，施以仁政，使鲁国大治。可惜的是鲁国国君受人离间，很快就疏远了孔子，他的政治主张"礼""仁"也就成了一颗划过天空的流星，转瞬即逝。

3. 教师小结

孔子主张以礼治国，想要重整春秋末期混乱的社会秩序，而曾皙所描述的正是礼治下的太平盛世图景，是治国的最高境界，也是孔子的毕生理想，因此孔子说"吾与点也"。

然而现实却不能完全如孔子所愿，无论是孔子生活时代的春秋末期，还是当今世界上强权统治下的某些国家，战争的硝烟、炮火的摧残、百姓的流离失所不曾断过，我们应感恩自己能生活在一个和平的国度，更应该以自己的青春之名，像孔门弟子一样，开放视野、立高远之志。

任务三：探讨孔子的理想对当今社会产生的深远影响

当今的21世纪，孔子热、儒学潮，经典诵读活动兴起，儒雅、儒商、仁义礼智信等词不断霸屏，孔子学院更是遍布世界各地，这是历史的必然，也是时代的使然。历史学家柳诒徵说：“孔子者，中国文化之中心也，无孔子则无中国文化。”诺贝尔奖获得者曾说：“人类社会要在21世纪生存下去，就必须回到二千五百年前去汲取孔子的智慧。”儒学，屹立千年而不绝，必定有它超越时空的“合理内核”。天不生仲尼，万古如长夜。

设计意图：旨在让学生通过评价活动形成正确的审美意识，从而继承和弘扬中华优秀传统文化，增强自身使命感，为中国梦助力。

活动：跨越时空，与孔子对话

1. 课堂播放《典籍里的中国》孔子的一番话

视频文字：孔丘有些心里话想对大家说，我孩童时喜欢演习礼仪。15岁那年，我立志做学问，求师问道，修习六艺，三十而立，确立为人处世之道，不仅自己要学为君子，而且要仁爱世人，教人做君子，四十不惑，对追寻天下大道的人生信仰不再有任何的怀疑，年届五十知晓天命，更加明白自己应尽的责任，六十岁受人嘲笑，被人称作累累若丧家之犬，但，我早已耳顺，好话、坏话听在耳中，可内心却十分平静，如今道路虽然坎坷曲折，但目标清晰不变，尚能做到：从心所欲不逾矩。孔丘此生，除了心中的夙愿，一无所有。此刻，也就剩下这一碗薄粥，此粥味道甚美，追寻大道，虽苦犹甜。

2. 我想对您说（学生思考，写出文字）

成果1：是您首次提出“有教无类”的主张，让平民子弟也享有受教育的权利，是您提出教师教书育人应“诲人不倦”“因材施教”，是您教给我科学的学习方法：“举一反三”“温故知新”，您的“敏而好学，不耻下问”一直鞭策着我，您的“士不可以不弘毅，任重而道远”激励着我前行。您教会我“己所不欲，勿施于人”的道理，您的箴言伴随着一代又一代的人，您是一位了不起的智者！

成果2：条条大路，都有您坚毅的身影；村村院落，都有您执着的足迹。不论前方多么艰险，您都不会抛弃“仁”与“礼”；不管前方多么坎坷，您永不放弃教育天下的宏愿。当联合国会议厅中挂起“有朋自远方来，不亦说乎”的标语时，您已成为全世界的老师，全世界的骄傲。

成果3：我细听您讲子路孝亲负米的故事，懂得了以敬为孝；我聆听您讲“君子固穷，小人穷斯滥矣”懂得了君子穷困的时候，仍需坚持原则，与您对话，让我坚定了人生前进的方向。不论身在何处，都要不忘记初心，不管是以孝为先还是贫贱不移，都是我们心中最美好的存在，无法出淤泥而不染却也要不忘本源。在无边无际的时间之空中，我们唯有以初心为翅，才能飞向更远的天空。

任务四：我们有幸生在和平昌盛、日渐强大的中国，学孔子之志，奋中国之梦，青春的底色是奋斗，立志奋斗正当时，那么今天的我们该怎样立志，立何志呢？请同学们各言己志

活动：说理想，言大志

“中国的未来属于青年，中华民族的未来也属于青年。”习近平对新时代的中国青年寄予厚望，殷切期盼青年人将自己的人生奋斗目标融于实现中华民族伟大复兴的中国梦之中。（2020年6月27日，给复旦大学《共产党宣言》展示馆党员志愿服务队全体队员的回信）

——习近平主席

以上内容体现习近平主席对青年寄予的厚望，你将如何立志笃行，实现自己的人生价值呢？请同学们畅谈自己的理想。（5分钟思考，小组选取代表展示）

设计意图：旨在引导学生由古而今，为现实服务，联系社会现实，树立正确的人生观、价值观。

【作业设计】

学生人生规划表格					
姓名		年龄		特长爱好	
性格特点					
个人成长优势和欠缺分析					
人生格言					
未来规划	理想大学				
	理想职业				
	人生终极目标				

续 表

学生人生规划表格					
实现理想需要做的准备（根据自身实际填写）综上，我努力的重心如下					
学期/任务	基础学习	人际交往	个性爱好	品德修养	其他
高一上学期					
高一下学期					
高二上学期					
高二下学期					
高三上学期					
高三下学期					
当前我最需要解决的问题是					
学生签字			家长签字		

设计意图：说不如做，在学习本课的基础上，及时做好生涯规划，树立理想目标，走好人生的每一步。

【板书设计】

子路、曾皙、冉有、公西华侍坐

弟子立志
孔子论志
谈孔子志
言自己志

《烛之武退秦师》

——烦情入机，动言中务

新疆建设兵团十二师高级中学　邓海燕

【单元内容分析】

统编版必修下册第一单元的人文主题为“中华文明之光”，选取了《论语》《孟子》《庄子》中的经典篇章和《左传》《史记》中的精彩片段，旨在引导学生从先秦诸子学说中先哲优秀的思想，从古代典籍中体会先贤对社会、人生、历史的深刻思考，进而体悟前人的智慧，把握当下，展望未来。同时，本单元也属于“思辨性阅读与表达”任务群，在阅读中要把握作者的观点、态度和语言特点，理解作者阐述观点的方法和逻辑，要分析质疑，多元解读，培养学生的思辨能力。通过对古代优秀文章中的观点、论述方法的学习，可以有针对性地进行评论，合理表达和阐述自己的观点，力求立论正确，语言精练，评论恰当，有理有据。本单元选取的五篇文章都在对话中表达观点，阐述事理。在对答中或畅述平生之志，或巧解燃眉之急，字里行间蕴含强大的精神力量和深厚的传统文化。《烛之武退秦师》与《齐桓晋文之事》作为统编版教材必修下册第一单元的课文，均是在劝说他国君主采纳自己的意见。

【教学目标】

1. 通过横向比较，探讨孟子与烛之武在劝说难度、策略以及效果等方面的相似点。

2. 通过阅读相关文本梳理论辩思路，探究经典文段中的论辩方法，结合生活情境加以运用。

【教学重难点】

知识会运用才是力量，论辩的技巧在实际生活场景中的灵活运用是本课的重难点。

【教学过程】

（一）设置生活情境任务

请各位同学设想一下，上一个春节临近时，你和父母也将踏上回乡之路与千里之外的爷爷奶奶团聚。但是，这天下午，你看到了央视新闻倡议大家就地过年。的确，国内近期出现的散发病例，让疫情动态再一次牵动人心。于是，你也想跟父母和爷爷奶奶建议“就地过年”。说些什么，怎么说才更有说服力呢？

（二）重返文本梳理比较

如何更有说服力地阐述自己的观点，古人是我们的榜样。下面是几个经典文段，请同学们以小组为单位，选择任意一则，结合其论辩的具体语境，完成下面表格，十分钟后小组代表向全班进行交流。

选段1：《烛之武退秦师》

阅读烛之武说服秦王的过程：“秦、晋围郑……唯君图之。”

思考：前人说烛之武“五论救弱国，妙语退秦师”，有哪五个层面？分别达到了什么效果？

学生思考，交流后展示。

①秦、晋围郑，郑既知亡矣。（以弱示强，去除对方介怀）

②若亡郑而有益于君，敢以烦执事。（从对方角度，淡化敌对关系）

③若舍郑以为东道主，行李之往来，共其乏困，君亦无所害。

（谈对方受益：舍郑无害于君，反而可以作为秦国扩张的跳板）

④且君尝为晋君赐矣，许君焦、瑕，朝济而夕设版焉，君之所知也。

（对比盟友，晋惠公言而无信。提供退军理由）

⑤夫晋，何厌之有？既东封郑，又欲肆其西封，若不阙秦，将焉取之？阙秦以利晋，唯君图之。

（上升至战略高度，一针见血指出晋要灭秦的野心）

设计意图：深入文本，对这段说辞进行解析，是由课内拓展到课外的铺垫。

选段2：《齐桓晋文之事》

阅读孟子与齐宣王第三回合的论辩：“抑王兴甲兵，危士臣，构怨于诸侯，然后快于心与？……吾惛，不能进于是矣。愿夫子辅吾志，明以教我；我虽不敏，请尝试之。”

思考：孟子论辩，因势利导，环环相扣，有哪几层？孟子论辩有何特点？

学生思考，交流后展示。

五层：

① 欲擒故纵，旁敲侧击，逼宣王自己说“将以求吾所大欲”“吾不为是也”；

② 排山倒海，揭示宣王“大欲”的实质，点明图霸不可能实现；

③ 乘胜追击，指出以武力图霸将导致灾祸；

④ 用“邹与楚战”点明胜负强弱之理；

⑤ 正面描绘“发施仁政”的美好图景。

论辩特点：

① 目的明确，围绕“保民而王”的中心展开；

② 因势利导，层层逼问，逻辑清晰，请君入瓮；

③ 适时采用论辩技巧和方法，如反复设问、气势逼人、巧设比喻、欲擒故纵、本质归纳等。

在阅读和思考基础上完成下面表格：

1. 学生按照之前的讨论交流，依据表格要求，对各个篇章中的劝说语言进行梳理和总结。

2. 各组派代表轮流上台，对本组表格内容进行展示和宣讲，其他组同学提出建议和补充，在此过程中，全班同学要边听边记，完成所有表格的填写。

对比孟子和烛之武说辞的异同，体会论辩艺术：

相同点与不同点	齐桓晋文之事	烛之武退秦师
劝说难度		
劝说角度		
立足点		
劝说效果		
劝说姿态		
论证方法		

依托表格思考探究：

观察表格，进一步思考：怎样能使论辩有说服力？（学生小结）

增强论辩说服力的小妙招
① 中心观点由论说的目的决定，一定要清晰
② 思路要清晰，有逻辑性，因势利导，层层深入
③ 能抓住对方心理，深入原因和本质，必要时进行批驳
④ 巧妙运用一些常见论辩方法：事实和道理论证相结合，比喻和类比论证，正反对比，排比和假设等
……

设计意图：对两个篇章中的劝说语言进行梳理和总结，是一个横向和纵向归纳的过程。会评价他人的说辞，就会尝试自己写说辞，先内化成自己的经验，再外化成实际生活中的言语智慧。

（三）巧妙完成情境任务

怎样劝说父母和爷爷奶奶不回老家过年，更有说服力？请结合本课所学，进行小组讨论，并就小组说辞进行分析。

提示：父母和爷爷奶奶有什么不同心理？

学生思考后发言：从家庭关系的角度、家庭地位的角度、长辈的传统过年方式的角度，多媒体时代视频连线等方式的便捷等等角度进行展示。

教师汇总并组合最佳论辩方案。

（四）勾连群文拓展探究

① 南朝梁刘勰《文心雕龙·论说》：“范雎之言事，李斯之止逐客，并烦情入机，动言中务，虽批逆鳞，而功成计合，此上书之善说也。”“烦情入

机，动言中务”是古人概括的论辩艺术的精髓，意思是切中时务，本单元其他课文如《鸿门宴》《庖丁解牛》中都体现了出色的对话艺术。请你选择进行说明。

② 阅读刘勰《文心雕龙·论说》篇，你同意刘勰对论说的相关总结吗？

（五）课后作业

倡议书中一见高下：

假设春节将近，面对严峻复杂的冬季疫情防控形势，为了减少春节期间的大规模人员流动，央视新闻发出倡议：就地过年，减少聚集！

央视新闻编辑部现面向社会征稿，请你结合上面情况，针对某一具体春节返乡群体，如高校大学生、农民工、外地打工者等，写一则倡议书。要求：观点鲜明，逻辑清晰，有针对性；合情合理，不抄袭，不造作，不少于800字。

设计意图：语文教学渗透“语文教学生活化，学生生活语文化”的理念，一是以语文的形式对话生活，给学生提供一个大语文的学习环境，保证学生学习和历练有充分的时间和空间。二是用生活的内容丰富语文，变平淡的生活为丰富的精神世界。力争达到“从语文回归生活，再从生活升华语文内涵”的目的。

【板书设计】

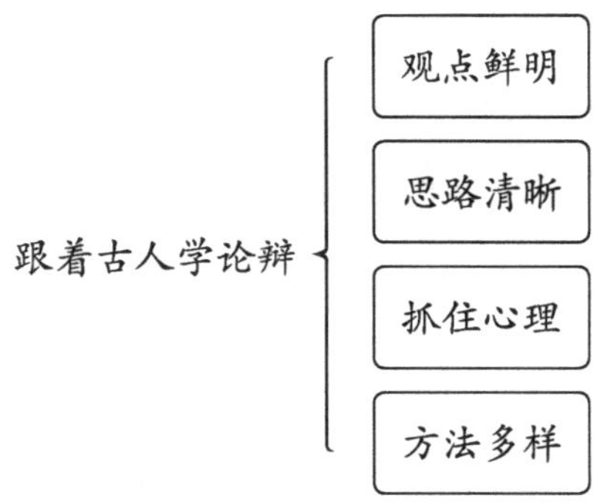

《齐桓晋文之事》与《烛之武退秦师》对比阅读

——探究“劝谏的智慧”

新疆建设兵团第一师第二高级中学　张宇辉

【单元学习目标】

1. 通过本单元内容的学习，理解中国传统文化的一些重要理念，认识其深层内涵与文化价值。形成对传统文化的理性热爱，自觉维护和发扬“中华文明之光”。

2. 体会儒、道思想的不同特点，把握先贤对社会和人生的不同看法，从不同角度思考其深层意蕴，并结合当下社会文化生活，思考其现代意义。

3. 反复诵读，整体把握文意，进一步提高独立阅读文言文的能力。

4. 在学习文化经典的过程中汲取思想养分，滋养理性精神，发展思辨能力，学习论说方法。围绕重要的社会、文化话题，读写结合，阐述自己的观点。

【教材分析】

两篇文章均选自部编版高中语文教材必修下册第一单元，《齐桓晋文之事》选自《孟子》，通过记录孟子与齐宣王的交流，系统阐发了孟子“保民而王”的仁政主张和社会理想。通过论述实行“王道”的可能性和必要性。驳斥了“兴甲兵，危士臣，构怨于诸侯”的所谓“霸道”，并具体展开闸述治国措施，集中表现了孟子“以民为本”的政治思想。全文论证内容极富思索性。逻辑缜密不乱，善于取譬设喻，语言精彩，富有说服力。《烛之武退秦师》是

《左传》人物画卷中较有代表性的一篇。作者成功地塑造了深明大义、临危受命、机智勇敢、能言善辩、巧退秦师的烛之武形象，展示了春秋时代政治外交上风云变幻的社会历史面貌。我们在教学本课时，应引导学生以诵读为主要手段，了解并梳理常见的文言实词、文言虚词、文言句式的意义和用法，理解课文内容，感悟人物形象的历史与现实意义，让学生了解说话艺术的重要性，激发学生热爱祖国语言文字的热情和学习文言文的兴趣，提高学生的文言文阅读水平。

【学习目标】

梳理烛之武、孟子说辞，把握其说辞的语言艺术和其中蕴含的智慧；理解孟子所论述的“保民而王”的思想，体会思辨的魅力。

【评价目标】

1. 学生能够理解文本内容并掌握文本中文言基础知识及说辞的语言艺术和智慧。

2. 学生通过对任务的解决，能够感受到论辩艺术的魅力。

【教学重难点】

1. 把握烛之武说辞之妙，思考烛之武退秦师的原因。

2. 文意的理解及孟子论辩的艺术方法。

【教法学法】

合作探究法　引导法

【课时安排】

1课时

【教学准备】

多媒体课件学生搜集关于《左传》、孟子及《孟子》等资料。

【教学过程】

（一）导入

多媒体课件展示“中国外交天团”五位成员外交风采。

王毅：智慧霸气，无懈可击

汪文斌：面容和蔼，气场强大

赵立坚：铿锵有力，有理有据

耿爽：幽默风趣，不卑不亢

华春莹：气质如华，以柔克刚（他们的说辞的作用）

那么在古代，孟子是怎样让齐宣王接受自己主张的？烛之武是怎样说服秦伯退师的？

由此导入本课，引导学生探究说辞的语言艺术和其中蕴含的智慧；通过劝谏之辞体会思辨的魅力。

设计意图：导入新课，并在学生感兴趣的话题中将学生带入情境。

单元主问题链：探究“劝谏的智慧”（第二课时内容）

（二）学习任务

任务活动一：孟子是怎样让齐宣王接受自己主张的？

任务活动二：烛之武是怎样说服秦伯退师的？

设计意图：引导学生在单篇内容学习的基础上，以任务驱动学生再次回顾、梳理文本内容。

（三）子任务再现

任务活动一：

王道和霸道的区别（知识支架第一课时建构）

1. 孟子是怎样让齐宣王接受自己主张的？

（1）教师提示

辩论最讲究的就是技巧，而孟子面临的对象不一般，要谈论的话题也不一般，严肃和枯燥兼而有之，如果不做精心安排，用心布局恐怕不可能让齐宣王心悦诚服说出“愿夫子辅吾志，明以教我，我虽不敏，请尝试之”这番话来的。那么孟子是怎样说服齐宣王的呢？

（2）学生讨论，教师参与学生讨论，形成互动，最终达成共识。

明确：

孟子说服齐宣王经历了三个波折。

① 波折一："若寡人者，可以保民乎哉？"——齐宣王的畏难心理。

针对齐宣王这一心理，孟子从齐宣王的日常生活入手，巧妙分析了"以羊易牛"的事，指出齐宣王有不忍之心，这不忍之心正是"保民而王"的思想基础。于是，齐宣王说"他人有心，予忖度之"，心悦诚服地与孟子站到同一边来了。

② 波折二："此心之所以合于王者，何也？"——齐宣王怀疑自己的能力。

孟子针对这种思想上的疑难，采用了一组形象而生动的比喻进行说理。这就是"百钧""舆薪""挟太山以超北海""为长者折枝"等比喻，指出齐宣王完全有能力"保民而王"，只是没有认真去做罢了，这就进一步从思想上为自己陈述仁政主张铺平了道路。

③ 波折三："将以求吾所大欲也。"——齐宣王对心中"大欲"念念不忘。

孟子善于察言观色，他从两人一开始的谈话中就始终没有忘记齐宣王想称霸天下的企图，于是，他用"抑王兴甲兵，危士臣，构怨于诸侯，然后快于心与？"一激，再故意提出"肥甘""轻暖""采色""声音""便嬖"五项，旁敲侧击地引出齐宣王的"大欲"："辟土地，朝秦楚，莅中国而抚四夷也。"然后，又用缘木求鱼的比喻，彻底击碎了齐宣王的幻梦。

2. 孟子论辩艺术的特点。

师生共同归纳文章表现的孟子辩论的共同特点。

引而不发迂回曲折

步步为营层层深入

跌宕起伏逻辑严谨

环环相扣水到渠成

任务活动二：

1. 夜缒而出，见了秦伯，烛之武具体是怎样一步一步说服秦师退兵的？

细读第三段，体悟烛之武每句话的言外之意、话外之音是什么。

明确：

郑既知亡矣（放低姿态，欲扬先抑，以退为进）故秦伯但听无妨！

亡郑以陪邻（阐明利害，对晋有利，动摇君心）故秦伯愿闻其详！

郑为东道主（对秦有益，替秦着想，以利相诱）故秦伯君心动摇！

晋君贪无厌（回顾历史，推测未来，离间秦晋）故秦伯决意盟郑！

2. 细读第一段，思考烛之武能劝退秦军，除了靠自己的三寸不烂之舌外，还有什么客观的有利因素吗？

明确：

① 秦、晋分兵驻扎，为离间提供条件；

② 交代晋郑矛盾，与秦无关。

从秦晋围郑的原因可知，这完全是郑国与晋国的冲突，秦国之所以出兵，一是因为秦晋之间有盟约，现在还有成语叫“秦晋之好”；二是秦穆公想趁机获利，扩大疆土。烛之武抓住了秦穆公的心理，改变了秦穆公的想法。

设计意图：以问题统领教学，以子任务的解决驱动学生再次回顾文本内容，进而探究孟子和烛之武说辞中的智慧及艺术。

（四）探究“劝谏的智慧”

篇目	对象	任务	策略	劝谏效果	
《齐桓晋文之事》					
《烛之武退秦师》					

劝谏的对象及主要任务

孟子：齐宣王　说服齐宣王放弃霸业，以王道治国。

烛之武：秦伯　兵临城下之时试图打破秦晋的联盟。

1. 劝谏的策略

（1）站在对方的角度

孟子对齐宣王的劝说一开始就是站在对方的角度和立场进行思考。孟子站在对方想统一天下的角度，告诉齐宣王“保民而王，莫之能御也”。孟子通过齐宣王“以羊易牛”的故事，来论述齐宣王有仁爱之心，可以实行王道。孟子站在齐宣王的立场，充分肯定齐宣王“是心足以王矣”。在百姓以为齐宣王是吝啬的时候，孟子则再次站在齐宣王的角度，认为这是齐宣王“不忍”，“是乃仁术也”。孟子站在对方的角度，反复地肯定的情况下，齐宣王逐渐对王道产生了认同感。

烛之武在游说的时候，也是设身处地地站在对方立场上，处处替秦国利害着想，通过八次称“君”，抓住秦穆公心理，充分讨论郑国存在或者灭亡对秦的利弊问题，将即将爆发的战事消弭于无形。

（2）抓住对方的利益

孟子通过一组排比句，把四类人（士、耕者、商贾、行旅）对推行王道的君主的崇敬和依附表现得淋漓尽致，这种对未来利益的描述，让齐宣王产生强烈渴望之情。同时，孟子也抓住齐宣王进取之心，展示实行王道之后的美好画面。

烛之武也是以秦国未来的利益为说服点，陈述的不是对秦国和郑国有没有利，而是对秦国和晋国有没有利；不是眼下对秦国有没有利，而是未来对秦国有没有利。

2. 共同点

尊重对方，因人而异。

避实就虚，迂回婉转。

分析利弊，切中要害。

3. 教师总结

孟子取譬设喻，因势利导，步步深入，去霸推仁（孟子在诸侯王面前通过取譬设喻，因势利导，步步深入，去霸推仁）；烛之武层析利弊，秦军倒戈，晋军撤围，兵不血刃，存郑保民。古人云：一言兴邦，一言丧邦。文人笔端，辩士舌端，比武士锋端更加厉害。通过这两篇课文的比较，我们可以领略到语言的力量，同时，我们要学会透过事物看本质，从主客观来评析事物，体味中国古代说辞艺术，发觉文言文所蕴含的文化韵味。

4. 学以致用

日常生活中随处可见的说话艺术（同学之间相互分享）。

（五）布置作业

说话是一门大学问，值得用一生去学习。探讨以下故事中说话的智慧及艺术，写出自己的探究结果。

（1）渑池之会，蔺相如如何慷慨陈词，镇服强秦，不辱使命。

（2）三国时期诸葛亮如何舌战群儒，挫败江东英豪。

设计意图：①以熟悉的历史故事为切入点，结合课堂学习内容，感受孟子和烛之武说辞中的智慧及艺术的同时，探究蔺相如、诸葛亮等名人说辞的智慧和艺术。②通过对文本的解读和合作探究，进一步学会从不同角度思考其深层意蕴，并结合当下社会文化生活，思考其现代意义。在学习文化经典的过程中汲取思想养分，滋养理性精神，发展思辨能力，学习论说方法。围绕重要的社会、文化话题，读写结合，阐述自己的观点。

【板书设计】

探究“劝谏的智慧”

1. 劝谏的对象及主要任务

孟子：齐宣王　说服齐宣王放弃霸业，以王道治国。

烛之武：秦伯　兵临城下之时试图打破秦晋的联盟。

2. 劝谏的策略：（1）站在对方的角度；（2）抓住对方的利益。

3. 共同点：尊重对方，因人而异；避实就虚，迂回婉转；分析利弊，切中要害。

《窦娥冤》

——演绎窦娥之悲　探寻悲剧之美

新疆生产建设兵团石河子第二中学　何琴

【教学设计说明】

本单元为戏剧单元，人文主题是“良知与悲悯”，属于“文学阅读与写作”学习任务群。本单元的教学主题可以确定为：悲剧中人性的光辉，对正义的追求，对邪恶的鞭挞，激发读者心中的悲悯情怀。《窦娥冤》是元代作家关汉卿创作的杂剧，作品站在人民的立场上，塑造了窦娥这样一位光彩照人的女性形象，对封建社会中遭受重重压迫的人民大众给予同情，对他们的拼死抗争给予关切，代表了元杂剧的最高成就，人性的善良、亲情爱情的美好和面对邪恶敢于反抗的精神在作品中都有体现，根据单元任务要求，学生能够阅读剧本，登上舞台，亲身体验、感受人性的光芒，学会爱与被爱。

【学习目标】

1. 阅读《窦娥冤》剧本，梳理情节、分析戏剧冲突、塑造人物的艺术手法，体会戏剧人物语言特色。

2. 分组练习写台本，编排演出舞台剧，把握戏剧的矛盾冲，相互探讨悲剧的深刻意蕴，激发心中的良知与悲悯情怀。

【学习重难点】

重点：1.把握戏剧冲突。在参与活动的过程中，“我”能理解矛盾冲突产生的社会因素，熟知情节内容，探讨戏剧的主题思想。

2. 分析人物形象。抓住人物的活动，让自己在戏剧情境中客观认识人物性格形成的复杂性。

难点：“我”能通过参与编排演出，理解、体验戏剧的舞台性，并将内容的阅读和舞台上的表演相结合，以悲悯的情怀看待悲剧人物的命运，认识良知的不朽价值，提升审美体验。

【教学过程】

（一）教师导语引入

鲁迅先生说，悲剧就是“将人生的有价值的东西毁灭给人看”，在阅读《窦娥冤》的剧本节选内容时，窦娥的经历引发我们产生心灵的悲伤，哀痛乃至愤懑，同时唤醒我们内心坚守良知，追求人性道义，今天我们再学《窦娥冤》节选，看看这一悲情的故事中作者呈现给我们的，有哪些有价值的东西被毁灭，让我们深入剧情，以剧本为基础，化身剧中人物，在舞台上探寻悲剧之美。

（二）任务一：体会悲剧人物，领悟剧中主人公“美好”被毁的悲剧价值

活动1：本文是一篇悲剧选文，窦娥是悲剧主人公。深读理解课文，学生多角度思考窦娥的形象为什么能感天动地，以小组的形式交流讨论，完成自主任务单的填写。

理由 悲剧人物	社会地位	性格	毁灭的美好	多重冲突	悲剧原因
窦娥	孤苦、可怜无依的妇女	由最初的安分守己、逆来顺受到斗争，否定黑暗社会	生命被扼杀，正常愿望破灭，家庭毁灭，善人遭恶报	恶棍张驴儿逼婚，遭受官府酷刑，面对的是整个社会	处于社会底层，较为弱势

活动小结：鲁迅先生所说的“人生的有价值的东西”包括人性的“善”，那么使其毁灭的东西自然是“恶”。在本单元的课文中，窦娥的善良就是“有价值的东西”，但却遭遇了社会的“恶”的暴虐式残杀和毁灭，所以这部戏剧作品属于悲剧。鲁迅先生这句话表明了悲剧冲突的实质正是悲剧人物在作品中

代表的正义精神，即“人生有价值的东西”与现实不能满足希望之间形成的矛盾，在这一矛盾冲突中，人的生命及一切美好的追求都有可能会遭到摧残和毁灭。

设计意图：人物形象是透过戏剧冲突体现出来的，学生在归纳人物形象的同时，体味戏剧的集中性、紧张性、曲折性，更好地把人物、时间、情节穿插在一起，在自己的思维空间内产生更多的思考。

（三）任务二：体会悲剧的经典，了解本剧矛盾与主题的关系

活动2：自主合作探究：在现实生活中，悲剧通过模仿我们的生活现状，来引发我们内心的怜悯和同情，从而把自身悲观、痛苦的体验转化成一种昂扬向上的生命力感，以自己的亲身体验或者看书、观影、追剧所看到的情节为例阐释这一观点。

示例：《雷雨》中的四凤，勤劳而又善良，思想单纯，生在封建社会，存于封建思想严重的大资本家家庭，敢于大胆追求自己的爱情，无论是周萍的欺骗还是周冲的大胆表白，她始终保持本真的态度，不虚妄，不造作，让观众眼里始终看到的是一个外表清纯热情，内心勇敢贞烈的女子形象，戏里戏外，人们同情她的爱情悲剧，同时又喜欢这个形象的塑造，为她大胆追寻自由爱情的精神所打动。

结果汇报：悲剧所演绎的就是我们日常生活的写照，个人的遭际相互间虽不会完全相同，但他人经历的剧情在某一天或者某一日，可能就会在我们的身上呈现。比如：窦娥所遭遇的社会不公，通过悲剧性事件与悲剧性境遇的展现，引发读者、观众的悲痛、怜悯、同情之心，同时唤醒灵魂深处的良知，令人崇敬的感情，激发人们形成新的生命认知和自我警醒。

总结：《窦娥冤》剧情中呈现写了三方面的矛盾冲突：首先是善良的窦娥与恶棍张驴儿父子的冲突，体现了劳动妇女与社会恶势力的冲突；其次是柔弱的窦娥与贪赃太守桃杌的冲突，体现了劳动人民与封建统治者的矛盾冲突；最后是窦娥对天地的控诉，实则表达出底层劳动人民对黑暗腐朽社会的痛斥和对命运的抗争。在这三个戏剧冲突中，第一个冲突来自人性的贪婪产生的邪恶，后两则冲突是戏剧的主要冲突，直击作品主题，引发这些矛盾冲突的主要原因是元代的酷政虐刑、官场的黑暗、社会的腐朽、人民冤状无处申诉等。通过窦娥含冤负屈被杀的悲惨遭遇，作品揭露了封建社会的黑暗腐朽，人性的冷漠蚕食，表现了底层社会被压迫的人民不屈的斗争精神。

设计意图：学生通过回顾自己生活场景中的喜怒哀乐，用心体味剧情中窦娥的情感变化，从而更深层地掌握矛盾冲突，对封建社会迫害人的制度产生正确的认识，对悲剧的认识，有深层的思考。

（四）任务三：体验舞台效果，感受剧中悲情对良知的感召力

活动3：以戏剧小组为单位，在班级内按照抽签顺序演出，各小组抽调评分人员对舞台表演效果进行评价。

各小组讨论戏剧演出效果，由评分人员打出分数，提交给主持人，主持人根据各组提交的分数，评选出一、二、三等奖。

表演评分表		
表演小组		
评分细则（总分为10分）	1. 脚本改变合理，紧扣主题，构思新颖（3分）	
	2. 表演真实、自然、投入，感情充沛（4分）	
	3. 服装、道具运用得当，充分结合场景需要，符合剧情（3分）	
总计得分：		

设计意图：学生在编排与演出的过程中，对原文进行理解加工，演出的说话方式、舞台走位、身体姿态、表情控制、细节动作等，是考证学生理解剧情的依据。剧作者帮助演员演出，也有助于读者理解剧情，走上舞台其实是二度创作，是个性化阅读和深度阅读后思维再造的结果。

（五）任务四：体会创新剧情，在悲喜剧中客观认知、思辨

活动4：班内举行辩论赛，辩题内容如下：曾经有剧作家大胆对剧本进行了改编，窦娥的父亲金榜得中，回来寻女，窦娥的冤案昭雪，窦娥的丈夫也因蔡婆婆曾做善事，感念上天，重新回到窦娥身边，蔡婆婆自此与儿子儿媳幸福地生活在一起，改写的剧情以大团圆式的喜剧结尾，请大胆质疑，展开辩论，你认为哪种结局更有可能实现。

示例：

正方：追求幸福并为之努力，终究会得到自己想要的生活，窦娥不屈于封建思想势力，大胆进行反抗，最终一家人团圆过上幸福美好的生活。

反方：我反对这种不现实的大团圆式结局，很不现实，如果窦娥的反抗能够奏效，为什么是通过三桩带有迷信式的夙愿感动的上天，她的真实的冤屈，敢于反抗的精神，感动的仅是所谓的“上天”，但并没有带动所有的百姓反抗封建压迫，反对不人性的封建家长制。

……

辩论小结：戏剧冲突的实质是人物性格冲突，把人物的性格放置在尖锐的矛盾冲突中体现，是剧作者惯用的手法，并通过人物对生活环境的认知、所处的阶级立场、现实的政治观点、社会的道德立场、个人感情喜好、心理因素等多方面汇集，使之相互发生“碰触”，将“冲突”在特定的环境中展开，“碰触面”的大小逐渐形成故事情节，组成一个个如现实生活般的剧情，“碰触面”越大，塑造的人物形象就越鲜明，表现的主题思想针对性就强，与现实社会背景精密结合，浑然天成。戏剧和悲剧表现的手段都是相同的，不同的是悲、喜剧剧情呈现带给读者或者观众的情感体验不同而已，喜剧结尾体现的是人们日常生活中对美好事物的一种期望，是现实生活本该有的样子，但悲、喜剧的形成不是剧作者凭一己之力改变社会现状，而是取决于社会的实质背景。但无论是悲剧结尾还是喜剧结尾，戏剧的表演都应结合主题，以矛盾冲突为指引，更好地为主题服务。

总结：悲剧发展的实质，其实就是一种积极的进取精神和对不公命运进行抗争精神，更是一种对自己对社会体现出的责任感，它没有盲目的乐观自大精神，反使清醒的人生有了反思、觉醒意识，并通过反思和审视自己获得心灵的净化与震撼，从而保持积极、乐观、进取的精神活力。由此，深层次思考生活是当下活着的意义和价值，铸造出一种坚韧而伟大的内在人格，是时代的需要。这是悲剧形态赋予人们敢于追求一切美好事物的生动写照，也是悲剧本身审美的精髓所在。

设计意图：通过《窦娥冤》中极富表现力的宾白、唱词，展现元杂剧鲜明的语言艺术特色，激发学生通过语言的积累，在辩论中有条理地表现自己的语言组织能力和思辨能力。

【作业设计】

通过课堂活动的体验，从担任导演、演员、评剧者等角度，选一个适合自己的身份写一篇心得体会，把自己排演剧本的亲身体验，观剧的深刻感受等写出来与大家一起分享，还可以重新创设剧中人物的形象及情节进行舞台再现。要求：不少于300字，文体自定。

设计意图：通过课堂所学知识及情感体悟，有条理地梳理出来，以文字的形式进行整理，增强听、说、读、写的能力，从而实现语文核心素养的积累。

【板书设计】

演绎窦娥之悲　探寻悲剧之美

——《窦娥冤》

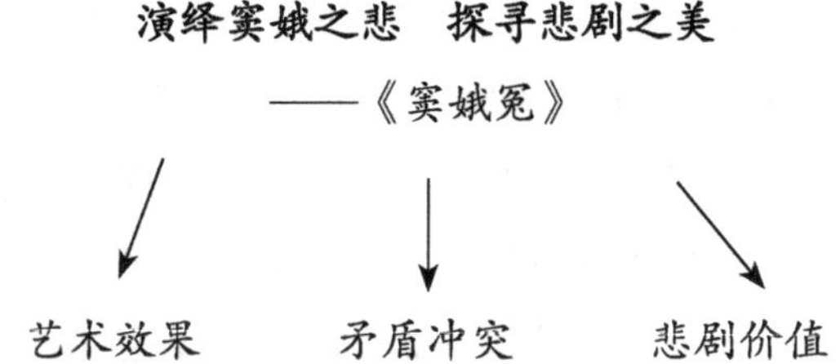

《雷雨》（节选）

——一场悲剧与闹剧交织的心灵旅行

新疆生产建设兵团第一师第二高级中学　党威

【教学设计说明】

《雷雨》选自统编高中语文必修下册第二单元，本单元为“文学阅读与写作”任务群，人文主题是“良知与悲悯”。本设计指向语言建构与运用，紧紧围绕着提升学生语文核心素养这一目标展开，着力以任务驱动课堂，引导学生走进文本，在字里行间品咂，继而沉浸于文本深处，走向人物的内心，激发其悲悯情怀，培养其作为当代青年应该具备的理想信念、责任担当。

【学习目标】

1. 走进周朴园、鲁侍萍的内心世界，体味人物情感带来的价值和意义。
2. 体悟《雷雨》的现实意义，感悟悲剧的艺术魅力。

【学习重难点】

重点：品析语言，探究周朴园、鲁侍萍的性格特点。

难点：提高立体分析人物形象的能力。

【学习方法】

情境创设、合作探究、小组讨论。

【教学过程】

（一）情境任务

时值《雷雨》首演八十二周年之际，为缅怀曹禺先生，展示当代青年的风采，学校话剧社现面向全校学生招募演员，期待大家一起走进那一晚的雷雨情境。面试题目：谈谈你对剧中人物周朴园或鲁侍萍的认识。

设计意图：基于学情，创设情境，激发兴趣。

环节一：人物“初相识”

活动：速读课文，简要概括人物之间的冲突。

设计意图：初读课文，让学生对这几个人物有大致了解。

讨论：

《雷雨》里八个人物有着怎样的关系？他们之间有着怎样的冲突？（展示投影）

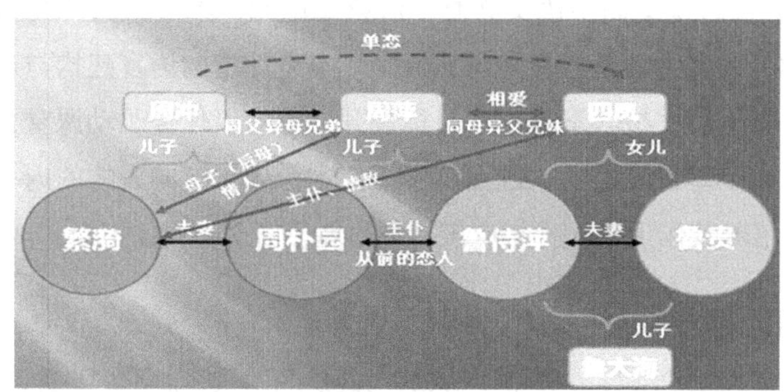

第一场：周朴园和鲁侍萍相认。（人性的冲突）

① 认出侍萍，相遇述旧怨。（周与鲁之间的冲突：三十年前恩断义绝—三十年后见而不识）

② 双方谈判，相认生新恨。（周与鲁之间的冲突：周权衡利弊软硬兼施—鲁拳拳之心，一心为子）

③ 鲁侍萍&周萍。（母子的痛楚）

第二场：周朴园和鲁大海的冲突。（不同的阶级冲突）

④ 周朴园&鲁大海。（父子的仇恨）

⑤ 鲁大海&周萍。（兄弟的干戈）

设计意图：通过梳理人物关系，让学生更好地走进文本深层，探讨人物之间的矛盾冲突，把握主题。

环节二：人物“再相知”

活动：分角色朗读课文，老师适当指引

讨论一：分组品味周朴园的三组语言，体会每组语言所表现出来的性格特点。

（课件展示）

第一组：“可是她不是小姐，她不贤惠，并且听说是不大规矩的。”——侍萍在听周朴园说自己是“梅家的一个年轻小姐，很贤惠，也很规矩”后，为什么用这句话来反驳他?

讨论后总结：这表明侍萍的冷静清醒，她的悲愤控诉。

第二组：“命，不公平的命指使我来的！”——这句话看出侍萍怎样的性格特点?

讨论后总结：听天由命，善良软弱。

第三组：侍萍接过支票，把它撕了。——为什么侍萍不要这五千元?

讨论后总结：这体现了她的刚强自尊，有骨气。

总结得出：鲁侍萍是一个善良正直，备受屈辱，又始终保持着自己的刚强与自尊的一个受侮辱被损害的旧中国劳动妇女形象。

讨论二：分组品味周朴园的三组语言，体会每组语言所表现出来的性格特点。（课件展示）

第一组——“你来干什么？”“谁指使你来的？”“三十年的工夫你还是找到这儿来了！”

第一组同学讨论总结：当周朴园知道眼前这个老妈子就是他日夜思念的鲁侍萍时，现实的利害关系占了上风，他马上翻脸不认人，“厉声责问”侍萍。

第二组——“现在你我都是有子女的人……”“从前的旧恩怨，过了几十年，又何必再提呢？”“过去的事情不必再提了吧……”“你以为我的心死了……”

第二组同学讨论总结：周朴园看硬的不行，就企图用哄骗的手段，来软化侍萍。

第三组——“好！痛痛快快的！你现在要多少钱吧！”“将来你会后

悔的……"

第三组同学讨论总结：最后周朴园又拿出五千元的支票，企图用金钱来平息三十年来的旧恨新仇。在他眼里，金钱胜过其他所有的一切。从这一点上我们可以更充分地看出他作为资本家金钱至上的本质。

总结：周朴园是一个自私、伪善、奸诈、决绝无情的资本家形象。

设计意图：引领学生关注鲁侍萍和周朴园的人物形象，通过语言品析，提升学生的思辨能力，培养其核心素养能力。

环节三：人物"众人议"

活动情境：在人物"初相识"和"再相知"后，我们对周朴园和鲁侍萍有了一个清晰的认识，假如这两个人物同时登上了"剧本人物风云榜"，请选择一个为其写一段推介词。

要求：1.符合人物特性；

2. 语言表达连贯、生动、得体；

3. 至少运用一种修辞手法。

设计意图：进一步理解人物形象，拓展思维，培养对人物评价的写作能力。

环节四："戏如人生"——"人物"我来演

【作业设计】

问题情境：三十年前，周朴园作为资本家的少爷，要娶一个女仆为妻，他的家长绝不允许。三十年后繁漪对周萍说过同样的话："你受过这样高等教育的人，现在同这么一个低下的女人，这是一个下等的女人——"

三十年后的事情暗示并延续了三十年前的故事，这是一种"巧合"，也是一种揭示。作为当代青年，你是怎么看待这一现象的？剧中人物对你的心灵有没有震撼？谈谈你的收获。

____

____。

知识链接——名家评说《雷雨》：

巴金：《雷雨》是一部不但可以演，也可以读的作品。

李健吾：一出动人的戏，一部具有伟大性质的长剧。

黎烈文：说到《雷雨》，我应当告白，亏了它，我才相信中国确乎有了近代剧。

钱理群：……真正吸引他的，不仅是情节本身的曲折性，而是在这曲折背后所隐藏着的“人”的生命形态，或者说，他是自觉地把自己的生命体验与认识注入多少有些现成的“情节”中的。

设计意图：《雷雨》是一幕悲剧，但我们不能一味地沉浸在悲叹之中，而是要化悲痛为力量，通过对作品中人物悲剧人生的思考，来审视自己的人生。让学生勇敢地走上讲台，说出自己对作品的理解、对主旨的把握，充满信心地去战胜未来人生路上的雷雨。

【板书设计】

震撼心灵之雷雨——闹剧与悲剧

周朴园&鲁侍萍

鲁大海&周萍（人性的冲突）　　　　周朴园&鲁大海（阶级的冲突）

鲁侍萍&周萍

第二单元

《窦娥冤》《祝福》《哈姆莱特》对比阅读

——品味戏剧魅力　激发悲悯情怀

新疆生产建设兵团第五师高级中学　马晓燕

【教学设计说明】

对他人的不幸抱有同情，心怀悲悯；鄙弃丑恶，追求正义，坚守良知：这些都是人类应该具有的品格。

本单元所选三篇戏剧作品，通过剧中人物的悲情遭遇，表现了不同时代、不同民族的剧作家对社会现实的理解，寄托着他们对人生的深切关怀。阅读这些作品，有助于我们更深刻地理解社会人生。

学习本单元，通过阅读鉴赏、编排演出等活动深入理解戏剧作品，把握其悲剧意蕴，激发心中的良知与悲悯情怀。要初步认识传统戏曲和现代戏剧的基本特征；欣赏剧作家设计冲突、安排情节、塑造人物的艺术手法，体会戏剧语言的动作性和个性化；还要理解悲剧作品的风格特征，欣赏作者的独特艺术创造。

【学习目标】

1. 通过自主阅读，了解戏剧基本情节，引导学生通过学习戏剧提升语言表达与运用的能力。

2. 细读文本，体会戏剧语言的性格化，通过深入探究人物的性格特征品读悲剧魅力；提升学生对悲剧人物的自我品读能力，促进学生思维发展。

【学习重难点】

重点：在体验角色、把握三篇文章的悲剧意蕴的过程中，使学生审美鉴赏与创造能力有所提升。

难点：引导学生在把握悲剧意蕴的基础上获得情感体验，激发心中的良知与悲悯情怀。提升他们的文化传承与理解能力。

【教学过程】

（一）课堂导入

人人都希望生活中处处是喜剧，但古往今来，悲剧的阴影又总是徘徊在人世间，文学史上更是留下了许多让人扼腕长叹的悲剧：窦娥以凄厉和凛然向苍天发下三桩誓愿；鲁侍萍用一生演绎悲苦；哈姆莱特用泣血的声音呼号："生存，还是死亡，这是个问题！"今天让我们一同走进戏剧单元，共同探寻悲剧背后的深沉意蕴。

设计意图：用导入的方式让学生初步感受作品的悲剧性，营造体会悲剧美的氛围。

（二）分析文本

学习任务一：梳理悲剧的情节

梳理任务一：学生提前阅读三部作品，用表格方式从主角角度入手梳理故事情节。

作品	作品主角	梳理情节	主人公的性格
《窦娥冤》	窦娥	因为父亲潦倒而被卖给蔡婆婆，又因婆婆软弱而招致杀身之祸	坚贞、善良、孝顺、刚强，最终走向反抗
《雷雨》	鲁侍萍	被周朴园抛弃，后带着孩子嫁了两次	勤劳、善良、富有母爱、有自尊心
《哈姆莱特》	哈姆莱特	叔叔弑父娶母，恋人遭遇不测	敏感、悲观、忧郁、谨慎，崇尚理性，推崇人文主义

设计意图：让学生梳理三部作品的情节，从而初步把握主人公的性格特点，为理解悲剧美奠定基础。

学习任务二：合作探究作品的悲剧的内容

合作探究一：《窦娥冤》作品中窦娥被押赴刑场时为什么指斥天地，作者为什么要这样写呢?

明确：在封建社会里，人们受到封建政权的压迫，还受到神权的严重束缚，受封建神权思想严重影响，窦娥相信天地，相信官府能主持正义，惩恶扬善，但在黑暗而残酷的现实面前，她才逐步觉醒，并看清社会本来面目。她强烈抨击天地鬼神，是对神权的大胆怀疑、谴责，实质上也就是对封建官府，对社会黑暗统治的强烈控诉和根本否定，我们可以看到初步觉醒和强烈的反抗精神。

设计意图：引导学生在探究的过程中体会窦娥在封建社会中作为底层女性的无奈。

合作探究二：《雷雨》中周朴园对鲁侍萍的怀念中有几分真情?

明确：周朴园对侍萍的感情是真挚的，但这种感情并不是真爱。

对于心狠手辣、道貌岸然、自私贪婪的反动资本家周朴园来说，金钱与名利才是他的真爱。

设计意图：引导学生探究这个核心问题，深刻体会周朴园的冷漠自私。

合作探究三：

①《哈姆莱特》的著名独白“Tobe，or not tobe：that is the question.”的翻译历来有不同的版本，比较下列不同版本的译文，结合课文的节选内容，说说你更喜欢哪个版本，并说明理由。

（1）生存还是毁灭，这是一个值得考虑的问题。（朱生豪译）

（2）死后是存在，还是不存在——这是问题。（梁实秋译）

（3）活下去还是不活：这是问题。（卞之琳译）

（4）活着好，还是死了好，这是个问题。（方平译）

（5）是死还是活，那是个问题。（魏德蛟、孟凡君译）

（6）是活着，还是死去，我的问题就出在这儿。（傅光明译）

提示：这是一个开放性习题，引导学生发表自己的见解，引导学生能对文本进行个性化解读，也引导学生理解经典。

设计意图：这虽然是一个开放性探究题，但是可以让学生在探究过程中初步体会哈姆莱特独特的人格魅力。

② 你对哈姆莱特“生存还是毁灭，这是一个值得考虑的问题”有怎样的理解？

明确：对邪恶，是坚强还是软弱，是拼死作战，还是消极忍受，在哈姆莱特看来，这是生死选择，或挺身反抗或自杀了之。而即使选择拿起武器挺身反抗，也可能要付出生命的代价。这是哈姆莱特历数资产阶级社会种种不平等和非正义现象，表现“活”也并不容易，但由于惧怕不可知的死后世界，人们并不情愿结束自己的生命，顾虑会使人们变成懦夫。

设计意图：引导学生体悟哈姆莱特为理想毫无畏惧选择献身的大无畏精神。

学习任务三：合作探究作品产生悲剧的原因

合作探究四：鲁迅先生在《再论雷峰塔的倒掉》中说，悲剧是“将人生有价值的东西毁灭给人看”。请指出本单元三篇戏剧中主人公身上“有价值的东西”是什么，梳理他们的人生遭遇、所处的多重冲突，探究“有价值的东西”毁灭的原因，完成如下表格：

悲剧人物	所处冲突	“有价值的东西”	被怎样毁灭	作者给我们看什么	悲剧产生的原因
窦娥	与张驴儿父子和黑暗官府的冲突；与婆婆观念的不合	善良的生命、正常的家庭	善良的生命被摧毁，家庭破碎	处于社会底层，弱势群体无法与黑暗的社会现实对抗	黑暗的封建社会，官府的草菅人命
鲁侍萍	与周朴园的冲突；与鲁贵内心疏远	青春、爱情、家庭伦常	被始乱终弃，家庭破碎	与周朴园阶层差异，为大家族所不容，无法掌握的命运	直接原因是周朴园的始乱终弃，客观原因是中国传统婚姻封建家庭制度导致
哈姆莱特	与叔父的矛盾；与奥菲利娅父亲及哥哥的冲突	亲情、爱情、生命	失去家人与爱情，在决斗中中箭身亡	性格过于审慎忧郁，无法与社会掌权者相抗衡	直接原因是自身忧郁的性格，客观原因是反动势力的强大

设计意图：在探究文本的基础上探究悲剧产生的原因，让学生深入体会不

同时代、不同国籍的作家对悲剧的不同呈现。

（三）拓展研读

学习任务四：体会悲剧之美

合作探究五：通过对悲剧的理解和对作品的分析，我们从三部作品中能够体会到怎样的悲剧之美。

明确：

《窦娥冤》的悲剧之美在于窦娥的善良柔顺，恪守礼教，以及对黑恶势力的反抗精神；

《雷雨》的悲剧之美在于鲁侍萍的正直、善良、勤劳、隐忍和深沉的母爱；

《哈姆莱特》的悲剧之美在于哈姆莱特的目光敏锐、思考深刻、审慎的态度、坚毅勇敢、热爱自己的国家，又有高度的社会责任感。哈姆莱特还具有为了理想而牺牲所有的理想之美。

设计意图：在探究文本的基础上深入体会三部作品的悲剧之美，是这节课的目的所在，只有体会了三部作品的悲剧之美才能激发学生的悲悯情怀。

学习任务五：体会悲剧的经典

如果悲剧的价值就止于这些知识的获得，那说明我们还没有真正地理解黑格尔所说“悲剧作为艺术美的一种特殊形式，是人类崇高的生命力之体现，是人类心灵的归宿”这句话的含义。我们先看看一些剧评家是怎样看待悲剧对于我们的价值和意义的。

黑格尔：“悲剧作为艺术美的一种特殊形式，是人类崇高的生命力之体现，是人类心灵的归宿。”

朱光潜：“悲剧化悲痛为快乐，把悲观主义本身也变成一种昂扬的生命力感。”

设计意图：体会悲剧经典，让学生感受悲剧魅力。

合作探究六：请同学们尝试从“悲剧的价值”角度用一句话概括一下上面的观点。

明确：

悲剧通过模仿我们的现实生活，来引发我们的怜悯和恐惧，从而把悲观、痛苦的体验转化成一种昂扬向上的生命力感。

设计意图：感受悲剧魅力的基础上引导学生激发向上的动力，感受生活的美好。

合作探究七：学生讨论，怎样理解以上这个观点？学生讨论后，交流展示。

明确：悲剧所演绎的就是我们（人类）的生活，他们的遭际虽不会完全发生，但也可能发生在我们的身上。比如：窦娥所遭遇的社会不公，鲁侍萍被命运捉弄，哈姆莱特性格的“延宕”、个人理想与残酷现实的碰撞等。通过这些悲剧性事件与悲剧性境遇的展现，唤醒观众（我们）的悲痛、怜悯、同情以至崇敬的感情，从而激发起潜藏在人们灵魂深处的良知和悲悯，进而形成生命认知的自我警醒或情感震荡。

设计意图：感受悲剧魅力，激发我们灵魂深处的良知和悲悯情怀。

学习任务六：理解悲剧的价值

合作探究八：有人会担心，读了太多的悲剧会让人产生悲观主义，你怎样看待？

明确：

人类的生存本能与发展趋向悲剧感的实质是积极的进取精神和责任感，但要鄙弃盲目的乐观主义，要有一种清醒的人生反思意识。通过反思和审视自己获得心灵的净化与震撼，从而保持积极进取的精神活力。我们学习了这几篇悲剧，这些反映主人公经历中的悲剧性体验可以使我们从平庸的生活中实现超越和升华，进一步思考生活当下的意义和价值，意识到个体在社会变革中的责任和使命，由此铸造出一种坚韧而伟大的内在人格。这是悲剧形态赋予人类力量的生动写照，这才是悲剧审美的精髓。

窦娥的善良柔顺，恪守礼教，以及对黑恶势力的反抗精神；鲁侍萍的正直、善良、勤劳、隐忍和深沉的母爱；哈姆莱特的目光敏锐，思考深刻、审慎的态度、坚毅勇敢，热爱自己的国家，又有高度的社会责任感。这些都是美好的，但是都被毁灭了，让读者内心感伤，也深刻地记住了他们的美好。悲剧人物虽然在冲突中遭到失败、毁灭，但欣赏者所看到的是人的胜利，是人的生命的顽强、精神的坚毅、力量的强大。悲剧在描写人的渺小的同时，也表现人的伟大和崇高，因此悲剧总能提高人的品格，激发人的意志，促进人的行动，并使人以悲为美。

设计意图：我们学习悲剧，体会悲剧之美最终是为了激发我们的斗志，学会勇敢和社会不公平、阴暗对抗。

（四）课堂小结

窦娥在面对陷害、困顿、生死时选择用善良和生命保护婆婆；鲁侍萍在面对周朴园的抛弃时最终选择勇敢面对，用自己的努力、勤劳养育儿女；哈姆莱特在面对父亲的死亡，母亲的改嫁时选择勇敢面对，用装疯卖傻来试探，用生命去捍卫自己的理想。我们以后的人生路途中也会遭遇困顿、坎坷，希望同学们能从这些悲剧人物中学会勇敢面对。

设计意图：课堂小结是让学生再次感受作品主人公的人格魅力，激发勇于面对困境的勇气。

【作业设计】

如果有一天我们能够随意穿越时空，窦娥、鲁侍萍、哈姆莱特能够穿越到现在与你相遇，你最想与谁相遇，你想与他/她有怎样的交流，请试着写一个小型戏剧，表达你的思考。

设计意图：希望设置这个情境任务，能够引导学生学会与作品对话，能够切身去深入理解作品内涵。

【板书设计】

品味戏剧魅力　激发悲悯情怀

窦娥：善良柔顺，恪守礼教，反抗精神；

鲁侍萍：正直、善良、勤劳、隐忍和深沉的母爱；

哈姆莱特：审慎、坚毅勇敢、爱国、有社会责任感。

戏剧单元教学设计——探究悲剧的价值

新疆生产建设兵团第十二师高级中学　张晓红

【教学设计说明】

本单元的教学导语：对他人的不幸抱有同情，心怀悲悯，鄙弃丑恶，追求正义，坚守良知，这些都是人类应该具有的品格。本单元教学设计依据单元教学导语，特制定本单元教学主题：探究悲剧的价值。熟悉三篇课文中的故事情节，分析人物形象，感受悲剧中人性的光辉，从而探究出悲剧的价值，让学生在学习中传承与理解悲剧所带来的艺术价值。

【学习目标】

1. 课前布置学生阅读三篇课文，课上能清晰复述三篇课文的悲剧故事。

2. 分析三篇课文中最具有悲剧色彩人物的形象及其蕴含的悲剧价值。

【教学重难点】

重点：思维发展与提升，通过阅读鉴赏理解作品，促进学生辩证地思考人类具有的品格。

难点：文化传承与理解，分析造成悲剧的原因是什么？激发良知与悲悯情怀，健全人格培养。

【教学过程】

（一）情境任务

任意欣赏这三个剧本的一个精彩片段，引入文本。

（二）学习任务一：复述情节，听一听这些悲剧故事

1. 围绕任务，自主阅读。课前提前阅读以建立初步印象。课上采用略读、挑读、跳读的方式快速阅读，整体感知作品内容。

2. 任务驱动，分组表述。为更好地训练学生的筛选、概括与表达能力，建议学生写在纸上之后再举手发言。提醒学生200字左右。（补充：概括时悉心体会戏剧情境和人物性格，能用精确的语言梳理出戏剧冲突）

3. 随机点评，总结提升。通过自荐、推荐、老师提问等方式对复述同学的任务完成情况给予评价，选出你认为复述最好的同学并说明理由。

概括故事情节表现性评价表

项目	内容	等级			
		优	良	合格	努力
精神面貌	抓住人物关系，分析人物性格				
准确度	能用精确的语言梳理出戏剧冲突				
流畅度	体会戏剧中的语言尤其是人物潜台词				
总评	优（　）良（　）合格（　）努力（　）				

设计意图：概括三篇戏剧的故事情节，把握矛盾冲突，进一步锻炼概括与表达能力形成文字，从而体味戏剧语言的魅力，初步感受人物潜台词的作用，此环节设置评价机制目的是为了激发学生学习的积极性，充分把握本单元戏剧作品的故事情节，从而为深入文本作铺垫。

（三）学习任务二：对比悲剧人物

1. 在这三个各具特色的悲剧故事里，你认为谁是最具有悲剧色彩的呢？提供学习支架：利用大屏幕展示梳理简表，请同学们填写。

2. 分小组表达观点。请各位小组代表发表关于“最悲剧人物”的观点并说明理由，其他小组成员倾听后进行评价。

3. 根据大家讨论的情况，求同存异，进一步探讨：你所认为这个最具有悲剧色彩人物的特点有哪些，这个人物身上具有哪些内涵，寄托了作者什么情感。

作品	《窦娥冤》（节选）	《雷雨》（节选）	《哈姆莱特》（节选）
最悲剧人物			
形象特点			
作者情感			

4. 这些你所认为的最有悲剧色彩的人物，涉及古今中外，他们并非生活在同一个时空之下。你认为，他们的形象又有哪些共同点和不同点呢？请大家讨论之后发表个人见解。

教师小结。

设计意图：此任务是为了让学生通过对比阅读，分析人物形象，把握作者的思想感情，从而为探究悲剧的价值做铺垫。

（四）学习任务三：探究悲剧的价值

鲁迅先生在《再论雷峰塔的倒掉》中说，悲剧是“将人生的有价值的东西毁灭给人看”。请分析这三篇课文悲剧的价值是什么？造成这些“毁灭”的原因是什么？

小组进行合作探究本节课的重点，借助关于这三课的创作背景，分析出毁灭的原因，探究悲剧的价值，得出学习本单元的意义。适时引导学生了解人性的光辉，对学生的回答进行适时的引导并给予肯定。

	课文	悲剧的价值	毁灭的原因
1	《窦娥冤》		
2	《雷雨》		
3	《哈姆莱特》		

教师总结。明确：《窦娥冤》悲剧的价值：柔弱女子死去看清了一个时代，证明了她自己的清白。《雷雨》悲剧的价值：周朴园不仅是封建制度的受害者，也是封建社会的施害者。社会、人性和命运共同奏响的时代悲歌，给人以无穷的震撼。《哈姆莱特》悲剧的价值：哈姆莱特是一个时代的缩影，是人文主义者的理想人物，阅读这样的悲剧作品，常常会引起我们心灵深处的悲伤，激发起我们对良知的坚守。

设计意图：这个环节是本节课的重点也是本节课的难点，通过借助故事创作背景分析出造成悲剧的根源，探究悲剧的价值。

【作业设计】

1. 阅读或者观看《西厢记》《牡丹亭》等不同时代的戏曲，感受中国传统戏曲的魅力。

2. 阅读外国戏剧作品如《罗密欧与朱丽叶》从而感受中外戏剧的不同，形成自己的见解，写一篇阅读心得体会（不少于800字）。

设计意图：通过课下阅读中国不同时代的戏曲作品，感受中国传统戏曲的魅力；阅读外国戏剧作品，从而感受中外戏剧的不同，揣摩戏剧语言，把握人物形象，掌握戏剧矛盾冲突，形成读书心得，锻炼学生的写作能力。

【板书设计】

探究悲剧的价值：心怀悲悯
追求正义
坚守良知

第三单元

《青蒿素：人类征服疾病的一小步》《一名物理学家的教育历程》群文阅读

新疆生产建设兵团第二中学　刘薇薇

【学习目标】

1. 通过情景任务等活动来梳理文本内容，理清科学家的精神品质。

2. 讨论探究两篇课文“深入浅出地介绍科学研究的原理与探索历程”的方法。

3. 通过活动交流进一步理解文本，把握不同材料组合方法的不同表达效果。

【学习重难点】

重点：通过梳理文本内容，发现科学家的内在的精神品质，探究文章的表达方法。

难点：通过活动交流进一步理解文本，把握不同材料组合方法的不同表达效果。

【教学过程】

我们先来玩一个抖音游戏：看照片说人名。（照片包括科学家和文体明星，预设：学生对文体明星更熟悉，对科学家相对陌生）

学习任务一：梳理课文，触摸人物

1. 问题导入

现如今，科学技术正逐渐成为发展的主要驱动力，然而，很多同学熟悉文体明星，却不认识促进了人类发展的科学家们。这些科学家主要研究的是什么？他们是怎样走上研究道路的？他们身上具有哪些精神品质？这些都是值得我们关注和思考的问题。今天我们一起来学习两篇文章，走近科学家，了解科学家，同时看看文章是如何行文的，如何深入浅出地介绍科学研究的原理与探索历程。

2. 情景任务

为了让同学们了解科学家，并弘扬科学家精神，学校决定举办一次“科技群星正闪耀”的主题活动，选择你最推崇的一位科学家，写一篇1000字左右文章介绍其科学探索的经历和科学精神。

如何写文章？选择什么素材？如何行文？同学们可能不知道如何下笔，今天我们一起学习两篇文章《青蒿素：人类征服疾病的一小步》和《一名物理学家的教育历程》，看看作者是如何介绍科学家的。

（1）拟写两篇课文中科学家的主要精神品质。

科学家身上最值得我们学习的是什么精神呢？我们撰写科学家的介绍文章时主要表现他们的什么精神呢？我们先从文本中去探寻答案。

研读文章中对科学研究、探索产生影响的内容，概括其中所体现的科学家的主要精神品质。

《青蒿素：人类征服疾病的一小步》文本分析

探索内容	精神品质
呼吁加大国际之间合作	博大胸怀
收集两千多个方药，挑选出六百多个。 从两百个方药中提取了多种可提取物	精益求精
查阅大量资料，发现青蒿抗疟记录	坚持不懈
尝试青蒿提取物，确认其对人体的安全性	勇于奉献
分步骤研究，环环相扣	周密仔细 求真务实
推向世界，广泛应用，减轻症状，拯救生命	广博大爱
突出团队合作，强调只是人类征服疾病的一小步	团队合作

《一名物理学家的教育历程》文本分析

探索内容	精神品质
喜欢坐在水池边，不断想象、思考	奇思妙想
对爱因斯坦尚未完成的论文充满兴趣	有好奇心
刨根究底，纵然为此而必须成为一名理论物理学家也在所不辞	追求科学
从当地图书馆到全市图书馆和书店再到大学图书馆，阅读能找到的关于爱因斯坦及其理论的每一本书	勤奋努力
不拘于世俗的约束，决定自建电子感应加速器	敢于探索
把一个圣诞假日花费在 50 码长的线路上	兴趣浓厚
不在棒球场或篮球场玩耍，在汽车间建造一架巨大的电子仪器	热心钻研

（2）将所列的科学精神关键词进行分类。

提示：先确定分类角度，再进行筛选。示例：

①思想境界：博大胸怀、广博大爱、勇于奉献、团队合作……

②情感态度：追求科学、热心钻研、兴趣浓厚、精益求精……

③科学品质：奇思妙想、有好奇心、敢于探索、勤奋努力……

学习任务二：比较阅读，赏析方法

分别阅读、讨论、探究这两篇文章是如何展开两位科学家的工作、教育经历，如何深入浅出地介绍科学研究的原理和探索过程的？（了解行文方法）

《青蒿素：人类征服疾病的一小步》

（1）自主探究

根据学情，学生自主阅读和探究，内容侧重于确定中心、选材剪裁、材料组合的方法等。

预设学生答案：

①《青蒿素：人类征服疾病的一小步》“总—分—总”结构，其中分写的内容以时间为线索；

②《青蒿素：人类征服疾病的一小步》以青蒿素研究为切入点，由点到面，逐步展开。

（2）总结归纳

①《青蒿素：人类征服疾病的一小步》一文，通过典型事件的刻画，展示了一支由屠呦呦带领的，具有高尚品格和科学精神的科研队伍。

本文的材料组合体现了如下特点：

a. 小我与大我的关系：屠呦呦从“小我”走向“大我”。

童年目睹民间中草药能治病救人—就读于北京医学院药学系—工作于卫生部中医研究所；个人对中草药的热爱—投身于抗击人类顽疾的事业。

b. 个体与集体的关系：现代科学分工精密细致，研究工作离不开团队合作。

本文既体现了屠呦呦作为领军人物的闪光点，也展现了整个研究集体的光辉。全文选择了许多与团队相关的事，团队精神得到充分彰显，屠呦呦精益求精，执着追求的品格也全面地展示了出来。

c. 继承与创新的关系：屠呦呦及其团队的成功，是中医药学魅力继承和创新的体现。

文章不但体现了中医药学蓬勃旺盛的生命力，展现了屠呦呦及其团队的继承与创新，也表现了中医药从古至今的传承和发展。

② 全文围绕科学家的精神品质展开，文章虽由六部分构成，但并不杂乱、独立，而是形成了一个有机的整体。

a. 以时间为线贯穿全文。

读者可清晰地看到数十年如一日发现和研究青蒿素的过程，更能感受到屠呦呦及其团队的探索精神和广博胸怀。个人和团队共同进步，几十年专攻一件事，时间之长也体现了科学家们伟大的科学态度和科学精神。

b. 用数字贯穿全文。

文献研究表述上用到了数字，记录实验次数用到了数字，实验的直接数据当然也是用到数字，青蒿素研究的成果也涉及数字，表达对科研成果的理性认识时也有数字，数字的贯穿和应用无不生动体现了科学工作者的求真求实、精益求精、坚韧不拔的科学精神。

《一名物理学家的教育历程》

（1）自主探究

关注课文中的情节甚至细节，引导学生在选材、组材等方面进行发现探究，也可以提出问题。

预设学生答案：

《一名物理学家的教育历程》是以时间为序来贯穿起整个故事。

《一名物理学家的教育历程》以科学家自身的成长故事为出发点，形象化告知科学研究的应有精神及科学素养的获取路径。

（2）深入追问

问题一：作者为什么会选择这样的三个小故事？

明确：

第一个故事，是对鲤鱼世界的观察和想象，这个故事让他获得了想象、思考的快乐，激发了研究的兴趣。第二个故事，接触并探秘爱因斯坦的研究领域，彰显了他强烈的好奇心和急切的求知欲和探索科学的恒心、毅力。前者打开了科学家想象和思考的大门，后者开启了科学家欲与伟人同行的旅程。第三个小故事，自建实验室并建造电子感应加速器，是其求真务实、敢于探索的科研精神的体现。

这三则故事展现了作者一步步走上物理学研究之路的过程，也揭示了科学家自我教育、自我成长的历程。

问题二：作者是如何将这三则故事组合在一起的？

明确：

第一则故事集中表现了“想象力”，第二则故事主要展示了“求知欲”，第三则故事侧重体现“探索的勇气”。三则故事虽各有侧重，但都与科学的“好奇心”有关，并且随年龄的增长而增长。

第一则故事以“想”字贯穿几个片段，运用细腻的笔触充分展现了想象力的丰富与神奇的特点；第二则故事以“趣”字统领不同年龄阶段的几个小故事，按照事理逻辑的顺序，运用概述的方式，客观呈现了作者对爱因斯坦的痴迷；第三则故事以“建”字贯穿了整个实践探索的过程，按照制作工序，运用多种说明方法，体现了作者精益求精的研究精神。

这三则故事又是以时间为顺序组织的：第一则故事是童年；第二则故事是八岁到高中的时光；第三则故事是科学家年轻时。

问题三：这篇文章是如何把抽象、深奥的科学研究讲述得如此生动有趣的？

明确：

一是这篇文章主要写的是加来道雄的童年、青少年到成年的成长片段，主体部分以儿童视角或青少年视角来展示，提炼、升华文字时以成人口吻来写。每个故事的表达都与年龄相符，生动有趣，而其中穿插着成年人的理性思考，全文饶有趣味又有理性思考。

二是文中使用了大量具有强烈感情色彩的词语，体现了作者被科学探索激发兴趣的状态，也具有让读者读来生动有趣的作用，如“震惊”“迷住”“贪婪”“惊叹”等词语，理性的科学研究中穿插这些感性的体验，显示了科学的独特魅力。

学习任务三：合作探究，深入思考

合理假设：如果两位科学家互换表达方式，用《一名物理学家的教育历程》的章法结构介绍青蒿素的研究，用《青蒿素：人类征服疾病的一小步》的行文结构介绍加来道雄的成长，是否可行？请陈述理由。

明确：不可以。

阐明理由：

《青蒿素：人类征服疾病的一小步》侧重介绍科研历程和研究的价值意义，《一名物理学家的教育历程》侧重介绍具体事件对科研能力养成的影响。两者写作目的不同，表达方式自然不同。

《青蒿素：人类征服疾病的一小步》属于演讲稿，所以侧重介绍研究的成果，而不是来介绍科学家的成长故事；《一名物理学家的教育历程》属于回忆性故事，主要介绍科学家的成长，注重的是细节的刻画和文字对读者的感染力。

明确：

相同点：都能够激发读者对科学研究的兴趣，给读者带来思想的触动和洗礼。

不同点：《青蒿素：人类征服疾病的一小步》信息量大，平实介绍的背后藏有特定时代和社会的特点；《一名物理学家的教育历程》故事性强，表述生动，让读者能在阅读中思考深奥的科学等问题。

发现问题：

两篇文章还有哪些不同？

① 提示：题目不同，科学家个性不同，东西方文化不同等。

明确：

《青蒿素：人类征服疾病的一小步》强化“一小步”，既是客观陈述，也体现出东方文化的内敛和谦虚。

《一名物理学家的教育历程》强调物理学家，彰显的是一种身份的认同，吸引读者阅读兴趣，为选材组材确立了小的切入口。

② 提示：《一名物理学家的教育历程》中“观鲤鱼引起的思考”是否真实可信，儿童时代的“我”会形成如此深刻的人生思考吗？为什么这么写？

明确：

① 真实可信。因为该事件对科学家的影响极其重大，因而印象深刻。

② 存在一定的虚构。将成年后的思考掺入了其中，这样能够表现对此问题的长久的思考，依旧是强化故事对其深刻的影响。

【作业设计】

向学校“科技群星正闪耀”展览活动投稿。

① 选择你最推崇的一位科学家，写一篇1000字左右文章介绍其科学探索的经历和科学精神。

提示：查找你选定的科学家相关的资料，确立主旨，筛选素材，借鉴本课所涉及的写作技巧进行写作。

② 班级开展优秀文章推选。

要求：根据本课所学，从选材、组材和语言表达等角度制定评选标准，对照修改并参加评选。

【板书设计】

一、科学家

① 思想境界

② 情感态度

③ 科学品质

二、《青蒿素：人类征服疾病的一小步》

A. ①小我与大我 ②个体与集体③继承与创新

B. ①以时间为线贯穿全文②用数字贯穿全文

《一名物理学家的教育历程》

三个小故事：想象力、求知欲、好奇心。

“想”“趣”“建”——时间为序

（以上两篇共同指向：理性专业　生动有趣）

《中国建筑的特征》《说“木叶”》对比阅读

新疆克拉玛依市第十三中学　夏静

【单元解读】

本单元教学内容以“探寻与研究”为人文科学主旨，引领学生理解科研探寻的基本动机、步骤与办法，在获取科学研究知识的过程中，感受人文科学之美与哲学理性思维的艺术价值，培养科研探寻意志、创新激情和理性精神。其中，《青蒿素：人类征服疾病的一小步》《一位物理家的教育历程》这两篇属于记述科研探讨历史的论文；《中国建筑的特征》和《说“木叶”》属于阐说研究的论文。四篇课文构成科学精神感悟和感受的人文科学主体，以“发掘”与“创新”的科研思考方法、阐说事理的创作方式与运用为具体内容教学要求。本单位的科研精神，一方面表现为科学家在探究问题、探究自然世界时体现出强烈的求知欲、想象力与责任担当：另一方面表现为科学家求真务实的哲学理性态度和不怕困难的实验精神。阅读知识性书籍，就能够开阔学习者的眼界，感受科学家的探究精神，从而激励学子以先驱科学家为楷模，为人类谋幸福、为祖国谋发展的使命感。

【教学目标】

1. 概括《中国建筑的特征》和《说“木叶”》的文本内容，找到两者不同的论证结构和论证方法。

2. 学会利用图示法梳理《中国建筑的特征》和《说“木叶”》的文章结构。

【教学重难点】

重点：结合作者简介和创作背景，浅析为何同属知识性读物，但两篇文章行文思路如此不同。

难点：依据文本的写作对象和个人的写作特性，推究文理，并参考第三单元四篇知识性读物的行文结构，完成以“我的探索与发现”为主题的事理说明文的结构设置。为校刊的征文做准备。

【教学过程】

（一）情境任务

近期，我校校刊将开展一期以“我的探索与发现”为主题的征文活动，现向全年级同学征稿。主题是“我的探索与发现”，文体为事理说明文，要求能够“说得清，道得明”，字数不少于800字。希望同学们踊跃投稿！

（二）课前准备

1. 收集文章及其作者的相关资料，如作者生平、创作背景、他人评价等。

2. 先预习《中国建筑的特征》和《说“木叶”》两篇论文，以简单的方式阐述文章内容。

3. 翻阅必修上册第六单元，任选两篇，利用思维导图来梳理其文章结构。

设计意图：课前搜集资料以及利用思维导图来梳理文章是为了能够更好地和课堂环节相互衔接。

（三）课前诊断

1. 检查课前准备1，是否完成课前梳理。（学生展示表格中课前完成部分，比较阅读、梳理内容）

	概括文本内容（课前完成）	共有的论证方法（课上完成）	特有的论证方法（课上完成）	论证结构（课上完成）
《中国建筑的特征》	介绍中国建筑的特征，提出中国建筑的“文法”，提倡要先了解本民族的建筑风格			
《说“木叶”》	阐明“木叶”“落叶”“落木”在艺术形象上的差别，指出诗歌语言的精妙更在于暗示性			

2. 再次细读文本，浅析文章中出现的论证方法，对照分析后，填写到表格第四列和第五列。（学生展示）

3. 教师根据文本内容、明确论证方法。（教师展示）

课题	概括文本内容（课前完成）	共有的论证方法（课上完成）	特有的论证方法（课上完成）	论证结构（课上完成）
《中国建筑的特征》	介绍中国建筑的特征，提出中国建筑的“文法”，提倡要先了解本民族的建筑风格	举例论证、对比论证	类比论证	
《说“木叶”》	阐明“木叶”“落叶”“落木”在艺术形象上的差别，指出诗歌语言的精妙更在于暗示性	举例论证、对比论证	归纳论证	

4. 依据课前收集的文章及其作者的相关资料，思考两篇文本为何一用“类比论证”，一用“归纳论证”？（小组内讨论，代表发言）

教师明确：梁思成用语言学的概念来归纳总结我国传统建筑的语言特征，以“文法”和“词汇”来阐述建筑上的惯例、法式和构件、因素，以“可译性”来说明各个时期不同民族的建筑设计达到了相同的目的、表现了相同的情感。这种科学思考方法就是类比法。

林庚努力探究文学的规律性。作者在治学中总是试图从纷繁复杂的文学现象中找到规律性的东西。这就使得文本既有理论意识、宏观意识作为主线，又总不脱离具体文本，始终以微观透视作为立论的依据，善于运用归纳论证之法。

设计意图：通过本环节一是能够很好地检验学生的课前预习效果如何，二是能够更好地和文本相互衔接，能够熟知文本的重点内容以及分辨两篇文章之间的不同。

（四）学生活动一：温故知新、梳理结构

学生通过梳理文章论证结构，完成表格第三列

1. 检查课前准备3，小组内同学分享鉴赏对方的思维导图，推选出完整、清楚的思维导图，由创作者本人讲解本人的思维导图创作过程。（小组内部交流，分组展示）

设计意图：通过思维导图的创建，能够理清论述类文本的思路，本人讲解更是能够提升学生的理性思维。

2. 认识结构图示、探究结构特征。（小组内部交流，分组展示）

观察学习下面四幅图表，说明各种图表的优点，并讨论每一个图表最适宜说明文章怎样的构成特色。

图示一：括号图

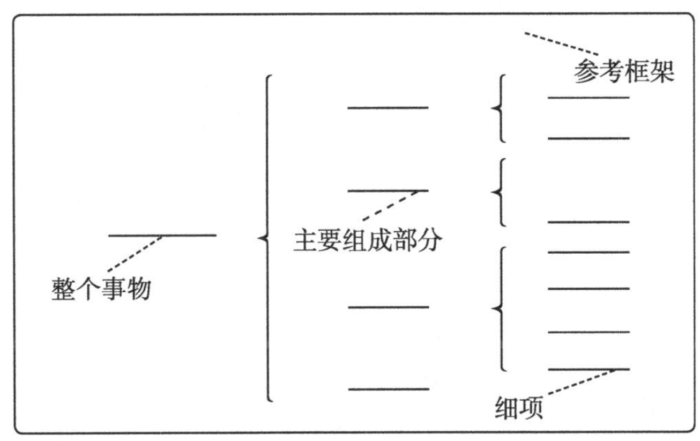

图示二：气泡图

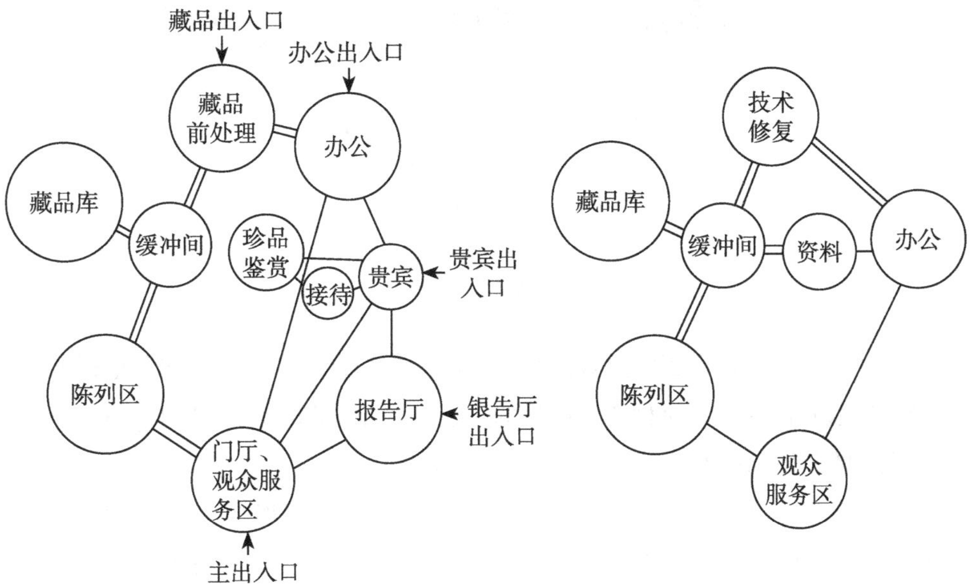

图示三：流程图

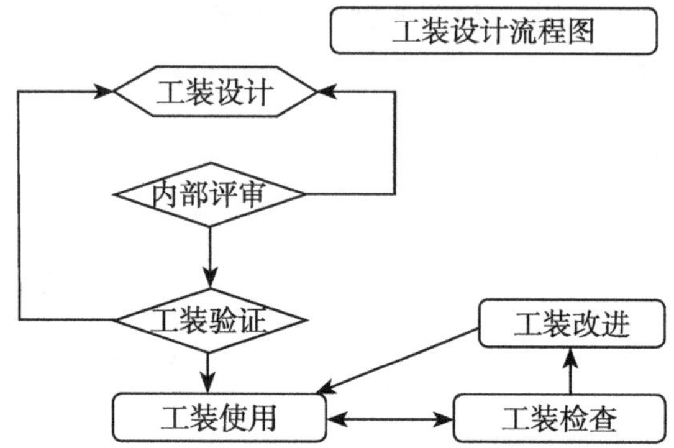

图示四：树状图

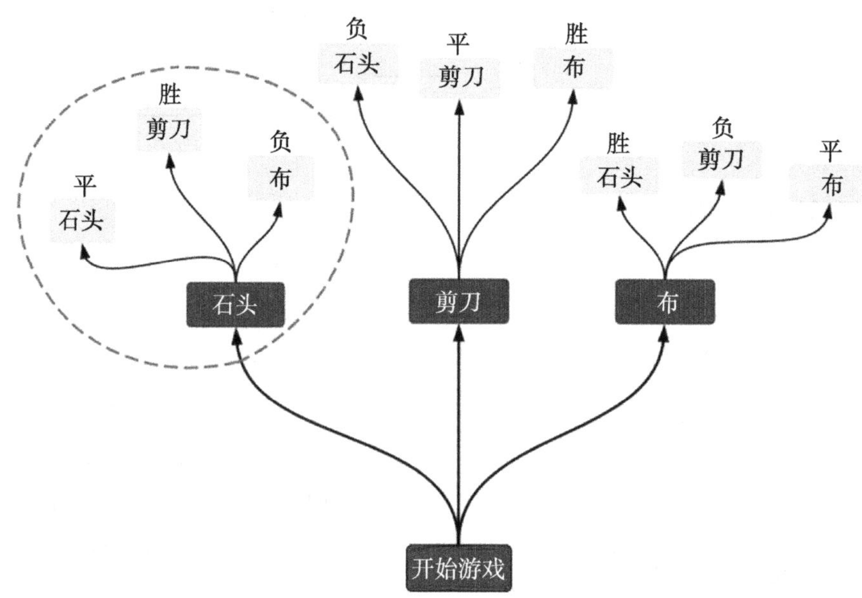

教师总结："括号图"重视的是关系的分配和合并，"气泡图"重视的是思想的扩散和辐辏，"流程图"凸显的是事件的流程和次序，"树状图"则凸显了观念的延伸和扩展。

设计意图：通过四种图示的特征展示，让学生明确不同图示的突出特征，为下一环节理清《中国建筑的特征》和《说"木叶"》这两篇文章的结构进行铺垫。

3. 依据结构特征，梳理文本结构

小组内部讨论《中国建筑的特征》和《说"木叶"》这两篇文章分别适

合哪种图示？请从内在行文逻辑的角度说明原因。并请同学们运用已选择的图示，绘制两篇文章的结构。要求：将文章内容和结构填入图示，并依据文本内容对图示进行恰当的调整和修改。

示例：

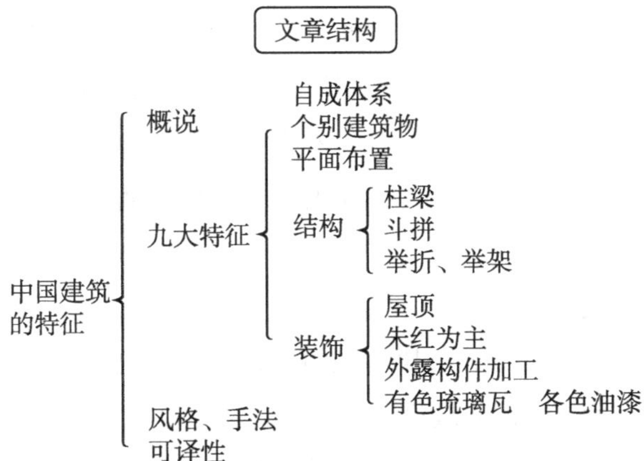

教师总结：《中国建筑的特征》行文逻辑方式上是从总体到局部再到总体，既有总体概说，也有分列陈说，又在更高层的理论层面上总说，是平行式与总分总的结合，特别具有括号图的逻辑。《说“木叶”》根据着木叶的暗示性，经过思考而生发出来，不断深入地分析木叶的两个特征，最终得出结论。是递进式，层层分析，层层深入的结构。符合一种树状图的逻辑。

教师总结前面的表格：

	概括文本内容（课前完成）	共有的论证方法（课上完成）	特有的论证方法（课上完成）	论证结构（课上完成）
《中国建筑的特征》	介绍中国建筑的特征，提出中国建筑的“文法”，提倡要先了解本民族的建筑风格	举例论证、对比论证	类比论证	是平行式，总—分—总的结构
《说“木叶”》	阐明“木叶”“落叶”“落木”在艺术形象上的差别，指出诗歌语言的精妙更在于暗示性	举例论证、对比论证	归纳论证	是递进式，层层分析，层层深入的结构

（五）学生活动二：依据文本结构、探究文本思路

文章内容是写作内容的外在表现。请大家从行文之初就想一想，为何同为知识性读物，两篇文章行文思路会如此不同？

要求：学生通过本节课的学习，结合背景资料，分析两篇文章结构、风格不同的原因。

1. 对象不同，形式不同

《中国建筑的特征》是科技论文，更加严谨规范，行文结构更符合学术论文的特点。《说“木叶”》属于文艺小说，结构灵活、笔调轻快、充满了趣味性。《中国建筑的特征》是写给建筑从业者看的，要注重逻辑和理论论证。《说“木叶”》选自《全唐诗综论》，本书是林庚老师数十年唐诗研究工作的主要研究成果，是关于全唐诗问题论文的重要结集。面向大众，受众面更广，更注重深入浅出的表达观点。

2. 个性不同，文理不同

梁思成是非常严肃的人，林庚诗人的思想影响着他的行文。可见，个性不同，文风不同。实用文可能有理科严肃美好，也可能有文艺人格美好。

设计意图：通过思维导图的梳理，结构图示的展示，再进一步地探究文本的思路，能够对文本特色的提炼起到画龙点睛的作用。

（六）学生活动三

通过小组合作，依据文本的写作对象和个人的写作特性，推究文理，并参考第三单元四篇知识性读物的行文结构，完成以“我的探索与发现”为主题的事理说明文的结构设置。为校刊的征文做准备。要求：确定说明对象、重要的概念、阐说的材料。参考已学的文章行文结构，设置征文的结构。

评价量规			
合作小组	确定说明对象（满分10分） 能清楚地确定说明对象，并能梳理对象特点7分以上；只能确定说明对象6分；无法确定说明对象6分以下	确定重要概念（满分10分） 有清晰且科学的重要概念7分以上；有重要概念，但不清晰或不科学的6分；没有重要概念6分以下	确定行文逻辑（满分10分） 能够设计出自己文章结构的思维导图7分以上；思维导图不完整6分；不会设计结构思维导图6分以下
学生1			
学生2			
学生3			
学生4			
学生5			

【作业设计】

完成学生活动三“我的探索与发现”事理说明文的结构框架，并完成此文的初稿，为校刊的征文活动做好准备。

设计意图：结合单元教学的核心情景任务设置本作业，符合单元教学的理念的同时，也能够锻炼学生的思维逻辑能力，对课堂之上的思维导图，结构图示等内容的学习也是一种延伸。

【板书设计】

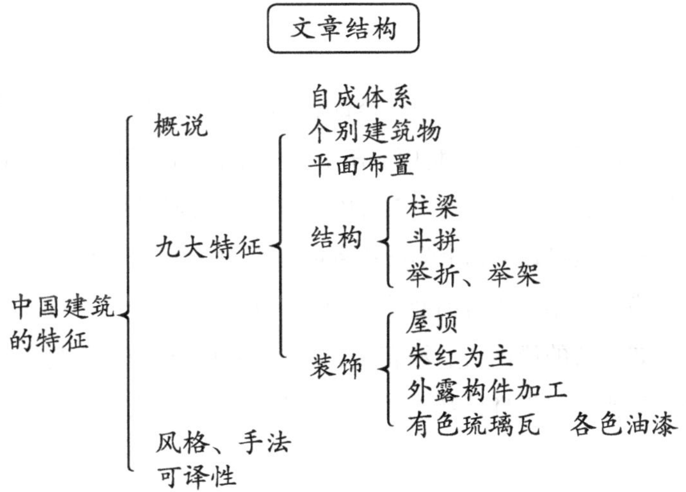

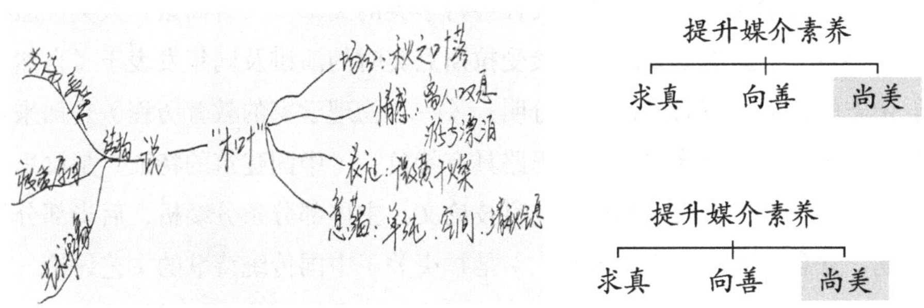

第三单元教学设计

新疆生产建设兵团教育科学研究院　李超

【教材分析】

《普通高中语文课程标准》在必修课程学习要求中提出“阅读实用类文本能准确、迅速地把握主要内容和关键信息，对文本所涉及的材料有自己的思考和评判”，明确规定了学生在高中教育阶段要习得的知识和技能。

同时，也为课程明确了18个学习任务群。其中，学习任务群7“实用性阅读与交流”在明确具体学习内容时指出：可选择社会交往类的……还可选择知识性读物类的，如复杂的说明文、科普读物、社会科学类通俗读物等。而本单元所选的几篇文章皆属知识性读物类，反映自然科学或人文社会科学的多个领域中的探索及其发现。

本单元为统编高中必修下册第三单元，人文主题是“探索与发现”，选入两篇自然科学探索类和两篇人文社会科学类的文章。《青蒿素：人类征服疾病的一小步》根据屠呦呦2011年接受拉斯克奖时的演讲及同年发表于《自然医学》杂志的论文编写而成，层次分明；《一名物理学家的教育历程》是加来道雄带有自传性质的科普文，行文思路具有特色；《中国建筑的特征》是梁思成研究中国建筑的带有议论和说明的科技论文，主体部分条分缕析，后半部分深化主题，立意高远；《说“木叶”》是林庚关于中国传统诗歌的文艺评论，文章旁征博引，说理形象。四篇文章涵盖了获奖感言、科普文、科技论文、文艺评论等多种文体，或是体现了科学探索的艰辛与磨难，或是呈现了科研的准确与严谨，展现了不同领域学者的创新意识、探索精神和科学态度。在书面表达方面安排了“如何清晰地说明事理”的写作任务。

学习本单元时，主要学习知识性读物的阅读方法，发展科学思维，培养科学精神。阅读时要把握关键概念和术语，理清文章思路；分析作者阐释说明、逻辑推理的方法，体会文章语言严谨准确的特点；还要运用所学知识，探究实际问题，形成自己的见解。在专题学习的活动和任务中激发学生对科学发现、探索、创新的兴趣和热爱。

【单元目标】

1. 把握知识性读物严谨、准确的语言风格；学习这类文章说明事物、阐释事理的语言运用方法；学习写作说明事理的文章。

2. 掌握知识性读物的阅读方法，学会在阅读时抓住关键概念术语和关键语句，厘清概念之间的逻辑关系，理清文章的研究思路；借鉴课文中的研究方法，尝试调动自己的知识储备，从生活中发现问题并探究，形成自己的见解并表达。

3. 在学习和探究中，体验学术研究严谨之美。

4. 体验科学研究艰辛与乐趣，感受不同领域学者的创新意识、探究精神和科学态度，激发学生对科学发现、探索、创新的兴趣和热爱。

【教学重难点】

重点：1.掌握知识性读物的阅读方法，学会在阅读时抓住关键概念术语和关键语句，厘清概念之间的逻辑关系，理清文章的研究思路。

2. 学习写作说明事理的文章，能发现、探究学习生活中的现象，用简明、准确的语言清晰地说明事理，完成一篇研究性说明文。

难点：学习写作说明事理的文章。能发现、探究学习生活中的现象，用简明、准确的语言清晰地说明事理，完成一篇研究性说明文。

【单元任务导图】

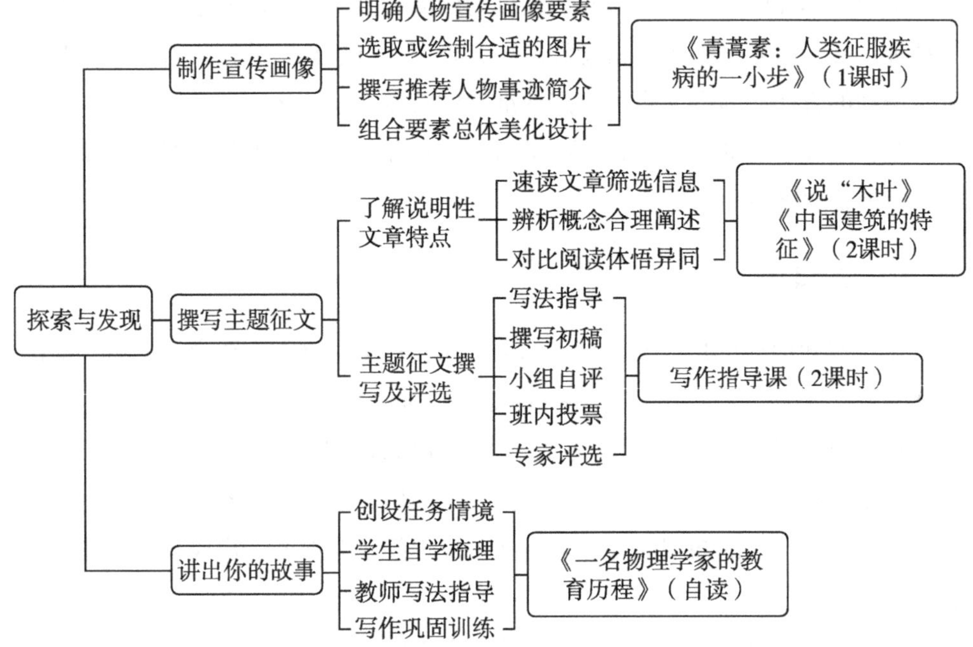

【教学过程】

每年9月第三个公休日是国家科普日，复兴中学准备开展科普征文比赛。征文需为说明文，话题为“常识中的‘理’”。班级一等奖获得者可将自己“专家偶像”的宣传画像挂于班级文化墙；年级一等奖获得者“专家偶像”的宣传画像将被学校网站收录并在科普宣传周期间登上头版。“专家偶像”需与征文为同一领域，其宣传画像需由获奖者自行设计制作。

倘若你是复兴中学高一年级学生，你该如何为自己的“专家偶像”赢此殊荣呢？

任务一：制作宣传画像（1课时）

子任务一：明确人物宣传画像基本要素及要求。

子任务二：选取或绘制合适的图片。

子任务三：撰写推荐人物简介。

子任务四：进行总体美化设计。

为完成此任务，教师通过带领学生共同学习《青蒿素：人类征服疾病的一小步》，形成屠呦呦简介文字，教授学生快速筛选关键信息的方法。

活动一：观察全军十大挂相英模之林俊德的宣传画像，明确人物宣传画像的基本要素及要求。

林俊德——献身国防科技事业杰出科学家

林俊德（1938—2012），国防科技事业奋斗终身的科技工作者模范。福建省永春县人。某基地研究员。1960年入伍，专业技术1级，中国工程院院士，我国爆炸力学与核试验工程领域著名专家。他投身国防科技事业50多年，扎根戈壁无私奉献，年过七旬依然战斗在科研试验第一线，在被确诊为胆管癌晚期到去世的20多天里，仍把病房当作战场、与死神争分夺秒，为国防科技事业奋斗到生命最后一息。2012年5月，因病去世。2013年1月，中央军委追授他“献身国防科技事业杰出科学家”荣誉称号。习近平主席号召全军官兵要以林俊德同志为榜样，为建设听党指挥、能打胜仗、作风优良的人民军队，维护国家主权、安全和发展利益做出新的更大贡献。

明确：

要素一：图片（照片、绘像等）；要选取体现人物先进事迹的典型图片。

要素二：标题，宣传人姓名及一句能高度概括人物先进事迹或评价人物的话。

要素三：人物简介，主要包括姓名、出生年月、籍贯、职业（职务）、突出贡献、主要荣誉及权威评价等内容。

活动二：教师带领学生学习《青蒿素：人类征服疾病的一小步》，共同为屠呦呦设计一张宣传画像。

想要选取适切的图片，需要我们对人物事迹有全面深入的了解。让我们一起速读课文，一同走近屠呦呦。

1. 设置悬疑，激发兴趣。

阅读文章第一段并结合课下注释，找出屠呦呦能获得拉斯克临床医学研究奖的原因？

明确：屠呦呦在发现青蒿素及其治疗疟疾的功效等方面做出了重大贡献。

2. 速读文章，筛选信息。

梳理文章时间线及与发现青蒿素及其治疗疟疾功效相关的主要事件。教师给出图表，学生速读课文，筛选信息填写。

课文对应部分	时间	事件

示例：

课文对应部分	时间	事件
第一部分	1955年	毕业参加工作，全脱产学习中国传统医学，继承中医药学精髓
第二部分 发现青蒿素的抗疟疗效	1967年	中国政府启动“523”项目来抗击疟疾
	1969年	中医研究院任命屠呦呦领导抗疟药研究工作
	1971年10月4日	屠呦呦团队成功得到了安全性高的中性提取物，并获得对感染疟疾的小白鼠和猴子百分之百的抗疟药效
第三部分 从分子到药物	1972年11月8日	屠呦呦团队找到熔点在156℃—157℃的无色晶体——C15H22O5，后来将其命名为“青蒿素”
	1973年秋	屠呦呦团队在海南疟疾疫区试用青蒿素胶囊，取得了明确的疗效，打开了开发新抗疟药物的大门
第四部分 影响世界	1977年	屠呦呦团队在中国科学院生物物理研究所等单位的协作下，确定了青蒿素分子的立体结构，并在《科学通报》发表，后被《化学文摘》收录
	1981年	联合国开发计划署、世界银行以及世界卫生组织赞助的疟疾化疗科学工作组第四次会议在北京召开，屠呦呦做题为《青蒿素的化学研究》的报告
	1982年	屠呦呦《青蒿素的化学研究》报告公开发表
	1986年	青蒿素成为中国新药审批办法实施以来的第一个一类新药
第五部分 发展与超越	2002年	世界卫生组织推荐采用青蒿素作为一线药物治疗疟疾
	2011年	屠呦呦团队尝试用青蒿素和双氢青蒿素治疗其他的疾病，2009年出版《青蒿及青蒿素类药物》一书

追问：屠呦呦及团队能发现青蒿素及其治疗疟疾功效的原因是什么？

学生分组讨论后明确：

（1）国家需要，并提供平台和相关支持。

（2）中医药学留下丰富宝藏。

（3）严谨的科研态度、过硬的专业素养、扎实的工作举措、锲而不舍的精神、勇于创新的胆魄、善于融合的智慧、团结协作的风尚、不慕名利的人生态度等。

注意：在学生回答总结性话语时，一定要让学生找到文本中的依据。

例如，严谨的科研态度。在文中可以找到“收集了2000个方药，挑选出可能具有抗疟作用的640个，从其中的200个方药中提取了380余种提取物……”一段文字作为佐证。数据体现严谨。又如，善于融合的智慧。在文中可以找到“在中医药学和现代医药科学紧密结合的原则下，我的团队运用现代科学和技术，继承了中医药学的精髓，成功地从青蒿中发现并提取出青蒿素”一段文字作为佐证。

3. 整合信息，撰写简介。

学生根据活动一和活动二两环节内容撰写屠呦呦的人物简介。教师给出知识链接——袁隆平介绍让学生再次体会如何用精准、简明的语言介绍人物。（选择袁隆平，一来考虑袁隆平为学生较为熟悉科学家，二来考虑到之前学生学习过《喜看稻菽千重浪》一文，便于知识勾连。当然此处也可以选择钟扬、张衡等其他我国著名科学家。如果学生基础较弱，可以给出百度百科中屠呦呦简介，辅助学生完成任务）

知识链接一：

袁隆平（1930—2021），男，汉族，生于北京，无党派人士，江西省九江市德安县人。享誉海内外的著名农业科学家，中国杂交水稻事业的开创者和领导者，中国共产党的亲密朋友，无党派人士的杰出代表，“共和国勋章”获得者，湖南省政协原副主席，国家杂交水稻工程技术研究中心原主任，中国工程院院士，被誉为“杂交水稻之父”。袁隆平致力于杂交水稻技术的研究、应用与推广，发明“三系法”籼型杂交水稻，成功研究出“两系法”杂交水稻，创建了超级杂交稻技术体系。并提出并实施“种三产四丰产工程”，运用超级杂交稻的技术成果，出版中、英文专著6部，发表论文60余篇。

——源自百度百科

学生当堂撰写，完成后在小组内讨论，推荐小组发言人展示撰写内容。

示例：

屠呦呦，1930年12月生，浙江宁波人，中国中医科学院中药研究所青蒿素研究中心主任。她60多年致力于中医药研究实践，带领团队攻坚克难，研究发现了青蒿素，解决了抗疟治疗失效难题，为中医药科技创新和人类健康事业做出巨大贡献。荣获国家最高科学技术奖、拉斯克临床医学研究奖、诺贝尔生理学或医学奖和“改革先锋”“共和国勋章”等称号。

4. 选取图片，说明理由。

教师给出以下图片供学生选择，让学生结合文本，说明选择理由。

5. 确定标题，画龙点睛。

通过本课的学习，我们对屠呦呦有了更为深入的了解。下面请同学们用一句话对其进行概括或评价，并以此为标题。

知识链接二：

以屠呦呦研究员为代表的一代代中医人才，辛勤耕耘，屡建功勋，为发展中医药事业、造福人类健康做出了重要贡献。

——习近平

青蒿一握，水二升，浸渍了千多年，直到你出现。为了一个使命，执着于千百次实验。萃取出古老文化的精华，深深植入当代世界，帮人类渡过一劫。呦呦鹿鸣，食野之蒿。今有嘉宾，德音孔昭。

——感动中国十大人物屠呦呦颁奖词

示例：

屠呦呦——中医药科技创新优秀代表

屠呦呦——青蒿抗疟医者仁心

教师小结：总结主要贡献，可以引用或化用诗句、名言，也可以用偏正短语形式展现。

作业：

必做作业：

1. 以小组为单位确定屠呦呦人物宣传画像的相关素材，寻求美术教师帮助形成本小组宣传图像定稿。

2. 着手准备自己“专家偶像”宣传画像相关素材。

选做作业：

1. 观看央视频道节目《人物 · 故事 · 共和国勋章获得者屠呦呦》。

2. 查找资料，形成《一名物理学家的教育历程》《说“木叶”》《中国建筑的特征》三篇文章作者任选一人的文字简介。

任务二：撰写主题征文（2课时）

子任务一：基于上节课所学方法，快速梳理文章结构，揭示主要概念之间关系，体悟作者围绕主要概念开展阐说的方法。

子任务二：比较《中国建筑的特征》和《说“木叶”》之间在思考方法和语言表达上的异同。

子任务三：尝试说明性主题征文创作，开展互评、推荐。

活动一：精读文本，体悟方法（《说“木叶”》）

1. 进入新课（生活“趣事”进入）

之前，有位医生因为建议大家早餐多吃肉蛋奶，少喝稀饭而被部分网友痛骂崇洋媚外。为什么呢？因为肉蛋奶暗示的中餐还是西餐？怎么反驳？

示例：我吃的五花肉、松花蛋、双皮奶，我还真不知道五花肉、松花蛋、双皮奶是西餐。可见，即便是同一种事物，名称的不同，给人的感受也会很不同。林庚先生非常敏锐地发现“木叶”的耐人寻味之处，让我们一起走进《说“木叶”》。

2. 问题一：请自由朗读课文并思考第一个问题。全文共有七段，如果每段只能留一句话或一个关键词，你会留什么？并说明理由。

（1）正式开始之前，想给大家一点提示：关键句一般在段落的何处？

段首或段尾。

（2）请一位同学来分享一下自己的答案。追问：为什么？

明确：

第一段：“木叶”是那么突出地成为诗人们笔下钟爱的形象。

第二段：古代的诗人们在前人的创造中学习，又在自己的学习中创造，使得中国诗歌语言如此丰富多彩。

（如有问为何不是木叶？回答，你这是问题不是结论，不过你问了一个好问题。）

第三段：从“木叶”发展到“落木”，其中关键显然在“木”这一字。

第四段：它仿佛本身就含有一个落叶的因素，这正是“木”的第一个艺术特征。

第五段：就不能不触及诗歌语言中暗示性的问题。

（如有问为何不是末句第二个艺术特征。问他，第二个艺术特征是什么？在下一段）

第六段：“木”所暗示的颜色性。

第七段：一字之差到了艺术形象的领域一字千里。

（3）在我们找出每段的核心句子或关键词后，我们很容易得出这篇文章是在写什么。请完成下面这个填空题。

作者通过讲________________________。

提示：把出现频率最高的词填上去。提问。

明确：作者通过说“木叶”来讲诗歌语言的暗示性问题。

3. 问题二：请思考，作者为何不直接用“谈中国诗歌语言的暗示性问题”做题目？

（1）在同学们回答这个问题之前，我们补充一下背景知识。

知识链接一：

林庚（1910—2006），字静希。现代诗人、古代文学学者、文学史家。曾长期任教于北京大学中文系，对唐诗颇有研究，提出的“盛唐气象”“少年精神”等经典概括受到学届广泛接受。本文选自其《唐诗综论》，为文艺随笔。

知识链接二：

文艺随笔是一种形式灵活、笔调轻松、富有趣味性的批评样式。它不像规范的论文那样，注重逻辑和理论论证，一般选用富有趣味性的材料为铺垫，从中引出对某种观点或哲理的议论，再与文学领域的有关话题联系起来加以评论。行文讲究文采，笔调轻松活泼，亲切随意，深入浅出。

（2）结合背景知识，回答问题。作者为何不直接用“谈中国诗歌语言的暗示性问题”做题目？

（提问，追问。如果学生只回答一方面，要启示既要说甲的不足，又要说乙的好处）

明确：①“谈中国诗歌语言的暗示性问题”更像是一篇论文的题目。本文更符合文艺评论的文体特征。②用“谈中国诗歌语言的暗示性问题”为题太大了，所举事例不应仅仅是木叶，题文不相符。③本文以古诗中的意象“木叶”作为论题，围绕其展开全篇。由木叶引入，分析木叶与树叶的区别，又引出木的两个艺术特征，得出诗歌暗示性的问题，并进行阐发。从现象到本质，从一般到抽象，既深入浅出地阐发了理论，又易为广大读者接受。

追问1：如果把题目换成说“落木”呢？

明确：不好。落木是由落叶发展而来。是杜甫在前人屈原的创造中学习，又在自己的学习中创造出来的。直接说落木，就无法将整个概念发展的脉络完整地呈现出来。

追问2：读下面句子，看与背景材料所介绍作者的哪个身份相照应，为什么？

这**似乎**是不需要多加说明的/诗人们**似乎**都不再考虑文字洗练的问题，

那么“叶”字**似乎**就不应该省掉，

首先我们**似乎**应该研究一下，

似乎才更近于“木”，

它**仿佛**本身就含有一个落叶的因素，

这暗示性**仿佛**是概念的影子，

常常躲在概念的背后，

这潜在的形象**常常**影响着我们会更多地想起了树干，

这里的差别就**几乎**是一字千里。

提示：如果删掉，表达效果有何不同？

明确：这些词会使表达更为准确、严密，体现他作为学者的严谨。

4. 问题三：接下来我们一起来看林庚这位严谨的学者是如何厘清“木叶”诗歌意象的？

（1）为方便大家梳理，准备表格。请结合文本完成。

意象	场合	外形	颜色	质感	意味	联想
（落）木（叶）	秋风叶落	脱尽叶子	微黄、枯黄	干燥	空阔疏朗	离人的叹息、游子的漂泊、清秋的性格
树（叶）	春夏之交	枝叶繁茂	绿（叶）褐绿	饱含水分	饱满绵密	密密层层浓荫满地

（2）为了巩固我们的学习成果，我们做一下小练习。

用落叶、落木、木叶三个词填空。

① 秋后亭皋____稀。霜前关塞雁南归。……吾老矣，久忘机，沙鸥相对不惊飞。——金·王寂《鹧鸪天》

② ____下君山。空水漫漫。十分斟酒敛芳颜。——北宋·张舜民《卖花声》

③ 痴儿了却公家事，快阁东西倚晚晴。____千山天远大，澄江一道月分明。——北宋·黄庭坚《登快阁》

④ 萧萧____不胜秋，莫回首、斜阳下。别是柔肠萦挂。——清·纳兰性德《一络索》

⑤ 秋砧响____，共坐茅君家。惟见两童子，林前汲井华。——唐·李颀《题卢道士房》

⑥ 早秋惊____，飘零似客心。——南陈·孔绍安《秋》

⑦ 秋风清，秋月明，____聚还散，寒鸦栖复惊。——唐·李白《秋风词》

明确：

① 秋后亭皋木叶稀。霜前关塞雁南归。……吾老矣，久忘机，沙鸥相对不惊飞。——金·王寂《鹧鸪天》

② 木叶下君山。空水漫漫。十分斟酒敛芳颜。不是渭城西去客，休唱阳关。——北宋·张舜民《卖花声》

③ 痴儿了却公家事，快阁东西倚晚晴。落木千山天远大，澄江一道月分明。——北宋·黄庭坚《登快阁》

④ 萧萧落木不胜秋，莫回首、斜阳下。别是柔肠萦挂。——清·纳兰性德《一络索》

⑤ 秋砧响落木，共坐茅君家。惟见两童子，林前汲井华。——唐·李颀《题卢道士房》

⑥早秋惊落叶，飘零似客心。——南陈·孔绍安《秋》

⑦ 秋风清，秋月明，落叶聚还散，寒鸦栖复惊。——唐·李白《秋风词》

追问1：树叶这一物象在进入诗歌成为物象后所承载的诗人情感是否一致？如不一致，请按欢愉、伤感两大类分组。

追问2：在表达效果上，木叶（落木）是否一定强于落叶？为什么？请根据原文的第四、五两段内容回答。

明确：

追问1：不一定。比如①③⑤总体上属于欢愉一组；②④⑥⑦属于伤感一组。

追问2：不一定。一要看“场合”，二要看该词语所蕴含的暗示性。

其实，在古代诗文中这种例子还有很多。屈原“朝饮木兰之坠露兮，夕餐秋菊之落英”，龚自珍的“落红不是无情物，化作春泥更护花”，李煜的“流水落花春去也，天上人间”中落英、落红、落花都是指什么？

明确：落花。

追问3：根据我们所学的诗歌语言的暗示性等知识谈一谈作者做出不同选择的原因？

“落英”“落红”与“落花”相比，前两者雅致，后者通俗。“落英”状花瓣缤纷飘落之态，“落红”尽显花的明艳之色，这都是“落花”一词所不能勾画的事物形象和不能透露出的情味。

5. 问题四：最后，我们再次回到文本，通过比照看你还能收获什么。

句子一：古代诗人们在自己的学习中创造，又在前人的创造中学习。

句子二：诗人们正在于能认识语言形象中潜在的力量，把这些潜在的力量与概念中的意义交织组合起来，于是成为丰富多彩的言说；它影响着我们。

句子三：“木叶”之与“树叶”，不过是一字之差，“木”与“树”在概念上原是相去无几的，这里的差别就是一字千里。

明确：

句子一：先前人后自己，先学习后创造，顺序不能调整，体现逻辑的严密性；句子二：修饰词不能删，更能体现用词的准确性以及问题的严谨性，随笔不随意；句子三：成语或者化用成语，能以最简省的文字传达最丰富的信息。

6. 小结

请就下面三个问题任选一个用一句话回答：

（1）关于“木叶”这一经典意象，我的思考与收获是……

（2）关于《说“木叶”》这篇文艺随笔，我的思考与收获是……

（3）关于林庚这位诗人、学者，我的思考与收获是……

虽然，同学们都有收获，但我知道同学们对这一类理论性强于故事性的作品并不都是发自内心的喜欢。为什么呢？因为这样的书“费脑子”。事物都是两面的，只有“费脑子”的书才是“磨脑子”的书。我们要多读一些磨脑子的书，经常给脑子做体操。才能让我们有林庚先生那样渊博的才学、清晰的思路、准确的表达。

习近平总书记曾就读书说过这样一番话：

读书是一个长期的需要付出辛劳的过程，不能心浮气躁、浅尝辄止，而应当先易后难、由浅入深，循序渐进、水滴石穿。希望同学们能有“望尽天涯路”那样志存高远的追求，耐得住“昨夜西风凋碧树”的清冷和“独上高楼”的寂寞，静下心来通读苦读。唯如此，方能奋斗创造，诗意栖居。

7. 作业

必做作业：

1. 完成单元学习任务三，分析“柳”在具体诗句中含义，并思考其暗示性由来。

2. 结合本课问题一、三，梳理总结快速筛选文本信息的方法。

选做作业：

积累课上问题三中用落叶、落木、木叶填空的7首诗。

活动二：比较阅读，体悟异同（《中国建筑的特征》《说“木叶”》比较阅读）

问题一：请快速阅读《中国建筑的特征》，勾画出课文中出现的关于中国建筑基本特征，并以思维导图形式展示它们之间的关系。

示例：

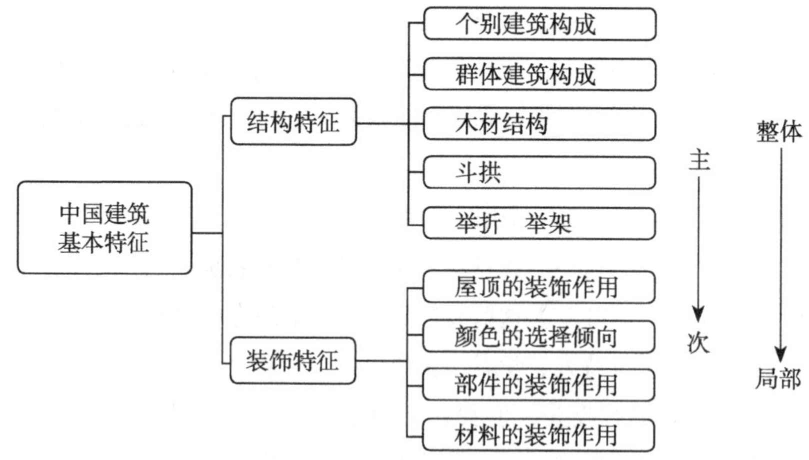

问题二：理解核心概念，明确研究对象——文法、词汇。

明确：

词汇是指构成一座或一组建筑的不可少的构件和因素；文法是指劳动人民从长期建筑实践中所累积的经验中提炼出来的，受到普遍承认而遵守的，构件与构件之间，构件和它们的加工处理装饰之间，个别建筑物和个别建筑物之间的建筑惯例和法式，有约束性，也有多样性。简单地说，“词汇”是构成建筑的部件或最小单位，“文法”是将这些部件勾连组合起来的方法原则。

追问1：为何说不同的建筑“词汇”能表达不同的感情？

讨论后明确：“词汇”和“文法”是建筑的工具和手段，建筑的“文法”虽然有一定的约束性，但也有极大的运用的灵活性，可以有多样性的表现，来满足建造者不同的需要，表达创作者不同的感情。

追问2：如何理解各民族的建筑之间“可译性”的问题，结合写作背景材料思考梁思成写作目的。

讨论后明确：此处作者是以语言学为喻，各民族建筑的功用或主要性能是一致的，但表现出来的形式却有很大不同，恰似不同民族的语言，表达同一个意思，语言形式却不相同一样。所谓的“可译性”，是指各民族建筑在实质上有“同一性质”，可以透过其纷繁多样的表现形式解读出来。

问题三：比较两篇文章在写作思路和语言表达上的异同。

请根据前面所学，完成下列表格。

篇目	《说“木叶”》	《中国建筑的特征》
写作思路		
结构特点		
语言特点		
语言标志		

篇目	《说“木叶”》	《中国建筑的特征》
写作思路	从具体文学作品中归纳现象、总结规律，并在归纳总结的过程中进一步深入，最终揭示诗歌语言的暗示性，微妙的意味往往寄诸言外	先以概括方式总结事物的个性，又借用语言学的术语系统来寻找不同事物的共性
结构特点	从总体到部分	按照逻辑顺序，从现象到本质

续 表

篇目	《说“木叶”》	《中国建筑的特征》
语言特点	引经据典，有辞藻之美，用词细致严谨，对诗句解读新颖别致，读来有趣味性	用词通俗，表达明白，但又不乏可读性，比如作者用“文法”“词汇”等语言学概念来阐释建筑之中的概念、原理，显得更为亲切，令人容易接受
语言标志	（一）（二）（三）（四）（五）（六）（七）（八）（九）	17个问题链

活动三：写作交流，清晰说理。（2课时）

1. 结合第1课时的课后作业，本课前提前布置单元学习任务四。

常识对我们的生活、学习都很重要。它们有些是对自然现象的总结，如“朝霞不出门，晚霞行千里”；有些与文化相关，如中国古代宫殿建筑多采用对称布局；有的则凝结着人生的某些经验，如“良药苦口利于病，忠言逆耳利于行”。这些常识的背后其实都存在某些事理，试以“常识中的‘理’”为话题，写一篇800字左右的说明文，题目自拟。

文章内容需与自己将推荐的“专家偶像”为同一领域。

此活动是在前期单元阅读的基础上，进行写作练习，练习的重点就是用规范、客观、准确的语言说明自己的探索与发现。

教师再给支架，帮助学生完成任务。

（1）阅读单元学习任务《如何清晰地说明事理》，再次明确要求。

（2）选取自己熟悉领域来写。例如《了凡四训》《菜根谭》等传统书目中有许多耳熟能详的常识，可选取其中表达含义相同或相反的一组来写，借以阐明自己的思考。推荐人选可以是书的作者，也可以是自己所阐明事理方面的代表。再如，同学们从小到大学习了不少科学知识，你可以从日常生活中那些我们司空见惯的现象写起，揭示其背后蕴含着的深刻科学道理，推荐人物可以是科学规律发现者、应用者。

2. 学生撰写初稿。

3. 组内互评。每个人写出200字书面评价意见，经小组商议，共同完成300字的小组推荐意见。

教师提前给出支架——评价标准：思路是否清晰、概念是否准确、说理方法是否妥当、术语使用是否专业、逻辑是否严密等，学生任选2—3个方面进行评价，并形成书面评价意见。

4. 班级投票。每组选1篇文章上传班级资源平台或打印出来，让学生提前阅读，确定推荐顺序，按照积分确定班级奖项。

如班级有5组，那么第一推荐顺序积5分，最后推荐的积1分；课代表负责统计分数；用小程序或excel表格公式计算准确、方便。

5. 年级评选。邀请本年级或其他年级语文教师组成评审小组，对各班推荐作品（隐去班级、姓名）以背靠背的形式匿名打分，评出年级奖项。积分规则如上。

附表：

主题征文打分推荐表

征文编码：	
评分项目	分项得分
话题的价值（10分）	
观点的明确度（10分）	
阐释的清晰度（30分）	
阐释的有趣度（20分）	
听众的接受度（20分）	
宣传图像初稿完成度（10分）	
合计	
总推荐顺序	

6. 整体美化。邀请学校美术老师指导一等奖获得者进一步美化推荐“专家偶像”宣传画像。

7. 张贴仪式。举办简单但隆重的“专家偶像”宣传画像的挂像仪式。并通过学校网站、公众号以及班级群（家长群）等平台进行宣传。

作业：

2049年，经过多年努力，你终于成为行业知名专家。母校邀你参加庆祝中华人民共和国成立百年优秀校友会。面对青年学生，你会如何讲述自己的高中故事？请写一段600字以上的文字。

教师给出支架：学生自行梳理《一名物理学家的教育历程》行文思路，教师指导以小见大的写法。

第四单元

信息时代的语文生活——辨识媒介信息

新疆生产建设兵团第一师第二高级中学 赫玉泉

【学习目标】

1. 语言建构与运用：能够准确、得体、规范地表达语言，提升语言运用的基本素养。

2. 思维发展与提升：了解辨识媒介信息的基本知识、方法，并将其运用于生活之中，提升独立思考独立判断的思维能力。

3. 审美鉴赏与创造：利用多媒介理性表达信息，掌握相关知识、方法，不断提升媒介应用能力和审美能力，增进对祖国语言文字的美感体验。

4. 文化传承与理解：学习判断媒介信息的良莠，树立正确的人生观、价值观，提升媒介素养，传承优秀文化。

【评价目标】

1. 学生能够准确、得体、规范地表达语言，提升语言运用的基本素养。

2. 学生通过对任务的解决，掌握辨识媒介信息的基本知识、方法，并将其运用于生活之中，提升独立思考独立判断的思维能力。

【教学重难点】

重点：分析不同媒介的特点，学会运用跨媒介表达交流，更好地适应信息时代的生活。

难点：能够正确理解、辨析、评判媒介信息，多角度分析问题，养成独立判断的习惯，成长为具备较高媒介素养的新青年，培养文化自信。

【教学教法】

合作探究法、引导法

【课时安排】

1课时

【教学准备】

多媒体课件助读资料

【教学过程】

（一）导入

教师清唱自己改编的歌曲《迷失在媒介》，在情景中引入本节课课题。

迷失在媒介

作曲：冯丹　　改编：赫玉泉

怎么也飞不出　花花的世界　原来我早已经　迷失在媒介
你那神秘的面纱　充满真真又假假　却要换我这一课　努力揭开它
春去镜前花　秋来水中月　原来我就是那一个　迷失的娃娃

大娘被骗啦　大爷气坏啦　双眼被蒙蔽了　生活被干扰了
你那海量的信息　来得铺天又盖地　却要让我的同学　推敲与琢磨
同学们支支着儿　大伙儿笑一笑　慧眼看世界　辨清真与假
朋友们携起手　我们一起走　还生活一番　清爽又和谐

任务情景：媒介多元化的时代，媒介信息在告知我们，娱乐我们，取悦我们的同时，也在打搅我们，烦扰我们，迷惑我们。海量的信息，良莠不齐，泥沙俱下。为防止电信诈骗在校园发生，进一步加强网络安全等方面的教育，学校将成立“媒介空间净化小卫士服务队”，班级要推荐和评选一名同学加入服务队，具备什么条件和能力才能参加评选呢？

（二）任务活动一：慧眼识金——阅读、明辨媒介信息

1. 阅读媒介信息（助读资料），谈一谈你对这些信息的态度。（真？/假？理由）

2. 小组讨论，总结辨识媒介信息的原则和方法。

失真信息的特征：

（1）信息来源不明确。虚假信息往往没有明确来源，常常脱离客观事实进行虚构，捏造事实、无中生有。信息发布者也不加核实就转发、引用。在传播过程中，有的甚至挟带了传播者偏激的情绪和观点，最终可能导致群体性的行为。这类虚假信息具有很强的煽动性、蛊惑性。

（2）信息内容扩大化。一些用户和网络媒体为了引起社会关注，或为了吸引更多的读者以提高点击率，可以更稀奇，甚至更怪异，更能满足人们的猎奇心理，因而更能为媒介和受众关注。在传播中，这类信息常常被人添油加醋、歪曲夸大，使信息内容失去了真实可靠的本质。

（3）信息对象被利用。在当事人的身份涉及“富、官”这类敏感词语的时候，少数网民会先入为主地为当事人添加形象设定，网络舆论则会不断美化受害者一方的形象，以达到加深对施害者仇恨的目的，而仇恨的情感一旦过度膨胀，就会左右人们的理性判断，使人们离真相越来越远。

a. 多为标题党，文不对题。

b. 模糊化的语言替代精准的定义。

c. 感性的语言替代理性分析。

d. 断言式陈述、指令性的建议（命令、请求、呼吁、祈祷等）。

怎样辨识媒介虚假信息？

1. 丰富自己的常识，逐步提高对可疑信息的敏锐观察能力。虚假信息往往以违背常识的方式吸引大众眼球，往往会有常识性的破绽。如果具备丰富的常识熟谙常理常情，就比较容易对其“生疑”，只有“生疑”，才能进一步地“辩识”。

2. 要形成信息查证意识。信息的出处、发出者的身份都能帮助我们评估信息的真假。点击量并不能作为辨识信息真假的指标，有很多虚假信息的点击量恰恰很大。要学会在“点击场”“言论潮”中保持清醒，查证辨别信息发出者、传播者的意图。

3. 要学会比对信息。人们接触的信息源往往是多样的，某个信息源发出的虚假信息常能因为与其他信息源发出的信息不同而被揭露出来。特别是一些缺少权威信息源的媒介信息，对其进行信息比对是辨识其真假的好方法。

4. 要熟悉虚假信息的语言特征。虚假信息有一些常见的语言特征：夸大其词、不提供信息来源、刻意煽动或迎合社会情绪，等等。可以搜集一些已经为假的信息，总结归纳其语言特征，以后遇到有类似语言表达的信息要引起警惕。

5. 要了解虚假信息的外部表现特征。巨大的网络点击量是很多虚假信息发出者追求的目标，因此他们常会用违法违规的手段为自己的信息“火上添柴”，点击量、关注度异常增长的信息，阅读量很多而评论、点赞很少的信息，其背后往往都是有计划、有目的的炒作，而这种疯狂炒作的信息中有很多就是虚假信息。

看来源——要权威发布，不要道听途说

看内容——要事实清晰，不要模糊疑虑

看立场——要客观公允，不要情绪煽动

看逻辑——要严谨准确，不要简单断言

情感判断—理性判断—理性表达

（三）任务活动二：守脑如玉——提升媒介素养

扩大信息获取渠道，就如何成为“媒介空间净化小卫士”形成几个关键词。

媒介素养关键词：

敏锐的眼光

缜密的思维

理性的判断

正确的立场

敢为人先的担当

【作业设计】

学以致用——准确表达、有为担当

请同学们以学校“媒介空间净化小卫士服务队”的身份和名义，给全体师生写一份“加强自身媒介素养”的倡议书。

要求：

1. 写明倡议书的背景原因和目的。

2. 写明倡议书的具体内容和要求（具体的行动、措施等，以及行动措施的意义，可分条陈述）

3. 表述：理性、客观。

4. 字数：150字以内。

【课堂小结】

第一师阿拉尔市正在创建全国文明城市，身为阿拉尔市市民，我们有责任更有义务为创城尽一份力。大众传媒对当代中学生产生了极大的影响，我们要学会在“点击场”“言论潮”中保持清醒，坚定立场，明辨是非，在创城中彰显中学生应有的媒介素养和人生观、价值观，传递正能量，敢为人先，勇于担当！

【板书设计】

辨识媒介信息

- 三有
  - 具有独立、客观、理性思考问题的能力
  - 具有正确的人生观和价值观
  - 具有一定的科学、文化知识
- 六注意
  - 注意信息来源
  - 注意信息可信度
  - 注意信息的实用性
  - 注意对任何新闻信息不要轻信
  - 注意对所得消息不要偏信
  - 注意对他人行为不要盲从

安居信息时代，辨识媒介信息

新疆克拉玛依市实验中学　段园睿

【单元内容分析】

本单元属于“跨媒介阅读与交流”任务群，本任务群旨在引导学生学习跨媒介的信息获取、呈现与表达，观察、思考不同媒介语言文字运用现象，梳理、探究其特点和规律，提高跨媒介分享与交流的能力，提高理解、辨析、评判媒介传播内容的水平，以正确的价值观审视信息的思想内涵，培养求真求实的态度。本任务群的学习渗透在其他任务群的学习过程之中。单元学习主题为媒介素养，单元内容学习活动3个、学习资源3篇。针对已经适应了一个学期大单元教学的高一学生，本单元的学习可以在教师引导下，指导学生建设跨媒介学习小组，并将其作为丰富信息时代语文学习的手段。另外，为了防止学生因为本单元学习而过度上网，教师要进行二次开发，提供丰富的新闻素材，要指导学生从权威的信息渠道获取信息。本单元专题计划安排4课时，本节课是第3课时，侧重在辨识媒介信息中提升媒介素养。

【学习目标】

1. 我能从信息来源的可靠性、事件的完整性、证据的确凿性和报道的倾向性四方面来判断信息的真实性。

2. 我能从了解观察新闻事实的角度，甄别信息真伪，做出理性的判断和评论。

3. 我要不断提升自己的媒介素养，认识到媒介传播的使命，主动参与信息时代的语文生活。

【学习重难点】

重点：学会辨识媒体信息，学会甄别信息真伪。

难点：做出理性判断和评论，在跨媒介阅读与交流中促进语文核心素养综合发展。

【教学过程】

（一）导入

情境：同学们，近日，我市公安局侦破一起在新疆16地疯狂实施诈骗，致使百名老年人受骗达50万元的诈骗案件。干警们仅用一周时间，最终将27名犯罪嫌疑人全部抓获归案，受到了自治区公安厅的表扬。

我们发现，有些人在现实生活中被骗，有些人在网络世界中被骗。

2021年12月，湖南岳阳楼辖区派出所侦破了一起利用众筹平台诈骗的案件。一男子在众筹平台水滴筹上筹集到2万余元善款，准备提现时，被平台工作人员发现其涉嫌诈捐并报警，该男子已被公安机关刑事拘留。爱心众筹，是汇聚社会善意，解决个人困境的有效途径。网民被骗，不仅是对民众善心的践踏，更是违法犯罪行为，这与平台审查不严有直接关系。当然，也与广大网友不辨信息真伪有关。面对信息渐欲迷人眼的世界，平台该如何践行使命担当？我们该如何辨析信息的真伪？今天我们一起走进本单元第3课时：安居信息时代，辨识媒介信息。

（二）课堂活动一：分析不良信息，总结传播危害

课前预习：阅读第71页“辨识媒介信息”和第75—76页《传播媒介变迁的社会影响》。

问题1：你能举出1—2个近期发生的虚假信息案例吗？

步骤1：每个人结合自己的跨媒介阅读体验，在组内说说自己看到的虚假信息案例。

步骤2：同学们说说这些虚假信息的来源，并进行汇总。

问题2：你能分享自己辨识虚假信息的一个例子吗？

步骤1：交流自己在什么时候认识到辨识信息很重要。

步骤2：组内交流自己辨识信息的过程、思路。

提示：

影响信息真实性的要素：来源的可靠性、事件的完整性、证据的确凿性、报道的倾向性。

确定新闻事实真假的简单办法：看新闻的“5个W”和“一个H”到底有没有问题。即when、where、who、what、why、how。如果有两条以上不是真的，那么基本就可以断定是假新闻；如果一个或两个要素有问题，也有可能是个别细节报道不准，就可以断定该新闻失真。

常见的类别有：无中生有，虚构捏造；截头去尾，移花接木；局部变形，避重就轻。

在学案上给学生提供问题引导单，引导学生的评价和判断：

1. 根据我的经验，我能找出这则新闻的观点吗？

2. 我自己对这个话题的感受是什么？

3. 我对作者的观点还有疑问吗？

4. 如果我没有疑问，有同学有疑问，我有什么经验和证据来支持新闻的观点？

5. 如果我有疑问，我准备反驳新闻的重要立场和论点，还是某些环节？

6. 这则新闻的证据真实吗？

问题3：你了解这些失真信息产生的严重后果吗？

明确：

① 网络虚假信息严重损害媒体的公信力。

② 欺骗受众，侵害了受众的知情权，阻碍了受众的参与权和监督权。

③ 虚假新闻影响国家安全、社会稳定。

问题4：你知道最好从哪些渠道获取可靠的信息？能推荐一些吗？

明确：

我来推荐：官方网站、公众号（新华网、《光明日报》、光明网、《人民日报》、人民网评、《文汇报》、《克拉玛依日报》）及学习强国等客户端。

总结：甄别信息真伪，做出理性评论——

1. 不要先入为主，盲目相信或全盘否认；

2. 不要妄下结论；

3. 不要急于站队；

4. 不要轻信、迷信权威；

5. 不要被集体的情绪煽动；

6. “受害者”也是可以质疑的。

设计意图：生活工作中，面对信息的旋涡，我们必须练就一双慧眼，提高自己的信息辨别能力，甄别消息的真假，努力整合各方媒介信息，把事件本身和个体看法区分开来，把碎片化的信息整合起来，还原事件的真相。课程设计中，加强语文课程与学生成长的联系，引导学生以正确的价值观审视信息的思想内涵，培养学生求真求实的态度。在辨别失真信息的过程中，发展与提升学生的思维能力，巧妙融入社会主义核心价值观教育。

（三）课堂活动二：讨论媒介传播的使命——巩梓文的爱心接力

问题1：阅读完新闻后，关于巩梓文的爱心接力报道，你了解了多少？

步骤1：拿出手机，阅读克拉玛依日报社等媒体对“再障”患儿巩梓文所做的报道。

步骤2：根据时间顺序，梳理新闻始末。

提供的新闻标题：

捐款渠道增加！快来救救克拉玛依这个孩子2021.7.14

病危住进ICU！患儿父亲求助：“请帮帮我们”2021.6.11

排异反应严重！再次求助！2021.6.5

最新消息！“再障”患儿已接受造血干细胞移植2021.4.6

整整一个月了，巩梓文为什么还未做手术？2021.3.25

这次捐款会全部用在患儿身上吗？2021.3.24

善款已超57万元！点赞克拉玛依人的小城大爱2021.3.23

巩梓文即将入院接受手术！35万元善款已汇至北大人民医院2021.3.22

加油，少年！克拉玛依是一座温暖的城市2021.3.20

虽然毕业了，但是关爱一直在！南湖小学师生为巩梓文捐款2021.3.19

捐款已超过52万元！巩永红一家感谢爱心人士、企业和社会团体的帮助2021.3.18

爱心人士、企业和社会团体持续捐赠，善款已逾52万元！2021.3.17

3985名“宝石花”参与捐款，给新疆油田的团员青年点个赞！2021.3.16

为了孩子早日康复，爱心市民已捐款50余万元（内附捐款明细）2021.3.15

奉献爱心，传递真情，捐款正在持续进行中……2021.3.12

短短三天已收到捐款20余万元（内附捐款明细）2021.3.11

慷慨捐善款，贴心送祝福，克拉玛依市民踊跃帮助“再障”患儿2021.3.10

咱们一起来帮帮这个克拉玛依孩子吧，求转发！2021.3.9

克拉玛依一位父亲的紧急求助，求转发！2021.3.8

“再障”患儿不幸去世2021.9.30

明确：

克拉玛依一位父亲的紧急求助，求转发！2021.3.8

咱们一起来帮帮这个克拉玛依孩子吧，求转发！2021.3.9

慷慨捐善款，贴心送祝福，克拉玛依市民踊跃帮助“再障”患儿2021.3.10

短短三天已收到捐款20余万元（内附捐款明细）2021.3.11

奉献爱心，传递真情，捐款正在持续进行中……2021.3.12

为了孩子早日康复，爱心市民已捐款50余万元（内附捐款明细）2021.3.15

3985名“宝石花”参与捐款，给新疆油田的团员青年点个赞！2021.3.16

爱心人士、企业和社会团体持续捐赠，善款已逾52万元！2021.3.17

捐款已超过52万元！巩永红一家感谢爱心人士、企业和社会团体的帮助2021.3.18

虽然毕业了，但是关爱一直在！南湖小学师生为巩梓文捐款2021.3.19

加油，少年！克拉玛依是一座温暖的城市2021.3.20

巩梓文即将入院接受手术！35万元善款已汇至北大人民医院2021.3.22

善款已超57万元！点赞克拉玛依人的小城大爱2021.3.23

这次捐款会全部用在患儿身上吗？2021.3.24

整整一个月了，巩梓文为什么还未做手术？2021.3.25

最新消息！“再障”患儿已接受造血干细胞移植2021.4.6

排异反应严重！再次求助！2021.6.5

病危住进ICU！患儿父亲求助：“请帮帮我们”2021.6.11

捐款渠道增加！快来救救克拉玛依这个孩子2021.07.14

“再障”患儿不幸去世2021.9.30

设计意图：通过上网阅读新闻，了解本市发展过程中有温度有影响力的重要新闻，进行梳理和盘点，讲好本地故事，传承好克拉玛依精神。

问题2：这场爱心接力产生的社会效应有哪些？

情境：假如现在回到了2021年，你了解了关于巩梓文的相关报道，请你选择两种角色在“克拉玛依日报”公众号下面留言。

我是为巩梓文捐款的人、企事业单位，我的留言是：

我是一个孩子的妈妈，我的留言是：

我是一个接受器官移植的人，我的留言是：

我是克拉玛依市的普通学生，我的留言是：

我是媒体工作者，我的留言是：

我是巩梓文的主治医生，我的留言是：

步骤1：在A4纸勾勒手机草图。

步骤2：写上新闻标题和“克拉玛依日报”字样。

步骤3：模拟两种角色写留言。

明确：

我是为巩梓文捐款的人、企事业单位，我的留言是：小伙子，不要气馁！不要担心钱的问题，好心人会一直关注你们，帮助你们的！安心治疗，我们在克拉玛依等你回来！

我是一个孩子的妈妈，我的留言是：孩子，了解了你们一家人的情况，阿姨衷心地希望你能够坚持治疗，早日恢复健康，做个阳光健康的快乐男孩！

我是一个接受器官移植的人，我的留言是：梓文哥哥，感谢你——给了我活下去的机会！你最终还是离开了，我会替你活下去，爱自己、爱这个温暖的世界！

我是克拉玛依市的普通学生，我的留言是：每天我都要打开日报公众号，搜寻你的消息，我和我的家人替你着急，会为你默默祝福，深深地理解你想回到校园的迫切心情。相信坚强的你，一定会早日回到校园。我也会珍惜在校园的每一天！

我是媒体工作者，我的留言是：孩子，你与病魔抗争了近6个月，这一路困难重重，我们会尽自己所有的努力，让爱心人士和企业及时了解你的治疗情况，将爱心源源不断送到北京，加油！

我是巩梓文的主治医生，我的留言是：你的康复，就是我们的幸福；你的安康，就是家人的平安。梓文，只要你自己不倒下，积极配合治疗，一切都会好起来的。

设计意图：这一单元属于"跨媒介阅读与交流"任务群，在设计中，需要结合新课标、新教材以及本地学情，翻阅本地新闻资源，了解近期社会热点，确定学习目标、修订子任务。最终选择本地日报作为资源库，拓宽学生的视野，通过教学引导学生关注家乡的发展，参与家乡事务，热爱家乡。

问题3：媒介众筹时，如何让爱心传递产生最大的社会效应？

光明网新闻一则：2021年12月23日，湖南岳阳公安分局通报称，近日，岳阳楼辖区派出所侦破了一起利用众筹平台诈骗的案件。一男子在众筹平台水滴筹上筹集到2万余元善款，准备提现时，被平台工作人员发现其涉嫌诈捐并报警。

阅读完此则新闻，对比克拉玛依的爱心接力新闻，分析克拉玛依爱心传递赢得人心的原因。

分析角度1：自始至终，媒介真实反映求助者的求助。（可以结合网上诈捐新闻进行对比）

分析角度2：克拉玛依日报社（含新闻客户端、抖音、微信公众号）的系列跟踪报道，及时报道患者的救治近况，并与克拉玛依市慈善总会取得联系，公布捐款方式和账户，及时反馈捐款情况等，与广大读者、网友进行互动。

分析角度3：克拉玛依大众通过微信朋友圈等新媒体助推宣传，传播新闻，弘扬人间真善美。

明确：

（1）客观真实是基本前提。一方面是克拉玛依地方媒介真实报道患者家属的求助、患者的治疗过程等，获得近60万元善款，一方面是湖南一男子在众筹平台通过诈捐方式筹集到2万余元善款后，平台识破骗局报警。想要赢得人心，客观真实是最基本的前提，平台监督不力，男子欺骗群众，结果违法寒人心。

（2）报道的倾向性很重要。报道应该是客观的，同时也应该是有倾向性的，引导群众救助危重病儿就是本次报道的倾向。克拉玛依日报社通过选择事实和编写新闻表现了无形的意见，策划了这次爱心行动。

（3）公开透明的跟踪报道不可少。克拉玛依日报社（含新闻客户端、抖音、微信公众号）的系列跟踪报道，事件完整，证据确凿，及时报道患者的救治近况，并与克拉玛依市慈善总会取得联系，公布捐款方式和账户、及时反馈捐款情况等，与广大读者、网友进行互动，可见地方媒介的宣传力度大、公信力强，筹集的善款总数自然就多。

（4）让大众效应发挥到最大限度。一方面，湖南男子诈捐成功了，反映出小部分群众在信息时代容易上当受骗，献爱心的人不辨真假，爱心助力让骗子得意，大众的正面效应没有发挥出来。另一方面，克拉玛依官媒发挥了应有的作用，百姓信任官媒，不断通过微信朋友圈等新媒体助推宣传，传播新闻，弘扬人间真善美。克拉玛依的大众就在爱心传递中发挥了积极的作用。

设计意图：引导学生阅读新闻，重拾家乡一年的美好记忆，让学生在温暖与感动中，回望自己城市走过的坚实步履，再品家乡人的欢笑与泪水、希望与感动，感受家乡人与人之间守望相助的真挚情谊，通过对比两条新闻，引导学生参与新闻事件，去“听说读写思”，在真实的情境中运用自己的语文能力，提升媒介素养。

小结：媒介传播的使命

1. 媒介传播犹如一座桥，连着两端的事实和大众。事实通过媒介得以传播开来，大众通过媒介了解到真实的事情经过和结果。

2. 媒介传播要尽可能避免情绪化和主观臆断，做到客观和公正。

3. 媒介要完成“高举旗帜、引领导向，围绕中心、服务大局，团结人民、鼓舞士气，成风化人、凝心聚力，澄清谬误、明辨是非，连接中外、沟通世界”的党的新闻舆论工作的职责和使命。

自我评价：

1. 在小组中我表现如何？需改进的方面有：

2. 是否有疑问？我的疑问（或小组的疑问）是：

【课堂总结】

同学们，在享受媒介带来快乐的同时，不做媒介的奴隶，不做媒介的工具，要用慧眼看信息，要做正确使用媒介的拿来主义者。安居信息时代，自由而不失理性，需要你我共同努力!

【作业设计】

从下面三个题目中选择一个，完成一段抖音作品，格式为MP4，时长为1—2分钟。

情境1：我市学生受到克拉玛依日报社爱心行动的感染，决定与中国红十字基金会取得联系，发起一项命名为“梓文天使基金”的公益基金，该基金以救助再生障碍性贫血患者为目的，资助对象为家庭困难、身患障碍性贫血的患者。

下课后，同学们需要收集照片，撰写宣传文案，制作成宣传视频，发布到相关平台上，让我们把媒体人的责任扛起来，把自己的使命传播出去!

情境2：进入四月以来，克拉玛依金龙湖热度持续升高，被人们称为“小三亚”“马尔代夫”，沙滩区域更是成为很多市民享受阳光的打卡点。五一小长假即将来临，建议同学们实地走访，拍照、配以宣传文案，制作成宣传视频，让更多的市民享受这一份清凉，守护这一方沙滩。

包括以下内容：

（1）片头：命名+推介人。

（2）给自己拍的人物照、风景照配以合适的美文。

（3）你最喜欢哪一张图？并说说理由。

（4）克拉玛依日报社要评选“最美金龙湖”，“沙滩区”“环湖路”“码头”进入榜单前三名，如果你是评委，请确定入选标准和优先推荐的景点，并结合一段小故事说明理由。

（5）“九龙潭”“凤栖湖”“兴农湖”“金龙湖”……克拉玛依有水的地方越来越多了，你认为“金龙湖”这一命名有怎样的寓意？

（6）城市形象是一个城市文化的外显，金龙湖景区仍处于施工阶段，金龙湖如何能成为克拉玛依城市的品牌形象，针对克拉玛依旅游局和广大市民，你有哪些好建议？

情境3：我们经常接触到中国传统建筑，但要是被人问起这种建筑有什么特点，则未必能做出简明而准确的回答，请阅读第三单元课文《中国建筑的特征》，在我们生活的城市，有大大小小现代建筑，利用假期去寻找、发现具有中国建筑特征的现代建筑，从这些建筑中寻找《中国建筑的特征》一文所述的中国元素，拍照或手绘这些中国元素，并配以文字说明，做成一段视频。

视频包括以下内容：

（1）片头：命名+推介人。

（2）给自己的作品配以合适的文字，说明发现地、包含的中国元素。

（3）你最喜欢哪一张图？并说说理由。

（4）克拉玛依日报社要评选“油城的最美中国建筑”，九龙潭、雕塑“克拉玛依之歌”进入榜单，如果你是评委，请确定入选标准和优先推荐的景点，请借鉴《中国建筑的特征》一文说明理由。

设计意图：设计这样的作业，希望能创设语言实践的话题和真实情境，以问题为导向，引导学生整合课内外资源，落实立德树人的根本任务；希望学生以城市的主人、新时代的建设者的身份来思考问题，完成任务，解决问题，通过跨媒介学习提升自己的语文核心素养。

第五单元

《在〈人民报〉创刊纪念会上的演说》《在马克思墓前的讲话》联读

新疆生产建设兵团第六师五家渠第三中学　李明娟

【教材分析】

《在〈人民报〉创刊纪念会上的演说》《在马克思墓前的讲话》是统编教材高中语文必修下册第五单元的两篇课文，作者分别是无产阶级的伟大领袖马克思和恩格斯，两篇文章同属于演讲稿，《在〈人民报〉创刊纪念会上的演说》剖析了社会矛盾，宣示历史使命；《在马克思墓前的讲话》概括马克思的贡献，致以崇敬之情。

【教学目标】

1. 语言建构与运用

（1）把握文章的结构，品味文章的语言。

（2）掌握演讲词的特点和演讲的一般要求。

（3）概括马克思的伟大贡献，感悟其宽广胸怀和非凡气度。

2. 审美鉴赏与创造

品味两篇文章的语言艺术魅力，揣摩字里行间蕴含的深邃思想和真挚的感情。

3. 文化传承与理解

（1）体会了解马克思为历史科学，为无产阶级革命所做的巨大贡献。

（2）感受、学习马克思勇于创新、注重实践、科学求实、无私奉献等伟大精神。

【教学重难点】

1. 学习伟人的理想和抱负，思考作为新时代的青年，我们肩上的使命和担当。

2. 从两篇经典演讲稿中学习演讲的技法，并学会写演讲稿。

【课时安排】

1课时

【教学方法】

诵读法、对比阅读法、读写结合法

【教学过程】

（一）创设情境，导入新课

最近热播的综艺《乘风破浪的姐姐》《披荆斩棘的哥哥》让我们看到了30+哥哥姐姐身上的拼搏和奋斗精神，学生们很受鼓励，学校宣传部根据高中生的特点组织了一场“永不服输的后浪”演讲活动，现在邀请你去参加，你将会说些什么呢？

要想写好一篇演讲稿，需要我们先掌握演讲稿的格式、演讲稿的写作要求以及如何运用真情实感表达我们作为后浪的理想和抱负。为了完成一篇高质量的演讲稿，本节课我们通过完成四个小任务，学会写演讲稿。

设计意图：通过言语情境，增强课堂的感染力，开门见山地向学生表述本单元人文主题。单元整体设计的展示与课时所在位置的介绍可以让学生宏观把握大单元格局，使教学目标系统化，进而促进学生知识能力的结构化，辅以接下来教学内容的任务化，是目前高中语文大单元教学的要点。符合高中语文课程标准的要求。

（二）学习任务一：演讲稿和悼词知识点学习

活动一：演讲稿的基本知识

演讲稿是人们在工作和社会生活中经常使用的一种文体。是在较为隆重的仪式上和某些公众场合发表的讲话文稿。演讲稿是进行演讲的依据，是对演讲内容和形式的规范和提示，它体现着演讲的目的和手段。它可以用来交流思想、感情，表达主张、见解；也可以用来介绍自己的学习、工作情况和经验等等。演讲稿具有宣传、鼓动、教育和欣赏等作用，它可以把演讲者的观点、主张与思想感情传达给听众以及读者，使他们信服并在思想感情上产生共鸣。

演讲稿的特点：针对性、可讲性、鼓动性、整体性、口语性、临场性

演讲稿的标准格式：

（1）顶格写称谓语（如：亲爱的老师）

（2）下一行空两格写问候（如：大家好）

（3）正文

（4）结尾（如：谢谢大家）

活动二：悼词基本知识

悼词是演讲词的一种，是对死者表示哀悼的话。

悼词的内容：

开头述其哀（悲痛）

主体赞其功（敬仰）

结尾颂其德（悼念）

悼词的特征：

（1）总结死者生平业绩，肯定其一生的贡献。现代性悼词是一种具有高度思想性和现实性的文体，人们以此既寄托哀思又通过死者的业绩激励后来者。

（2）悼词的内容是积极向上的，情感基调是昂扬健康的。

（3）表现形式和表现手法的多样性。悼词既可以写成记叙文或议论文，又可以写成优秀的散文作品；既能以叙事为主，也能以议论为主，还可以抒情为主。

设计意图：了解演讲稿和悼词的格式，让学生明确格式，为后面的任务做铺垫。

（三）学习任务二：利用思维导图的形式，梳理两篇演讲稿的写作思路。

活动一：

以小组为单位，分别完成《在〈人民报〉创刊纪念会上的演说》《在马克思墓前的讲话》的思维导图。

教师提示：

根据学生自由选择完成两篇文章的思维导图，每组选出一名组长负责，并由组长完成最后的思维导图展示介绍。

活动二：

思维导图展示：

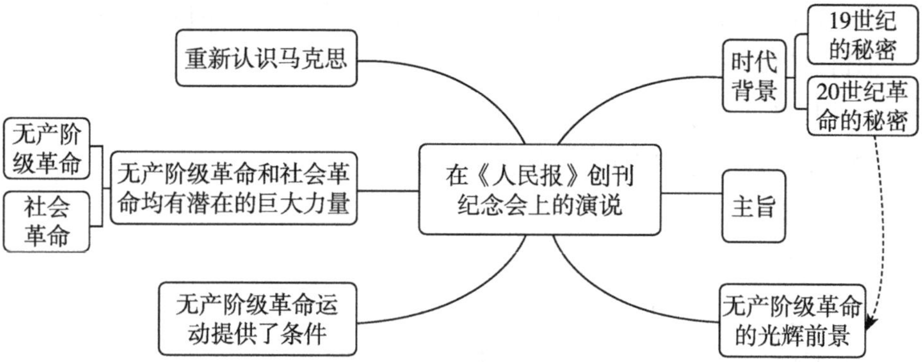

- 在《人民报》创刊纪念会上的演说
  - 重新认识马克思
  - 无产阶级革命和社会革命均有潜在的巨大力量
    - 无产阶级革命
    - 社会革命
  - 无产阶级革命运动提供了条件
  - 时代背景
    - 19世纪的秘密
    - 20世纪革命的秘密
  - 主旨
  - 无产阶级革命的光辉前景

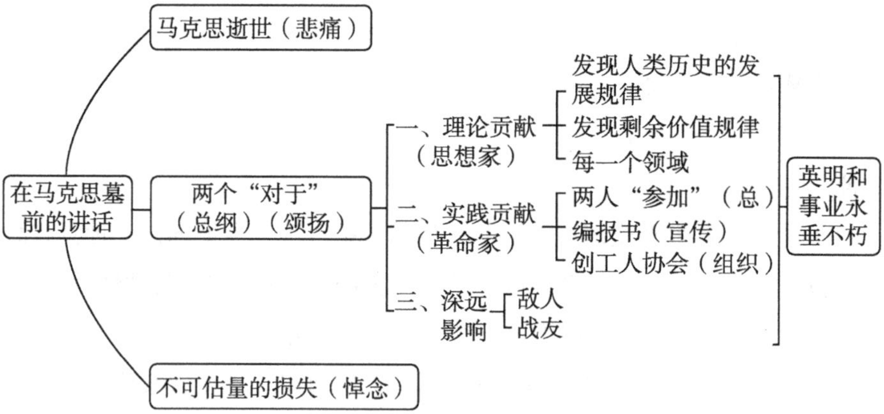

- 在马克思墓前的讲话
  - 马克思逝世（悲痛）
  - 两个“对于”（总纲）（颂扬）
    - 一、理论贡献（思想家）
      - 发现人类历史的发展规律
      - 发现剩余价值规律
      - 每一个领域
    - 二、实践贡献（革命家）
      - 两人“参加”（总）
      - 编报书（宣传）
      - 创工人协会（组织）
    - 三、深远影响
      - 敌人
      - 战友
    - 英明和事业永垂不朽
  - 不可估量的损失（悼念）

设计意图：让学生以思维导图的形式了解两篇课文的结构，培养学生的思考力，激发学生的联想力，体现学生合作创新的能力。

（四）学习任务三：学习《在〈人民报〉创刊纪念会上的演说》《在马克思墓前的讲话》两篇文章结构的好处。

活动一：小组讨论

1. 理清《在马克思墓前的讲话》的结构对理解观点有什么作用？

2. 理清《在〈人民报〉创刊纪念会上的演说》的结构对理解观点有什么样

的好处？

活动二：活动总结

总结：文章结构是文章的骨架，是文章思路的外在表现。

归纳理解演讲词观点的角度：

1. 从语句角度，抓住句子主干和强调成分。

2. 从修辞角度，抓住修辞强调的指向。

3. 从结构角度，理清思路，明确逻辑关系。

4. 从情感角度，明确演讲者的爱憎倾向。

设计意图：深入思考文章的结构，激发学生更多学习兴趣，根据不同的角度，小组交流并展示，让学生从多个角度理解演讲稿的观点，从而掌握演讲稿的特点。

（五）学习任务四：学习文本，体悟重点句子，归纳演讲词的写法。

活动一：

自由诵读课文，在文章的关键句和重点句子处做标注，体悟这些句子在文章中的作用，思考这些句子的妙处。

活动二：

重点句子特点归纳：

1. 设计明显的语言标志，突显层次结构。

（1）1883年3月14日下午两点三刻，当代伟大的思想家停止了思想。

（2）就像达尔文发现有机界的发展规律一样，马克思发现了人类历史的发展规律。

（3）他还发现了现代资本主义生产方式和它所产生的资产阶级社会的特殊的运动规律。

（4）一生中有两个这样的发现，该是很够了。即使只能做出一个这样的发现，也已经很幸福了。但是马克思在他所研究的领域，甚至在数学领域，都有独到的发现，这样的领域是很多的，而且其中任何一个领域他都不是浅尝辄止。

（5）他作为科学家就是这样。但是这在他身上远不是主要的……

（6）因为马克思首先是一个革命家……

2. 制造落差，抓住观众的兴趣点。

所谓的1848年革命，只不过是一些微不足道的事件……

分析：人们的认知中：在欧洲，19世纪中叶是一个崇尚革命、追求革命、推动革命的时代，是一个革命气氛从四面八方包围着它、压抑着它的时代。1848年的革命是近代欧洲历史上规模最大范围最广的资产阶级民主革命。

马克思对1848年革命的评价与观众的接受期待形成对比，产生落差，吸引观众的兴趣。

3. 使用修辞手法，增强语言的生动性和形象性。

所谓的1848年革命……是欧洲社会干硬外壳上的一些细小的裂口和缝隙。但是它们却暴露出了外壳下面的一个无底深渊。在看来似乎坚硬的外表下面，现出了一片汪洋大海，只要它动荡起来，就能把由坚硬岩石构成的大陆撞得粉碎。

分析：将“轰轰烈烈的1848年革命”比作“细小的裂口和缝隙”，将“无产阶级运动”比喻成“一片汪洋大海”，两个比喻互相对照，无产阶级革命的磅礴气势和深远意义，便不言而喻了，演讲的气势也在比喻中深刻起来。

4. 态度鲜明，感情色彩强烈。

（1）只要它动荡起来，就能把由坚硬岩石构成的大陆撞得粉碎。

（2）这个人的逝世，对于欧美战斗的无产阶级，对于历史科学，都是不可估量的损失。

（3）而我敢大胆地说：他可能有过许多敌人，但未必有一个私敌。

分析：直接表明观点，在文章的开头结尾处强调观点，点明演讲的中心。

设计意图：抓住重点句子的含义，分析重点句子在演讲稿中的作用，帮助学生体会作者的思想感情。

【课堂小结】

没有一代人的青春是容易的，但每一代人的青春都是大有可为的。少年勤学，青年担纲；中国青年，国之栋梁。2021年4月19日，习近平总书记在清华大学考察时对中国青年有以下嘱托：生逢盛世，肩负重任！当代中国青年要立大志、明大德、成大才、担大任，努力成为堪当民族复兴重任的时代新人，让青春在为祖国、为民族、为人民、为人类的不懈奋斗中绽放绚丽之花。让我们一起在这段话的朗读中结束本节课。

设计意图：联系实际，让学生在诵读中学习伟人的使命和担当，从而明确自己作为新时代青年身上的责任和使命。

【作业设计】

学校宣传部组织了一场“永不服输的后浪”演讲活动，你作为学生代表参加比赛，请根据本节课所学演讲稿的写法，写一篇演讲稿，演讲稿内容要结合生活实际并体现青年学生勇于担负时代使命的精神。

1. 掌握知识的最高境界是运用，每组录制一段演讲视频分享在班级QQ群。

2. 观看同学们的演讲视频，对自己感兴趣的作品进行点赞、批注或跟帖。我们将评选出两篇明星作品，三篇最优跟帖，推荐到年级组进行评比。

3. 教师作适当评点。

评点要求：①演讲要注意的方面：演讲观点（语句层面）、层次结构、语言表达、情绪感染。②表达中的语速、语气、语调、音量、节奏等和演讲者的形象风度、情绪感染。

设计意图：通过写作训练检验学生是否掌握了演讲稿的格式，也从演讲稿的内容中了解了学生的担当和使命，通过演讲视频也能够训练学生的表达能力和表现力。引导学生在丰富的语言实践中积累与建构语文学科核心素养，形成个体言语经验，学习演讲写作；同时达到立德树人的目的，激发学生“在时代洪流中寻找理想”，引发学生对祖国前途命运和当下社会现实的关切之情，增强学生的抱负感与使命感。教学重难点至此全部完成。

【板书设计】

责任、担当、使命

人—演讲稿—文

理论：1. 理结构，了解贡献

2. 品语言，体味感情

方法：1. 理结构：重点句子

2. 品语言：语境、手法、情感

设计意图：把握文章的重难点，帮助学生更好地掌握本课的知识点。

《与妻书》

——心音共鸣诉肺腑，情深意浓表衷肠

新疆生产建设兵团第六师五家渠高级中学　徐金凤

【教材分析】

《与妻书》是统编教材必修下册第五单元第11课的一篇课文，是黄花岗七十二烈士之一的林觉民在参加起义前写给妻子陈意映女士的一封情深意浓的绝笔信，其中的真挚感情让千千万万的人唏嘘不已，要求“了解古代应用文为时而作的特点，并从中吸收传统优秀文化的精华”，学生在学习前面应用文的基础上，进一步学习古代应用文（书信）的相关知识，把握书信的写法。

【学情分析】

学生在必修上册的学习基础上已经具备了一定的文言文阅读和文意的理解能力。本课虽然是文言，但由于作者采用了抒情、记叙、议论三种表达方式，并多处运用了典故，增强了语言的表现力，真切感人，扣人心弦，学生通过文本的字面意思，还是能够理解作者高尚的革命情操的。

【教学目标】

1. 积累掌握实词、虚词的用法，进一步巩固文言句式和相关的文化常识。
2. 学习革命先驱抛私情，循大义，勇于牺牲的大无畏精神。
3. 体悟书信中的“英雄气概与儿女情长”。

【核心素养】

1. 揣摩重要的语句，品味语言的深层含义，提高对语言的感悟和表达能力。通过学习，对古代的书信知识做进一步的了解。培养语言建构与运用能力。

2. 品味语言，学习革命先辈抛私情，循大义，勇于牺牲的大无畏精神；学习他们“为天下人谋永福”的高尚情操，树立正确的生死观。以此培养学生思维发展与提升、审美鉴赏与创造的能力。

3. 以情激情，用烈士对妻子和民族的真情来激发学生对烈士的敬仰之情，从而唤起学生学习革命先驱抛私情，循大义，勇于牺牲的大无畏精神。以此培养学生文化传承与理解的能力。

【教学重难点】

1. 理解作者如何由对妻子的爱上升到对民族国家的大爱，两个爱如何统一。

2. 理解文章中抒情与说理的特点。

【教法学法】

教法：情境设置法、阅读引导法、活动设计法、点拨法。

学法：自主阅读创作法、团队合作探究法、比较阅读法。

【教学准备】

1. 本篇课文的教学对象是高一的学生，要求“了解古代应用文为时而作”的特点，并从中吸收传统优秀文化的精华，学生在学习前面应用文的基础上，进一步学习古代应用文（书信）的相关知识，把握书信的写法，让学生课前做好预习，尝试以陈意映的口吻给林觉民写一封回信。

2. 另外提前准备和本课相关的“阅读支架资料包”电子版，发给学生，帮助学生理解文本；积累掌握实词、虚词的用法，进一步巩固文言句式知识。

【教学课时】

1课时

【教学过程】

（一）明确总体任务，创设阅读情境

情境导入：111年前，在一方布帛上留下了这样一封家书（同步利用多媒体课件展示这篇写在布帛上书信的原文稿），这封家书，揭示出一个近代民主主义革命战士厚植血脉、托举未来的家国情怀。它就是林觉民参加黄花岗起义就义前写给妻子的一封绝笔信。薄薄纸笺，感天动地，他是中华儿女，他大公无私，他为四万万中国人英勇就义，他没有负天下人，却独独负了他的爱妻——陈意映。为什么年仅24岁的林觉民当时能抛弃身怀六甲的爱妻于不顾，慷慨赴死呢？让我们一起走进文本。

电子白板展示出：百年情书　千古绝唱

大家注意这块巾帕上面的字，最后是越写越密，让我们感觉到作者还有很多话想跟妻子诉说，可是巾帕实在太小了，正好印证文本中有句话：巾短情长。

这块巾帕目前被福建博物院典藏，作为一级文物在该院已经珍藏了50多年。

设计意图：情境导入的目的是引发学生兴趣，让学生的注意力由白板上展示的这块方巾向今天所学的内容转移，通过电子白板打出本节课的活动目标，了解学习意图。

（二）温故知新，整体感知文本

学习活动任务一：《与妻书》的表达中有许多矛盾之处，任选一处有感情地朗读并品味其中蕴含的情感。

思考，助读设计四个小问题：

（1）林觉民的《与妻书》最打动我们的是什么？请阐述理由。（最好能用课文里的话做例证）

电子白板同步打出：

“情之至者，自然流为至文。读此等文，须想其一面哭，一面写，字字是血，字字是泪。未尝有意为文，而文无不工。”

——《古文观止》

请同学们在原文中找出林觉民写下这封《与妻书》用意的句子，反复诵读。

① 吾今以此书与汝永别矣。

② 恐汝不察吾衷……忍悲为汝言吾衷。

（2）林觉民说深怕妻子不能体会“吾衷”，吾衷即我的心意，林觉民有怎样的“吾衷”呢？

“吾至爱汝，即此爱汝一念，使吾勇于就死也。”

追问：集中体现“吾衷”的一句话是：

“吾至爱汝，即此爱汝一念，使吾勇于就死也。”

这句话是全文的总纲。

（3）这个说法不是自相矛盾吗？既然“至爱汝”，又为什么能“勇于就死”呢？既然“至爱汝”，又为什么舍得“勇于就死”呢？我们来看看林觉民是怎么解释的？请大家一起来读一读。

“吾充吾爱汝之心，助天下人爱其所爱，所以敢先汝而死，不顾汝也。汝体吾此心，于啼泣之余，亦以天下人为念，当亦乐牺牲吾身与汝身之福利，为天下人谋永福也。”

林觉民说因为我深深地爱着你，所以我以这份心去爱天下人，我愿意牺牲自己的幸福，帮天下人谋幸福。就是将爱妻之情与报国之志统一起来，即舍小我以成就大我。

（4）林觉民的小我，也就是对妻子的深爱之情，那么“至爱汝”体现在哪些方面呢？

四人一小组，讨论

三忆：一忆，生死之争论。四五年前某夕关于谁先死的谈话；二忆新婚宴尔，两人双栖之所。围绕与妻子有关的日常生活，展开回忆；三忆，曾远行欲告又止，直说对妻子的深挚爱恋。

三嘱：一嘱抚养孩子；二嘱子承父志；三嘱清贫度日。（殷殷嘱咐，切切期望）

以上均表达了作者对妻子的挚爱深情和不忍离别的内心痛苦。离别前，切切叮嘱妻子抚养孩子，子承父志。甚至，死后，他也发出“三愿”。

三愿：一愿哭相和；二愿真有鬼；三愿真有心电感应。（愿生死相依，再述“吾至爱汝”之深情）

由此，我们可以感受得到，林觉民是真爱他的妻子，这份爱刻入了他的骨血之中，让他肝肠寸断。

（5）当时的社会环境怎么样?

白板打出：孙中山先生在《黄花岗七十二烈士事略》序中这样说道：

“然是役也，碧血横飞，浩气四塞，草木为之含悲，风云因而变色。”

意思是：（英雄们）为正义事业而流的血溅红宇内，（他们的）浩然正气充满四面八方，草木（有情）为这次战役满怀悲痛，风云（有知）因（这次战役）而变了颜色。

当时国家腐败，社会黑暗，灾难深重。遍地腥云，满街狼犬，称心快意，几家能彀?

天灾可以死，盗贼可以死，瓜分之日可以死，奸官污吏虐民可以死，吾辈处今日之中国，国中无地无时不可以死。

离散不相见，天下人之不当死而死与不愿离而离者，不可数计。

水到渠成总结林觉民的形象（白板打出）：

“忠诚革命的大英雄！挚爱妻子的好丈夫！

辅之以中外名言，提升文化积累：

无情未必真豪杰，

多情如何不丈夫。”

——鲁迅

“生命诚可贵，爱情价更高。

若为自由故，两者皆可抛。”

——裴多菲

设计意图：《与妻书》是较为浅近的文言文，属于书信体，目的是立足教材，挖掘文本价值。此活动是一个非常具有包蕴性和激发性的任务，让学生不仅抓住矛盾表象，还能深入思考矛盾形成的原因以及化解矛盾的方法，从高处统观，于细处落脚，让学生逐步感受革命烈士的伟大精神。巧妙地引导学生感受林觉民对妻儿的深爱与嘱托，引导学生展开对书信的阅读，让涵泳走向深刻，情感走向细腻，以此体现出语文课堂之美来。

学习活动任务二：同“书”比读，寻动情点

2022年《见字如面》第4季重磅来袭，节目组将面向全国观众广泛征集稿件，最终要从浩瀚的作品海洋中，精选出100封最动情、最具感染力的稿件。

有同学推荐了必修下册第五单元第11课林觉民的《与妻书》，还有同学推荐了赵一曼《示儿书》和民国一级上将胡琏临战前的《与妻书》，另外方声洞《禀父书》、骆何民《与妻书》也被推荐。请同学们来评选一下，这几篇文章最适合在节目中朗读的是哪一篇？你最想推荐谁的书信，并说明你的理由。

设计意图：“红色家书”群文朗读活动，情境的限制让学生看到的不只是一封书信，而且是在中华民族前行的道路上，舍弃个人与家庭，做出杀身成仁牺牲的志士仁人。这一设计实现了从课内到课外的拓展迁移，同时由一个人到一群人，让学生理解一批批、一代代革命先烈的家国情怀。这一环节，通过推荐与比较，以读促写，以情入境，让学生感受到家书中延续的家国情怀，激发学生探究学习的欲望。这样的任务设计让学生对革命烈士又有了更深刻的认识，让课堂很好地实现了进阶，任务中尽显教与学的张力。

学习活动任务三：编演课本剧，致敬英雄

为纪念黄花岗起义一百周年与缅怀72名烈士，学校文学社联合戏剧社决定拍摄戏剧《林觉民》。现面向全体同学征询戏剧稿，致敬英雄！

为给学生启发思路，教师在白板上打出了张黎导演版的电影《辛亥革命》中两广总督张鸣岐审问林觉民的一幕（节选）……

此处可以插入学生课下自编自导自演的课本剧视频

学习活动任务四：见字如面，抒写真情

——以“觉民，我读懂了你”为正标题，副标题自拟来写回信。

一封《与妻书》巾短情长，回荡百年。在这百年的时光中，有无数个“你”曾读过这封信，也许你是读后悲痛欲绝的陈意映，也许你是读后慷慨报国的革命者，也许你是读后深受感动与鼓舞的当代学子……“你”是谁？你想对林觉民说什么？请自选身份，用书信的形式表达你的内心所想，150字左右。

成果展示：

希沃实物投影（白板打出），展示学生课堂上当堂完成的成果：

给林觉民先生的一封信

新疆兵团六师五家渠高级中学高二（6）班　周梦梦

尊敬的林觉民先生：

您好！很高兴借此次上课的机会给您写信，我是生活在21世纪的新时代的新青年。今天我写这封信就是想告诉您今天的中国，给您描画一下今天中国的盛景。

您在《与妻书》中曾这样描写："然遍地腥云，满街狼犬"，"盗贼可以死，瓜分之日可以死，奸官污吏虐民可以死……"那是过去的中国，我没有生长在那个年代，无法深切地感受您内心的悲痛，只能通过文字来了解昨日的中国。我想告诉您，今天的中国天下有情人都成了眷属，遍地花香，满街繁华，皆能称心快意。今日的中国，政通人和，百废俱兴，所到之处，欣欣向荣。民之安乐，国之昌盛，您的愿望、期盼，您的志向皆已实现，这盛世，皆已能如您所愿！

我知道我们今天的美好生活，都是您和您的同志们"抛头颅，洒热血"换来的，谢谢您！你们的鲜血不会白流，我辈青年也一定会谨遵您的遗志，为中华民族伟大复兴的中国梦而努力奋斗！

愿您泉下安息！

一位敬仰您的21世纪的青年学生！

2022年5月26日

给林觉民先生的一封信

新疆兵团六师五家渠高级中学高二（6）班　梁雨

尊敬的林先生：

您好！我是一名生活在21世纪的当代中学生，读了您的《与妻书》，深受感触，心中百感交集……

孟子曾说，"二者不可得兼，舍生而取义者也"，正如觉民先生您在文中所言："第以今日事势观之，天灾可以死，盗贼可以死，瓜分之日可以死，奸官污吏虐民可以死，吾辈处今日之中国，国中无地无时不可以死。"您怀着一颗赤诚之心痛别妻儿，奔赴国难，在所不辞！范仲淹也曾说："先天下之忧而忧，后天下之乐而乐。"近代华夏，"然遍地腥云，满街狼犬，称心快意，几家能彀？"您抱着一腔爱国热血，舍生取义，大爱无私，献身革命。梁任公先生曾说：“故今日之责任，不在他人，而全在我少年。”先生您也曾说：“当以乐牺牲吾身与汝身之福利为天下人谋永福也”，您胸怀大志，风华正茂，满腔热血，只为中华！

林先生，如果您的人生会有命题，那么，这个命题一定叫中国；如果您的爱国之情会有回应，那一定是千万人之心，吾往矣！臧克家先生曾说过，“有的人活着，但他已经死了；有的人死了，但他还活着……”您的精神定当永垂不朽，刻印在每个中国人的心中！

一位敬仰您的21世纪的青年学生！

2022年5月26日

因为时间关系，来不及一一展示，比如下面这2篇，我们准备放到我们的公众号展出。学生的掌声告诉我们多给学生创设分享的平台。只要喜欢，学生是很愿意去写的。

公众号展示分享

觉民，我读懂了你

——与夫君书

新疆生产建设兵团第六师五家渠高级中学高二（6）班　沈家贞

意洞爱夫如见：

汝之书吾见之，回汝书时，庭外细雨淅沥，哀风怒号，汝虽为阴间一鬼，而吾愿汝可见此书也。吾作此书时，又何尝不是泪珠与笔墨齐下也？吾与汝结为夫妇，“相思相见知何日？此时此夜难为情”。相思相伴相守的初心汝可还记起？“死生契阔，与子成说。执子之手，与子偕老”的海誓山盟汝可还念之？若如此，则足以！

吾唯世间一女子，于世俗所囿，苟活于乱世之中，硝烟四起，血肉狼藉，残民害理，惨绝人寰。呜呼，吾一人之心，千万人之心也。汝欲以血肉之躯换的世间太平，汝以满腔热血赢得后人铭记，汝以赤胆忠心固守一片锦绣山川。还国家一份安宁，还百姓一份安居，此有志者而为之，吾敬之！

若无大国，何来小家？若无太平，何来盛世？如今的暗无天日，若无英雄豪杰，何来岁月静好？汝不必为吾而忧之，依新转眼成人，无论何时，吾必言之其父一生傲骨铮铮，拥有“伏波惟愿裹尸还，定远何须生入关”的义无反顾，是“睢水英雄多血刃，建章宫阙成煨烬”的百折不挠，是“英雄乘时务割据，几度战血流寒潮”的碧血丹心，抑或是“莫遣只轮归海窟，仍留一箭射天山”的所向披靡，汝心系天下，吾知晓汝意！

蓦然回首，忆往昔峥嵘岁月稠，吾与汝并肩携手，低低切切，何事不语？何情不诉？又何来几处闲愁？记忆交织，心灵交汇，刹那间，我变成了我们，贫穷无所苦，幸甚而遇汝，青春年华无所负，情意绵绵望相守。桃花流水有时尽，才子佳人来世缘。

“为天地立心，为生民立命，为往圣继绝学，为万世开太平”，先哲的话语时时响在耳畔，春风徐徐拂过，吾爱意永存。为汝明灯三千，为汝花开满城。凛冬散尽，愿星河长明！

妻：意映手书

辛未三月廿八日夜四鼓

觉民，我读懂了你

——与夫君书

新疆生产建设兵团第六师五家渠高级中学高二（6）班　严丽萍

吾之至爱意洞如晤，嗟夫！汝现于何地？黄泉路上可还安好？收汝之书已一月有余，然心情亦不能平复。常以泪洗面，泣不成声。

汝可知吾念汝至深，真真不能忘汝对吾之好。汝之书已请教于诸母，汝谓吾之情，吾亦能体会。吾明汝其意，晓汝其悲伤，吾亦悲痛万分矣。

吾作此书，幸汝能晓吾之真情也。吾平生未尝以吾所情语汝，今日得以畅所欲言，吾欲曰：“吾一生，只爱汝一人，本想一生一人，白首至老，不曾废离。然而汝因革命事业离吾而去，一在天之涯，一在地之角，生死之别，吾其承受如此之剧痛，泪落不止矣。”

吾不曾怪汝，吾知汝其矛盾，汝为国葬身，救大国于水火，吾当之以荣。汝对国之情亦深也。大国有难，汝志在高，不畏艰险，迎难而上，汝爱国之心，亦是吾爱汝之缘由。汝独承如此之痛，将吾与大国相较量，难以取舍，终以大国为主，吾对此深感宽慰，吾亦理解汝矣。

汝忆否？汝与吾事事皆历历在目。汝之音，于吾耳边萦绕；汝之气息于吾脸颊轻拂；汝之体温于吾周身环绕；吾感汝周身之细胞皆与吾息息相连，吾感汝于吾身边矣。初婚前三四个月，窗外疏梅筛月影，依稀掩映，汝与吾并肩携手，无语不谈，无情不诉，揽吾入怀。而现月依旧皎洁，唯少汝与吾相伴，吾无时无刻不在思念汝。

汝尝谓吾曰："吾嫁与汝，乃吾之大幸也"！吾每每听此言，皆面红耳赤，心念吾亦如此，曾忆吾初嫁于汝，原本恪守妇道，然汝每日教吾新文化于书堂，改吾之旧观念，废其规行矩步，吾断然拆裹小脚布，是汝使吾日日求上进，成为新青年。嗟呼，往事历历在目，可现只吾孤身一人在世，曾几何时，吾泪湿衣襟也！

汝在书中问吾，吾腹中之物是女抑或是男，吾现谓汝曰："当之为男，一男当亦教其以父志为志，其名仲新。依新、仲新，吾定当全身善抚之，汝可放心！"

吾之至爱意洞，吾甚念汝，吾于啼泣之余，当以天下人为念，当以国家苍生为念。嗟乎！泪流不止，尽湿眼底，言有穷而情不可终乎？汝莫嫌吾笔墨平凡，愿汝在黄泉之下一切安好。吾终会与汝相见。如有来生，吾定还当嫁与汝，绝不后悔。

意映手书

辛未十一月廿二夜三鼓

设计意图：此问题的设计是为了和本课标题、回信呼应。让课前情境导入遗留的问题：为什么年仅24岁的林觉民能弃孕中的爱妻而不顾，慷慨赴死呢？有了照应。这一设计，让读者不再是一个读者，而是让学生化身为林觉民，化身为他的朋友，他的亲人，他的未来，让学生自觉地再次进入林觉民的书信，在写作表达中把自己品味到的情感再次涵泳与体悟，深刻地理解了文学作品的情感价值，同时又在思考、辨别和交流中体悟爱家与爱国、柔软与坚定统一的关系，让学生开展了与作者、与同学、与时代、与当今社会的一次情感与理智的灵魂交流，让学生感受到了灵魂的高贵，思想的纯真，以及精神的历练，形成了独特又丰厚的人生积累和文化沉淀。

【课堂小结】

在林觉民的选择中，通过剖析他心灵的历程，我们不但不会感到他无情无义，反而更能体会到他的高风亮节。从他对妻子之爱上升到对家国之爱的情感历程中，引发了我们对使命意识、责任意识的思考和启迪——理解我国古代仁人志士处理“富贵不能淫，贫贱不能移，威武不能屈”问题的思路和在生、死、义取舍上的选择。从回信中，陈意映理解了丈夫，理解了丈夫在两难抉择中体现的“大爱”，也会遵从丈夫的遗嘱，好好抚养两个孩子。

【作业设计】

1. 继续完善课堂作业。心音共鸣诉肺腑，情深意浓表衷肠——写给《与夫君书》之《与妻书》拓展作业设计。请根据以上探究的成果，加上自己的感悟体会，分别从当代学子和陈意映的角度，给林觉民写回信。

2. 与喜欢朗诵的同学合作，录制一个分角色配乐朗读版的《与妻书》或《与夫君书》，在班级内与同学分享。

【板书设计】

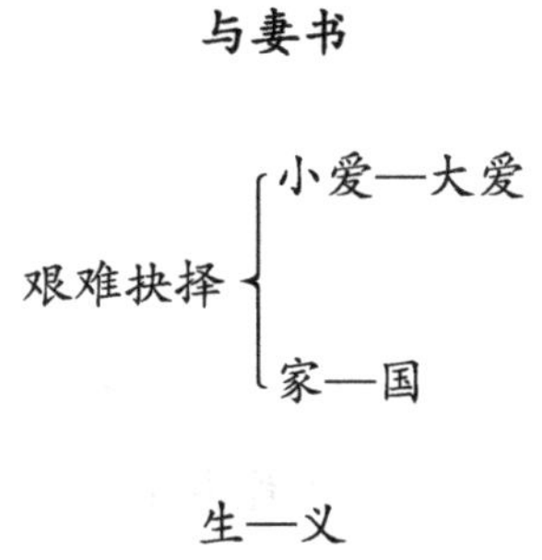

【教学反思】

《与妻书》这篇书信，在教法上，我主要以问题探讨为主，设计的四个主任务可以说是环环相扣，学生的能力得到了锻炼，语文课的“味道”也出来了，学生的读、写、演的表现很好地证实了这一点。

通过探究，学生最终理解了作者如何由对妻子的爱上升到对民族国家的大爱和如何将两个爱统一的难题。

另外，通过展示学生的DV自拍，极大地调动了学生学习的积极性；心音共鸣诉肺腑，情深意浓表衷肠——写给《与夫君书》之《与妻书》拓展作业设计，通过转换视角写《与夫君书》，拓展了《与妻书》的作业设计，一下子激发了学生学习文言文的兴趣，让他们感觉到文言文并不难学；《与妻书》不仅在思想情感上给了学生一次洗礼，更以情激情，用烈士对妻子和民族的真情来激发学生对烈士的敬仰之情，从而唤起学生的爱国热情，学习革命先驱抛私情，循大义，勇于牺牲的大无畏精神；让学生学习革命前辈“为天下人谋永福”的高尚情操，树立正确的生死观。

《谏逐客书》《与妻书》联读

——缅先驱抱负，肩时代使命

新疆生产建设兵团第五师高级中学　彭淑丹

【设计理念】

部编本必修下册第五单元的学习指向“实用性阅读与写作”任务群，所选的四篇课文贴合“使命与抱负”主题，体现革命导师或志士仁人顺应历史潮流，勇于担负使命的担当精神。本节课的教学设计是建立在完成《谏逐客书》与《与妻书》文本内容的学习和理解的基础之上，旨在引导青年学生探究个人与时代的关系，更深层次地了解当代青年的使命责任，明悟个人在社会中的定位，从而树立起积极健康的时代价值观。

【学习目标】

1. 语言建构与运用：把握作品关注特定对象、富于针对性的特点，学习并运用各种表达方式表达自己的观点。

2. 思维发展与提升：理解李斯的进谏方式，从古代谋士谋生存的进谏方式中学习说话之道；将《与妻书》的思想内涵放在更为广阔的文化背景下进行分析与理解，学习林觉民“为天下谋永福”的光辉思想和高尚情操。

3. 理解文本中展现出的仁人志士的精神品质和人生价值。

4. 审美鉴赏与创造：能结合时代背景对人物形成正确的评价，在此过程中形成健康向上的人物审美、道德审美、人格审美等。

5. 文化传承与理解：探究个人与时代的关系，更深层次地了解当代青年的使命，明悟个人在社会中的定位，树立起积极健康的时代价值观。

【学习重难点】

重点：理解文本中展现出的仁人志士的精神品质和人生价值。

难点：探究个人与时代的关系，更深层次地了解当代青年的使命，明悟个人在社会中的定位，树立起积极健康的时代价值观。

【学习课时】

1课时

【学习方法】

合作探究法、归纳点拨法等

【教学过程】

（一）情境任务

2022年4月25日，习近平总书记考察中国人民大学时强调："广大青年要做社会主义核心价值观的坚定信仰者、积极传播者、模范践行者，向英雄学习、向前辈学习、向榜样学习，争做堪当民族复兴重任的时代新人，在实现中华民族伟大复兴的时代洪流中踔厉奋发、勇毅前进。"在"五四青年节"来临之际，班级计划开展"缅先驱抱负，肩时代使命——庆祝共青团成立100周年"专题研讨活动。

设计意图：通过专题研讨，加深对"抱负与使命"的认识，明悟青年学生的使命担当。

（二）导入新课

课前播放音频：歌曲《我们都是追梦人》

"我们都在努力奔跑，我们都是追梦人"，我们都有自己的抱负。一千多年前，面对秦国宗室"驱逐客卿"的提议，李斯立论高远、顺情入机，冒死进谏，呈《谏逐客书》，终说服秦王收回成命，他顺应历史潮流，为自己在秦国政治舞台大展宏图打下了坚实的基础。一百多年前，民主革命战士林觉民"为国家舍小家"毅然参加"广州起义"，起义前夕挥泪写下的《与妻书》，如今读来依然能感受到他对妻子、对祖国的脉脉深情。“一代人有一代人的长征，一代人有一代人的使命。”今天，新时代的中国青年应当具备怎样的抱负，承担怎样的使命？这些问题值得我们认真思考。

（三）活动一：看时代洪流，明先辈立场

任务一：阅读革命先人书写使命的作品，体会他们的个人抱负与当时的时代背景，学习他们书写使命的方法，并以表格的形式进行梳理。

作品	写作原因	写作对象	社会事件	立场观点	写作目的（抱负使命）	写作方法
《谏逐客书》	秦王因故驱逐各国客卿	秦王	韩国派水工郑国游说秦王，企图耗费秦国人力而不能攻韩，以实施“疲秦计划”	维护秦国利益，反复阐明逐客之过，说服秦王	希望秦王权衡利弊，收回“逐客”的成命	举例论证、正反对比论证、比喻论证等； 大量运用铺陈、排比和对偶等修辞手法
《与妻书》	林觉民在广州起义前夕深感自己可能要牺牲，害怕妻子不理解	妻子陈意映	广州起义（又称黄花岗起义）	为推翻清政府，谋求天下人之永福而甘愿牺牲生命	表达对妻子的爱和对天下之大爱	融叙述、议论、抒情为一体，直抒胸臆，既充分显现了英雄本色，又充满儿女情长

任务二：面对混乱的现实社会，李斯和林觉民做出了怎样的人生选择？你更倾向于谁的选择。请同学们分小组交流，由一名同学执笔记录下交流成果，小组内推选一名同学交流分享。

示例：

【李斯】李斯高瞻远瞩，冒死进谏，是一个具有远见卓识的政治家。李斯高瞻远瞩，睿智地看出了“天下归秦”的大势，并主动顺应时代发展潮流，冒死进谏。同时，文章在论证秦国驱逐客卿的错误和危害时，没有在“逐客”这个具体问题上就事论事，也没有涉及自己个人的进退出处，而是站在“跨海内、制诸侯”完成统一天下大业的高度，历数秦国过去因任用客卿而逐渐富强的史实，深刻分析了“逐客”的错误和危害，提出了广纳贤才的主张，说明不分地域不分国别，以宽广的胸襟去招揽人才，才能成就帝业的道理，这既反映了李斯的卓越见识，也体现了他顺应历史潮流的进步政治主张和用人策略。

【林觉民】林觉民勇于牺牲“小我”，守护“大我”，矢志不渝，视死如归。在列强窥视、国家腐败、社会黑暗、百姓苦痛的时代背景下，林觉民“先天下之忧而忧”，身先士卒，毅然投身革命，站起来反抗，不惜用自己的流血牺牲来唤醒更多的普通民众，激励更多的仁人志士加入拯救国家民族的行列，壮大革命力量。林觉民本着“为天下人谋永福”的心愿，矢志不渝，不惜“舍小家为大家”，牺牲个人幸福，舍生忘死，视死如归，令人敬佩，值得学习。

小结：一代人有一代人的使命，一代人有一代人的担当。

李斯上书言事，谏阻秦始皇的逐客之令。

林觉民临终绝笔，向妻子表达自己的革命心志。

尽管他们目的不同，选择不同，但他们都在历史的紧要关头选择了为时代发声，将自己的理想抱负与时代紧紧相连，站在时代的潮头，他们不仅是时代的先觉者，更是时代的先驱者。他们以自己的行动推动了历史的发展，这是何等的伟大!

设计意图：通过此环节的设计，既让学生通过表格的梳理回顾文本所学，了解两篇文章的写作背景及写作目的，认识两位作者的使命抱负。同时比照二人的选择倾向，目的不在于比出高下，而在于引导学生看到两位仁人志士的共同点：他们都把自己的理想抱负与时代紧密相连，且都为实现理想抱负做出了艰苦卓绝的努力。最终，李斯实现自己的理想抱负，不仅让秦王收回成命，而自己也在秦国大展身手，官至宰相；林觉民“为天下人谋永福”不惜“捐躯赴国难”，激励更多仁人志士投身革命，推动了历史进程。

（四）活动二：学前辈担当，明时代使命

任务一：观看视频《一封迟到的家书》，明确责任担当，体悟家国情怀

这封信出自湖南省中南大学湘雅医院重症科医师赵春光。赵医生在援鄂一星期后，深感疫情形势严峻，不确定性因素太多，于是给家中父母写下这封家书，其实也就是一封遗书。在书信中，我们既读到了赵医生“忠孝两难全”时却毅然决然选择献身报国的大义凛然，也读到了赵医生对家中父老殷殷牵挂的拳拳赤子心。是啊，当家与国不能兼顾时，不仅是革命志士一马当先，不怕流血牺牲，我们身边的普通人也同样“捐躯赴国难”，舍生取义。当下，疫情

还远未结束，仍有众多的科研工作者秉持科学严谨的态度废寝忘食地投身科研工作，仍有众多的医护工作者舍生忘死奋战抗疫一线，仍有众多的社区工作者穿梭在高楼林立的社区成为疫情保障的大后方……他们的奉献与牺牲，他们的职责与担当，值得我们景仰。“一代人有一代人的使命，一代人有一代人的担当。”我辈青年也当时刻谨记习近平总书记的殷切嘱托，“希望全国广大青年牢记党的教诲，立志民族复兴，不负韶华，不负时代，不负人民，在青春的赛道上奋力奔跑，争取跑出当代青年的最好成绩”，肩担时代责任。

任务二：说一说时代的英雄和榜样

时代的发展离不开英雄和榜样，请你结合当前社会发展，面向班级同学讲一讲“时代的英雄和榜样”。

设计意图：作为青年学生，我们在见证了众多平凡普通人在大灾大难前的责任担当，在听到各行各业的优秀杰出代表积极投身于民族伟大复兴的建设中时，更该思考自身责任之所在，更应该把个人的才智、热情、意志与时代结合起来，推动历史的进步，实现自我的抱负，完成自己的使命。

（五）活动三：立时代潮头，展吾辈梦想

任务：微写作

同学们，今天，我们所处的时代是繁荣昌盛，充满机遇的时代。全面建成小康社会、众志成城抗击新冠肺炎疫情、成功举办冬奥会、“神舟十二号”飞船发射成功、天宫课堂授课等，让我们切实感受到国家的发展、时代的机遇、面临的挑战。在“两个一百年”的历史交汇点上，更激励我们笃行不怠，勇挑重担。青年是整个社会力量中最积极、最有生气的力量，国家的希望在青年，民族的未来在青年。作为“新时代的中国青年”，请和同学们一起共话使命、共叙担当。

下周一，学校将举行以“缅先驱抱负，肩时代使命”为主题的升旗仪式活动。届时，你班将选出代表，参加“国旗下讲话”的演讲活动。

要求：班级代表从六个学习小组中产生。你将代表本小组成员参加班级竞选，请写出一篇不少于500字的演讲稿。

设计意图：通过组织班级演讲比赛活动，激励学生大声说出自己的梦想，表达自己的心声，明确时代赋予我们的历史使命和责任担当。

【课堂小结】

鲁迅曾经说过："我们从古以来，就有埋头苦干的人，有拼命硬干的人，有为民请命的人，有舍身求法的人……这就是中国的脊梁。"

同学们，今天我们既认识了一位顺应时代潮流，肩负时代使命的能臣，也认识了一位"天下兴亡，匹夫有责"敢为天下先的志士，更认识了许多时代英雄和榜样，希望同学们能从他们身上汲取养分，努力奋进，肩负起新时代赋予你们的使命，做一个有时代担当的人。

【作业设计】

1. 请同学互评自己的演讲稿，结合他人的优点进一步修改、完善自己的演讲稿。（课外活动）

2. 班级合作，设计演讲评价表。

设计意图：组织学生设计演讲评价表，让学生学会自我评价。

【板书设计】

李斯—冒死进谏—为时代发声

林觉民—以死明志—敢为天下先

↓

青年学生—明己志，担己责—实现自我抱负

第六单元

《装在套子里的人》

新疆生产建设兵团第二中学　王翠花

【设计理念】

《装在套子里的人》是部编版高中语文必修下册第六单元第三篇课文，编排目的有三：一是通过本单元“文学阅读与写作”任务群的学习，体会“观察与批判”的人文主题；二是品味小说在形象、情节、语言等方面的独特魅力；三是提升学生比较鉴赏能力，发现作品独特的美学意义和价值。为此，我着力引导学生通过情境创设、质疑探究的深度学习方式，体会本文批判的深刻性与独特的艺术创造力，提升学生对文学作品的鉴赏水平。

【学习目标】

1. 借助故事情节和典型细节描写把握人物形象。
2. 在体会社会环境和人物命运中把握小说主题。
3. 在品味语言中体会讽刺手法的运用。

【学习重难点】

重点：在体会社会环境和人物命运中把握小说主题。

难点：在品味语言中体会讽刺手法的运用。

【教法学法】

情境教学、合作探究、朗读法、点拨法。

【教学过程】

（一）知其人

学习任务一

全文共3944字，请同学们快速阅读课文内容。之后四人一组，完成下列问题：（1）请帮助别里科夫完成人物生平简历表的填写。（2）请说明为别里科夫提供这张证件照简图的原因。（要求：一个执笔设计，两人结合文本提取信息，完善表格，一个上台展示。15分钟）

<table>
<tr><th colspan="7">人物简历表</th></tr>
<tr><td>姓名</td><td>性别</td><td colspan="2"></td><td>年龄</td><td></td><td rowspan="4">白底免冠2寸证件照</td></tr>
<tr><td>婚姻状况</td><td></td><td colspan="3">职业</td><td></td></tr>
<tr><td>家庭住址</td><td colspan="5"></td></tr>
<tr><td>工作年限</td><td colspan="2"></td><td colspan="3">工作内容</td></tr>
<tr><td>兴趣爱好</td><td colspan="2"></td><td colspan="3">特长</td><td></td></tr>
<tr><td>主要经历</td><td colspan="6"></td></tr>
<tr><td>自我评价
或他人评价</td><td colspan="6"></td></tr>
</table>

设计意图： 语文是人文学科，但不能缺少理性色彩。新课标指出，高中生要达到每分钟800字的阅读速度，学生阅读速度的培养就渗透在日常教学之中。而学生合作填写表格的过程就是梳理情节、概括别里科夫人物形象的过程。对免冠证件照进行说明其实是在引导学生对“总是戴着帽子和墨镜”的别里科夫的精神世界进行有趣有味的探究过程。

（二）识其魂

学习任务二

仔细观察文中插图，找一找在别里科夫身上，哪些套子在插图中被凸显出来，还有哪些套子在小说中提及而在插图中没有显示出来？根据你对别里科夫的理解，你能说说其中的原因吗？

具体表现	类别	原因

设计意图：这个任务是在引导学生仔细阅读文本，全面认识主人公别里科夫形象特征的过程，也是锻炼学生对文本信息进行分析概括的过程。同时，也初步完成对社会环境影响主人公性格的探究。

明确：

<table>
<tr><th>具体表现</th><th colspan="2">类别</th><th>原因</th></tr>
<tr><td>雨鞋、雨伞、棉大衣、黑眼镜、耳朵棉花、脸藏衣领</td><td>衣着打扮</td><td rowspan="2">有形的套子</td><td rowspan="2">隔绝人世
害怕刺激
惶恐不安
战战兢兢</td></tr>
<tr><td>伞、表、刀装套，坐马车支车篷，卧室像箱子，床上挂帐子，蒙头睡</td><td>生活习惯</td></tr>
<tr><td>歌颂过去、歌颂没存在过的东西，教古代语言</td><td>职业上</td><td rowspan="3">无形的套子</td><td rowspan="3">害怕变革
顽固保守
维护旧势力
阻止社会发展</td></tr>
<tr><td>信政府的告示和报纸文章，对不合规矩的事闷闷不乐</td><td>思想上</td></tr>
<tr><td>千万别出什么乱子</td><td>论调上</td></tr>
</table>

（三）明其境

学习任务三

分角色朗读别里科夫和华连卡的恋爱经过。同时思考，如果你是华连卡，你愿意跟别里科夫谈恋爱吗？别里科夫从高楼上摔下来安然无恙却死去了，你觉得这个情节设计合理吗？

设计意图：语文课不能没有琅琅的读书声，而恋爱情节是小说中最能凸显人物、反映社会环境的一节。通过置身情节角色的体验和评判环节的设置，学生可以更深入理解契诃夫不仅在刻画一个人，更在刻画一群套中人的形象。

明确：

华连卡长得好看，家庭条件又不错，她为什么要选择别里科夫而不选择其他适婚青年呢？因为别里科夫周围那些自诩“正派”“受谢尔德林思想影响”的所谓思想进步的人，“不敢看书……不敢念书写字……”他们其实跟别里科夫一样，胆小怕事，保守封闭，内心空虚，生活在套子里却毫不自知，还站在道德的制高点对别里科夫评头论足。他们给别里科夫介绍对象，就是为了看热闹、找刺激。一个促狭鬼“敢”给别里科夫画漫画，还“敢”到处散发，让全城每个人手里都有一份，可见别里科夫周围的这群人多么空虚无聊，别里科夫的恋爱给他们静如止水的生活增加了多少乐子。恋爱事件恰是作者表达智慧和巧妙的地方。别里科夫死亡情节的合理性探究也让我们更清楚认识到小说的隐喻性，虽然别里科夫辖制着全城人，但他依然胆小虚弱，不堪一击，最终必然走向死亡，这就在暗示沙皇统治的虚弱性。

（四）探其因

学习任务四

故事是别里科夫的同事布尔金在别里科夫死后两个月讲给偶遇的兽医伊凡内奇的。若你是别里科夫的邻居，在得知别里科夫死后的第一时间将这件事告诉周围同事，你会怎样描绘这个故事呢？为什么？

设计意图：为后面的知人论世打下基础。这个过程也是学生深度理解文章独特叙事性特点的过程。

明确：

从文本中最后一段“送葬回来时，每个人脸上都露出谦虚而忧郁表情”的原因中我们已深切感受到当时的社会环境，体会当时社会的压抑、窒息和死气沉沉的状况。

知识支架：

小说发表于1898年。19世纪末期，俄国正是无产阶级革命的前夜，工人运动逐渐展开，马克思主义已在全国传播，工人阶级的政党正在形成，一场革命风暴即将到来。沙皇政府面临着日益高涨的革命运动形势，极力加强反动统治，疯狂镇压人民，在全国施行高压政策。这种专制统治剥夺了人们的自由，钳制了人们的思想，奴化了人们的生存状态，于是整个社会笼罩着一片压抑、沉闷的气氛。

沙皇政府的忠实卫道者、被奴化的守旧者也极力维护沙皇的反动统治。他们死守着旧有的阵地，仇视和反对一切新鲜事物。这种人不但出现在官场，而且也出现在知识界。民主和自由已越来越成为人们的普遍要求。

（五）悟其意、品其味

学习任务五

这篇文章的主题跟这单元的哪篇文章很像呢？

这个问题其实是有关学习评价的问题，是让学生对这个单元学过两篇文章《祝福》《装在套子里的人》的批判性人文主题和文学性阅读与写作主题的关联回顾，学生自然说到跟《祝福》很像。教师相机追问：

契诃夫是俄罗斯著名的短篇小说家，鲁迅也是我国著名的短篇小说大家，有人说契诃夫是俄国的鲁迅，结合你所了解的两人作品，说一说鲁迅和契诃夫有什么相同之处？还有哪些鲜明的不同之处吗？

设计意图：对比反思的过程，是增加学生理解的深度和广度，提升学生的鉴赏能力和思维能力的过程，同时也自然引出了下一教学任务。

明确：

契诃夫是选入教材最多的一位外国作家，鲁迅是选入教材最多的中国作家，两个伟大的作家都爱关心小人物的命运，都在揭示社会的黑暗，都是国民灵魂的解剖师，只是鲁迅的语言更多的是冷静客观描绘，而契诃夫大多是辛辣的讽刺。

（六）赏其法

学习任务六

契诃夫文学作品中的语言，讽刺手法运用得鲜明老辣，请找出具体语句，并加以赏析。

具体语句	表达效果	达成方式
楼梯又高又陡，不过他滚到楼下却安然无恙	侧面突出了别里科夫衣物套子的无处不在和厚重和他的封闭保守	对比、夸张

设计意图：体会契诃夫小说独特的语言风格，善于运用夸张、对比、细

节、漫画式手法塑造人物的独特之处。这个环节先给了一个示范引路，再让学生自主探究，完成了文本的第三个教学目标。

教师总结：

国民灵魂的解剖师契诃夫用他生花的妙笔，描绘了套中人别里科夫可悲可笑的一生，但在不动声色的描绘背后，我们分明看到了19世纪的俄国在沙皇钳制下的整个国民的精神状态，压抑而不觉悟、空虚但不反省，充满奴性却嘲笑别人，身在套中却浑然不觉，作者运用隐喻、讽刺等手法，通过冷峻的批判、智慧的表达，在无情地嘲讽，也在深情地呼唤。这鞭辟入里的背后，给我们带来的是思考、更是警醒。

【作业设计】

1. 契诃夫的小说以批判现实主义风格著称，将犀利的笔触指向整个社会。阅读《普里希别耶夫中士》《勋章》，结合文章情节，概括小说主旨的几个层面。

2. 读完这篇文章，我们会更加清晰地认识到我们每个人的心里都住着一个“别里科夫”，我们怎样做才能摆脱“别里科夫”的“辖制”呢？请结合文本，谈谈你的想法。不少于200字，最好使用至少两种修辞。

设计意图：在群文阅读中加深对契诃夫作品主题的理解，在读写结合中涵泳小说的育人价值。

【板书设计】

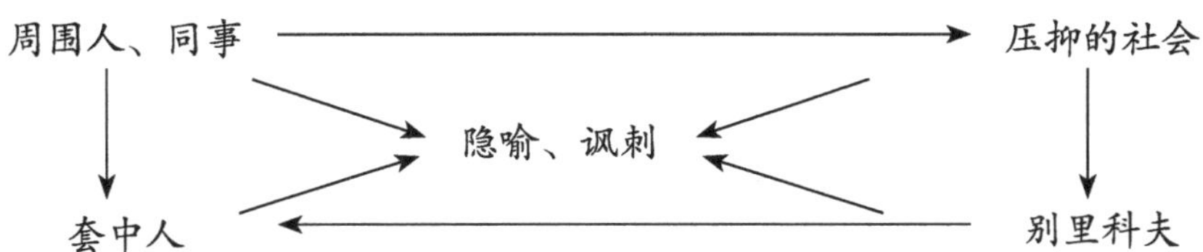

【教学反思】

落实单元主题任务的过程就是深入挖掘传统经典篇目作品中穿越时空的价值魅力的过程，也是克服经典教学焦虑，引导学生深度学习的过程。要进行大单元教学设计和整合，但不能弱化对单篇文本的深入解读，没有充分的阅读，没有对文本独立的阅读和思考，哪怕是基于群文阅读的教学设计也会大打折扣。小说独特的情节叙述方式是小说阅读和引导学生进行小说学习的一个很好的抓手，这有利于师生更深入地认识作品的美学价值，发现作者独特的艺术创作魅力。

《祝福》《林教头风雪山神庙》

——被禁锢的灵魂在雪中的沉寂与反抗

新疆生产建设兵团第三师第二中学　张娜

【单元内容分析】

1. 单元整体分析

《祝福》和《林教头风雪山神庙》选自高中语文统编教材必修下册的第六单元，本单元的人文主题是“观察与批判”，学习任务群是“文学阅读与写作”，意在引导学生阅读学习小说，分析小说的人物与情节，感受小说对人情世态的描摹和反映的社会生活，从而对当下的生活和现实的人生进行思索。

本单元选取了古今中外的优秀小说，分别是《祝福》《林教头风雪山神庙》《装在套子里的人》《促织》《变形记》。在教学设计上，我选择细化小说知识点，将《祝福》和《林教头风雪山神庙》进行比较阅读，探究人物在复杂的社会环境中所体现的不同形象和小说反映的不同社会现实。

2. 单元重难点

了解作者如何运用多种艺术手法实现创作意图，品味小说在形象、情节、环境等方面的独特魅力，欣赏小说不同的风格类型。

从不同角度和层面鉴赏小说，注意知人论世，在人物与社会环境共生的关系中认识人物性格的形成和发展，关注作品的批判性，对作品的表现角度和艺术价值有独到的感悟和思考。

【学习目标】

1. 梳理情节，分析人物形象，在人物与社会环境共生、互动的关系中认识人物性格的形成和发展，理解作者的创作意图。

2. 分析比较社会环境，挖掘不能主宰人物命运的社会根源，能尝试文学写作改写人物命运并能清晰说明人在何种环境下才能主宰自己的命运。

【学习重难点】

重点：掌握环境描写对人物、情节、主题方面的作用。

难点：分析在特定的环境中不同人物的不同性格和命运。

【教学方法】

教法：任务驱动、教师点拨，师生研讨。

学法：自主、合作、探究性学习。

【教学过程】

（一）导入

在雪花飞舞，北风呼啸的黑夜，寒心的社会，无望的绝境中，祥林嫂在雪中沉寂，悄然死去，林冲却在风雪之夜奋起反抗，在血中杀出一条血路。同是风雪之夜，小说主人公的命运却截然不同，何以至此呢？本节课，让我们比较阅读明清小说《林教头风雪山神庙》和近代白话小说《祝福》，探究环境对人物命运的影响。

（二）学习任务一：品味语言，探究环境描写的作用

1. 明确学习任务

比较阅读两篇课文，细品文中环境描写的语句并分析其作用，小组合作完成表格，师生共同总结环境描写的作用。

2. 操作步骤

步骤一：教师示范分析《祝福》中第一次“祝福”景象的描写，引导学生讨论时要将文本和作者的写作意图相联系，从环境对人物、情节、主题和读者的角度去考虑环境描写的作用。

步骤二：学习任务分工。“腾蛟起凤”组讨论《祝福》中的环境描写，“扫眉才子”组讨论《林教头风雪山神庙》中的环境描写，用时5分钟，小组代表做好发言笔记。

步骤三：讨论进行时。对照环境描写的“5面9点”作用，对应到文中具体环境描写处，完成表格内容。

（1）环境本身方面：①交代故事发生的时间、地点和人物活动背景；②渲染气氛，营造意境，奠定某种基调。

（2）环境对人物方面：③烘托人物心情、心理，表现人物身份、地位、思想、性格；④暗示人物命运。

（3）环境对情节方面：⑤作为情节发展的线索，暗示或推动情节发展；⑥为后面情节的发展做铺垫或制造悬念；⑦与标题或开头或结尾相呼应，结构完整。

（4）环境对主旨方面：⑧表达、寄托、暗示、揭示主题，丰富深化主旨。

（5）环境对读者方面：⑨环境描写能引发读者的阅读兴趣，也能给读者留下丰富的思考空间。

<table>
<tr><th>篇目</th><th>环境</th><th>手法</th><th>对人物、情节、主旨的作用</th></tr>
<tr><td rowspan="5">《祝福》</td><td>第一次“祝福”景象的描写</td><td>细节描写，
正面描写</td><td rowspan="5">对人物：揭示出祥林嫂悲剧的社会根源；
对主旨：揭示辛亥革命后中国农村的状况，封建势力和封建迷信思想对农村的统治依旧</td></tr>
<tr><td>鲁四爷书房的布置</td><td></td></tr>
<tr><td>“我”初到鲁镇的雪景描写</td><td></td></tr>
<tr><td>听闻祥林嫂死讯后的雪景描写</td><td></td></tr>
<tr><td>结尾雪景和“祝福”景象相结合的描写</td><td></td></tr>
<tr><td rowspan="4">《林教头风雪山神庙》</td><td>初到草料场时的雪景描写</td><td></td><td rowspan="4"></td></tr>
<tr><td>到草料场时对崩坏了的草屋的描写</td><td></td></tr>
<tr><td>出门沽酒时的雪景描写</td><td></td></tr>
<tr><td>沽酒返回时的雪景描写</td><td></td></tr>
</table>

设计意图：有效的小组合作学习能培养学生主动参与的意识，激发学生的创造潜能，因此学习活动以“教师点拨”和“学生合作学习”为主，以表格的

形式设计任务，从具体的环境描写、环境描写的手法和作用三个角度引导学生学会比较阅读，获得不同的审美体验并初步探究环境描写的作用，提高分析问题，解决问题的能力。

每一个人物都处于具体的时代与社会中，人物的命运不可避免地要受到社会因素的制约，让我们继续深挖小说人物性格和情节发展背后的社会因素，探析社会环境对人物命运的影响。

（三）学习任务二：透视时代，探析社会环境对人物命运的影响

核心问题：

祥林嫂因何在雪中沉寂？林冲又因何在雪中快意恩仇？相同的自然环境不同的人物命运究竟为何呢？

1. 祥林嫂处于怎样的社会？文中是如何体现的？这样的社会对祥林嫂的命运又有怎样的暗示呢？

2. 原是八十万禁军教头的林冲又因何由“忍”变“狠”，完成性格的蜕变呢？

请同学们速读课文自主分析并完成以下表格：

社会环境影响人物命运			
人物	小说时代背景	反映社会环境的语句	社会环境对人物的影响
祥林嫂			
林冲			

在《祝福》中，受封建礼教和社会舆论的影响，祥林嫂走向绝望，悲哀地走向死亡。一句话，封建势力和封建迷信思想对农村的统治依旧，这就揭示出祥林嫂悲剧的社会根源，预示了祥林嫂悲剧的必然性，与祥林嫂在孤独无援中凄凉死去的情形构成鲜明对比，增强了悲剧色彩。

《水浒传》的故事发生在北宋宣和年间。当时宋室衰颓、腐败。宋徽宗贪图享受，穷奢极侈，并任用蔡京为宰相，对人民横征暴敛，弄得民不聊生，逼得许多人铤而走险，致使盗贼四起。在《林教头风雪山神庙》中，腐败政治的影响，陆谦团伙严密的布局本该足以让势单力薄的林冲死无葬身之地，可偏偏一场风雪让陆谦团伙覆灭，让林冲投奔梁山，获得重生，走上了造反、反抗的道路，这也体现了作者“官逼民反”“得道者多助，失道者寡助”的主题思想。

不管是林冲还是祥林嫂，他们的悲剧命运都深受环境的制约，在引导学生掌握环境能影响人物这一要点外，还要透过多样人物的命运感知到环境和人物是共生互动的，环境能影响人物，人物也能改变环境，关键在于人物的所作所为能不能超越自身阶级的局限。

设计意图：此环节提出几个问题，步步引导学生透过社会环境，理解人与社会之间的关联性，分析人物所反映的时代特征，引导学生琢磨两篇小说所体现的社会批判性的异同。

（四）学习任务三：反思社会影响，改写人物命运

在夹杂着爆竹声和雪花的祝福之夜，在寒风凛冽，大雪飘扬的山神庙，祥林嫂和林冲穿越到了21世纪，祥林嫂是一位老实本分的劳动妇女，林冲是某军队能文能武的一名高级军官。

请女生一组谈论祥林嫂，请男生一组谈论林冲，他们穿越到21世纪会有怎样的人生和命运，会在新时代有何作为，能否打破他们自身的阶级局限，拥有不同的命运。同学们大胆发挥想象，联系时代背景和社会影响，将谈论内容做好发言笔记。

设计意图：本单元的核心任务是学生完成“文学阅读与写作”学习任务群中小说文体的阅读与写作的相关学习，旨在引导学生借助阅读小说丰富人生体验，提升对社会现实观察、分析、判断的能力，激发想象，培养高尚的审美情趣。因此，设计此活动一是以文学写作为主，提升学生的写作与表达交流能力；二是认识到不同时代塑造不同的人物形象；三是改写人物命运，让学生感受到生活在新时代新社会是一件多么幸福的事，要做有为青年，感恩祖国，回报祖国。

【课堂小结】

鲁迅笔下的祥林嫂一生悲惨，施耐庵笔下的林冲英雄无用武之地被逼上梁山。可在同学们的改写下，两位主人公穿越时代的风沙，祥林嫂追求女性的自由独立，自立自强；林冲智勇双全，为国效力。如此改编源于我们生活在渔樵耕读的盛世，既然生逢盛世定当珍惜盛世，不负青春，为往圣继绝学，为万世开太平。

【作业设计】

1. 请同学们继续对《祝福》和《林教头风雪山神庙》中人物命运进行改写，要充分考虑到环境与人物的共生关系，人物不得不在一定的环境中活动，那思想和行动必然深受环境影响，但人物要有坚定的信仰，同样能改变社会环境。

时间：21世纪20年代

主题：以人为本

活动：以课本中的人物为原型，改写祥林嫂和林冲穿越到21世纪的人物命运。

评委：小组组长和老师

奖项：一、二、三等奖和参与奖

要求：主题鲜明，可通过叙述、拍情景剧、演说等方式进行参赛。从自然环境和社会环境的角度切入，发挥想象，改写人物穿越时空后的命运，作品要新颖独到，要知人论世，更要与时代相结合，不能背离大时代的社会背景。

2. 尝试为《林教头风雪山神庙》写作文学短评，要求不少于150字，可从塑造人物形象的手法、小说环境描写的特色、小说的语言和文章的构思等角度入手。

设计意图：第一，课堂时间有限，会限制学生的思维，无法淋漓尽致地展示学生的风采，因此，作业1是对课堂学习任务三的一个延伸与补充，丰富多样的作业形式更有助于提高学生完成作业的兴趣和积极性。第二，本单元的学习任务群是“文学阅读与写作”，学生在领会作家对社会现实的深刻洞察后能拓展其视野，通过文学短评和改写人物命运的写作任务加深学生对人物与社会环境共生互动关系的理解并增强对社会的认识。

【板书设计】

祝福　林教头风雪山神庙

人物
祥林嫂
林冲

环境
“祝福”
雪景

情节
在祝福中沉寂
在风雪中反抗

主题
反封建
官逼民反，奋起反抗

《祝福》《装在套子里的人》

——冷峻的批判，智慧的表达

新疆生产建设兵团第六师五家渠第三中学　龙萍

【教学设计说明】

《祝福》《装在套子里的人》是统编教材高中语文高一必修下册第六单元的两篇文章。本单元属于“文学阅读与写作”任务群，人文主题是“观察与批判”。《祝福》作为鲁迅的名篇，表达了作者对国民性的剖析以及对社会的深邃思考。《装在套子里的人》是契诃夫的名篇，有深刻的社会批判性。两篇作品中主人公的悲剧命运以及黑暗的社会现实之间的关系值得读者深入思考，尤其祥林嫂在绝望之时关于灵魂有无的提问值得我们深入探究。本课教学，意在引导学生进行中外名篇的比较阅读，运用多种阅读方法，完成学习任务，从而把握故事情节。引领学生合作探究“离别与遇见中悲泣的灵魂”“无处安放的灵魂的异同”“谁禁锢了主人公的灵魂”，进而把握人物形象、了解造成悲剧的深层原因并学习人物塑造写作方法，为高一年级要在本月举行的“经典小说人物解读手抄报展评”活动积累素材。以此提升学生对小说情节及人物的鉴赏能力、对社会和人生的观察、判断、分析能力。提升审美品位。感受作者批判现实的思想锋芒。

【学习目标】

1. 通过阅读预习、画思维导图的形式把握故事情节。

2. 通过建立死亡档案，思考、探究“谁禁锢了祥林嫂以及别里科夫的灵魂”，进行“死亡追踪”，从而把握文章的人物形象及主旨。比较两位主人公的人物形象及其塑造方法。

3. 通过小组合作交流探究“为何灵魂被禁锢”，了解悲剧的深层原因。

【教学重难点】

重点：把握故事情节及人物形象，比较人物命运。

难点：了解悲剧的深层原因。运用所学塑造人物形象的方法写作。

【教学过程】

（一）情境任务

高一年级要在本月举行“经典小说人物解读手抄报展评”活动，请在本单元小说中选择你喜欢的人物进行个性手抄报创作，为本次活动积累素材。

设计意图：根据新课标、新教材、大单元教学要求，创设真实情境，举行真实活动，激发学生兴趣，落实语言的建构与运用，促进学生语文能力的提升。

（二）学习任务一：检查预习，探究“离别与遇见中悲泣的灵魂”

请展示出你所整理的“祥林嫂的离别”“别里科夫的遇见”思维导图，理清故事情节。

（学生小组代表展示，教师根据学生展示情况进行点评）

祥林嫂的离别：

1. 与第一任丈夫的离别→与第二任丈夫和阿毛的离别→与冷酷世界的诀别

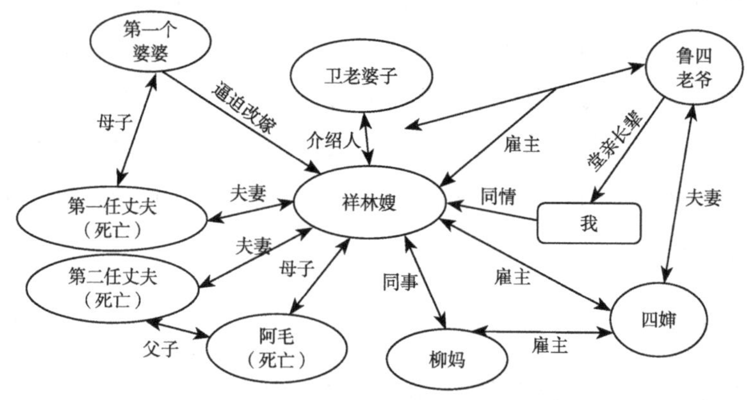

2. 遇见华连卡，准备结婚→遇见促狭鬼，经历漫画事件→遇见科瓦连科兄妹俩，兴高采烈骑自行车觉得不成体统继而生病→与科瓦连科发生冲突后滚下楼梯无恙，一个月后死亡

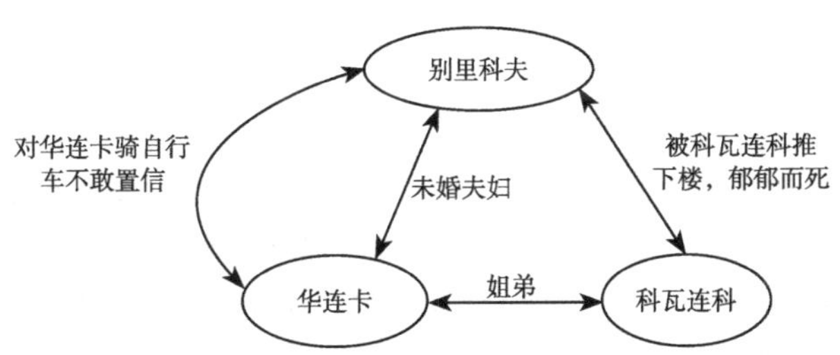

教师总结：祥林嫂的一生经历了与丈夫的离别、与儿子阿毛的离别，在一次又一次与命运的抗争中由失望走向绝望，最终沦为乞丐的祥林嫂在祝福声中与这冷酷的世界悄然作别。别里科夫战战兢兢的一生在与华连卡的遇见、促狭鬼的遇见、科瓦连科的遇见后走向终结，每一处情节都体现出了人物独特的性格，也彰显了小说无穷的魅力，这也是我们学习小说的动力所在。

设计意图：课前阅读，完成学习任务，并当堂展示，有效提升学生主动学习的兴趣与能力。

（三）学习任务二：比较祥林嫂及别里科夫无处安放的灵魂

1. 比较被禁锢的灵魂。完成表格。（相同的地方）

	祥林嫂	别里科夫
生前职务	鲁四老爷家帮佣	某校中学希腊文教师
常用语	我真傻，真的	千万别出什么乱子
特征	衣着朴素，顺着眼	把自己装在套子里
人际关系	婆家算计她，鲁镇人嫌弃她，我不知如何面对她	无密友，除华连卡，他被所有人厌恶、惧怕
死亡时间	旧历新年，祝福声中	1898年
别里科夫和祥林嫂都是在特定生活环境中被禁锢的人		

2. 比较人物的变化，感知麻木的灵魂，完成表格。（不同的地方）

（小组合作，分小组、分任务运用圈画法标注小说人物描写部分，为你有所感触的部分写批注）

表格展示：

	祥林嫂（侧面描写、心理描写）		别里科夫（漫画法、侧面描写）	
变化	侧面描写 （鲁镇人）	（祥林嫂） 肖像、心理	外貌、行为	心理
一	四叔皱了皱眉……讨厌她是一个寡妇……又有力，简直抵得过一个男子	满足，口角边渐渐有了笑影	晴朗天气穿雨衣、雨鞋，带雨伞，穿棉大衣，竖起衣领、戴黑眼镜、穿羊毛衫、用棉花团堵住耳朵	躲避现实生活
二	镇上的人们也仍然叫她祥林嫂，但音调和先前很不同，也还和她讲话，但笑容却冷冷的了	只是直着眼睛，和大家讲她自己日夜不忘的故事："我真傻，真的"悲伤、麻木	他老是歌颂过去，歌颂那些从没存在过的东西：事实上他所教的古代语言对他来说也是雨鞋和雨伞	躲避现实生活
三	柳妈：或者索性撞一个死……阎罗大王只好把你锯开来……到土地庙去捐一条门槛	显出恐怖神色，两眼上便都围着大黑圈，整日紧闭了嘴唇 恐怖—希望	在别里科夫这类人的影响下，全城的人战战兢兢地生活了十五年	用思想辖制全城
四	四婶："你放着罢，祥林嫂"	她像是受了炮烙似的缩手，脸色同时变作灰黑……眼睛窈陷下去。胆怯、惴惴的绝望	埋葬别里科夫那样的人，是一件大快人心的事……虽然我们埋葬了别里科夫，可是这种装在套子里的人，却还有许多，将来也还不知道有多少呢	自觉被禁锢，又用思想禁锢他人
勤劳、顽强，努力挣脱禁锢的旧社会劳动妇女			保守、封闭自觉被禁锢，又禁锢他人的中学教师	
被禁锢与自我禁锢的灵魂最终都走向幻灭				

教师总结：一个是勤劳、顽强的旧社会劳动妇女，一个是保守、封闭的中学教师，他们都是那么谨慎、那么努力地活着，可最终也没逃脱悲剧的命运，无论主动与否，被禁锢与自我禁锢的灵魂最终都走向了幻灭。

设计意图：表格填写，人物性格比较，深入分析不同文学作品中的相似人物提升学生的审美鉴赏能力及达成思维的发展与提升，让学生在思辨性阅读中深挖人物形象，把握文中描写人物的方法并学以致用，尝试审美的鉴赏与创造能力提升。

（四）学习任务三：探究谁禁锢了祥林嫂及别里科夫的灵魂

回顾在笑声中粉墨登场，在笑声中强自表演，在笑声中惨然谢幕的孔乙己的形象：善良、迂腐、热衷功名、懒惰诚实、自命不凡的他，因社会的冷漠、世人的麻木悲惨地死去。今天我们认识的两位主人公同样悲惨离世：祥林嫂在热闹的祝福声中惨然离世，这不仅没有唤起人们的悲悯，鲁四老爷反而厌恶地骂她是个“谬种”；别里科夫在校职工宿舍离奇死亡，葬礼上人们表情怪异，这是为什么呢？就让我们做一回侦探，来调查他们的死因。（死亡追踪）

小组讨论：

有人说“祥林嫂是一个没有春天的女人”，思想、灵魂被禁锢的祥林嫂，竭尽全力也没有等到生命的春天，别里科夫在自我禁锢中谨小慎微，恪守陈规，最终也难逃死亡。是谁禁锢了祥林嫂与别里科夫的灵魂，并将他们逼入绝境？如果你是快报记者，需要就二人死因进一步追踪报道，需要联系相关人等，请各小组以角色扮演的形式完成追踪访谈。

问题预设：

柳妈：（无聊、冷漠，受封建思想毒害很深）“祥林嫂的故事很有意思，想帮她脱离苦海，所以告诉她‘死后会被阎罗大王锯开来’，建议祥林嫂捐门槛”。

四婶：（冷漠自私，把祥林嫂当作一件工具）“处于家族利益不能准许祥林嫂参加祭祀，祥林嫂想生前免于耻辱，死后免于痛苦绝无可能”。

婆婆、大伯等娘家人：（残忍自私，为了个人利益不顾祥林嫂的死活，把祥林嫂逼入绝境）“她一个寡妇，没有资格与我们争夺财产也没有自我选择的权利”。

鲁镇人：（冷漠自私，拿祥林嫂的悲惨经历作为饭后的谈资甚至挖苦祥林嫂）“最初同情她，但是她的喋喋不休让人厌恶”。

我：（同情劳动人民，不满黑暗现实的资产阶级小知识分子）“关于祥林嫂灵魂有无的提问，我不知道该如何回答，我深知自己含糊其词的回答间接造成了祥林嫂的死亡。因而心生愧疚”。

四叔：（迂腐、保守、自私、冷酷的地主阶级。在祥林嫂生前对她万分歧视加速了祥林嫂的死亡）“她生前是值得利用的，但是寡妇的身份太可恶，会玷污了祠堂，在不该死的时候死去，真是晦气”。

华连卡：（单纯、热情）“我骑自行车，是一件快活的事，别里科夫摔下楼梯后我不明白怎么回事，忍不住纵声大笑。但别里科夫过了一个月去世，定然与我无关”。

科瓦连科：“我虽与别里科夫因自行车事件发生冲突，一怒之下将别里科夫推下楼梯。但他滚到楼下却安然无恙，所以此事与我无关。”

设计意图：角色扮演及深入思考主旨，激发学生更多学习兴趣，根据情境，小组交流并展示，让学生能从真实情境入手，观察社会、人事，思考并合理研判。

最终裁定：结论预设——封建思想让勤劳、顽强的祥林嫂面对人生困境之时一次次努力挣扎，最终也没有逃脱死亡的命运，柳妈、四婶、婆婆、鲁镇人、四叔、大伯等娘家人以及小知识分子“我”都一步步直接或者间接地将祥林嫂推向了死亡。这个心里藏着美好春天，面对命运的一次次捉弄，在底层苦苦挣扎，那被禁锢的灵魂最终也没能挣脱命运的枷锁，那身世悲惨的女子最终也没能逃脱命运的魔爪，这被禁锢的灵魂、这悲剧的命运才有了更加震撼人心的力量。沙俄专制制度让别里科夫整日战战兢兢，自觉维护并以这制度为武器辖制全城，华连卡的单纯、热情让别里科夫面对婚姻“昏了头”，科瓦连科的爱憎分明让别里科夫颜面尽失，全城人的蠢蠢欲动也让别里科夫惴惴不安。最终别里科夫离奇死亡，这自我禁锢的灵魂却未曾消失，这沙俄专制制度的卫道士们继续让人们整日生活在恐惧之中。契诃夫曾说“世界上没有一个地方像我们俄国这样，人们受到权威如此压制，俄国人受到世世代代奴性的贬损，害怕自由……我们被奴颜婢膝和虚伪折磨得太惨了”。这恐惧害怕的结果就是使人们千方百计想要保护自己，把自己装在他们自认为安全的“套子”里。可怜的沙俄人民应当奋起推翻沙皇的残酷统治，从根本上解除人们思想保守之源。（主题总结）

设计意图：引导学生专项调查，写提案报告后，深思人物典型性与套中人的现实意义。

【课堂小结】

再读鲁迅，看他在《呐喊》中大声疾呼，看他在《彷徨》中寂寞迷茫，看他在社会集体冷漠中“横眉冷对千夫指”，看他在微薄的希望中“俯首甘为孺子牛”。在那个几近窒息的社会中，他挚爱每一个人，却又厌恶每一个人。七十多年的风雨剥蚀，并未丝毫减弱鲁迅作品中的那份炽热的爱国情怀，这份爱国情怀指引着我们每一个人重新认识鲁迅作品的现实意义。

我们时常嘲笑别里科夫这位装在套子里的人。在我们的认知里，他保守、反动、扼杀一切新思想，我们嘲笑他作为一个恐惧新事物、阻碍社会发展的人而存在着。然而，如今的社会上又有多少人敢于冲破束缚，追求不一样的精彩呢?

祥林嫂与别里科夫都被那个黑暗的社会禁锢，最终被那个黑暗的社会吞噬，而当下的我们应当有更清醒的认识与思考。

设计意图：引导学生关注经典文学作品，深入思考、解读文学作品的现实意义。

【作业设计】

请任选以下一道题完成，为“经典小说人物解读手抄报展评”手抄报制作活动积累素材、提升写作能力。

1. 为课文插图写一则解说词。突出“被禁锢的灵魂”，200字左右（注意运用肖像描写、细节描写或者漫画法）

2. 试想：如果祥林嫂与别里科夫能够冲破禁锢、自我觉醒，面对生活，自由的灵魂将有怎样的渴望？请就此选择一位主人公，发一条朋友圈，说说自己的想法。

设计意图：尊重文本，从文本出发结合当下，以多种形式观察社会现实品读经典人物，认识自由与美好的价值和意义。

3. 课后老师写作分享与任务布置

2016年12月初，大雪纷纷扬扬，每一片似乎都像我纷乱的心绪，一片片扑面而来，冰冷直钻心底。街上的行人裹着厚厚的羽绒服借以抵挡严寒，却还是在寒风的侵袭下蜷缩在冬衣里行色匆匆。黑云压城，雪一阵紧似一阵。就住于乌市中医院的我心情抑郁更甚于这糟糕的天气。一周时间，独自辗转于各诊室之间，遭受身心的折磨。在人生中黑暗的濒临绝望的那几日总是以泪洗面，理智难以抵挡内心的伤悲。医院里，白色的床单、白色的墙面、窗外，也是一片白茫茫，心中的茫然在这一片的白色中放空。对手术无影灯、麻醉针的恐惧紧紧地攥着我的每一根神经，而对苏醒室医生们仿佛另一个世界的遥远召唤后身体的战栗和莫名流泪，那种畏惧更是让我毛骨悚然。就在那时，病房里突然住进了一位阿姨，隐隐的，我总觉得有一束目光注视着我，不经意间，我猛地转头，突然发现那，那双眼睛，不，是有一只眼睛……竟……似乎看……看不见……瞳……仁，一股凉意穿透身体，刺进骨中，扎进心底……病房里安静得似乎可以听到我的心跳声。

还未来得及收回的目光又看到她的整个眼睛似乎被白色覆盖。虽然她的左眼与常人无异，但仍让人难以捉摸她的眼神。乍一看令人脊柱发凉，不敢再与她对视，只想夺路而逃，可，又能逃到哪里去呢？整个下午我都敛声屏气，冯阿姨却并未觉出我的异样，依然热情地与我打招呼，邀我同做治疗。

晚上洗漱后我又发现异常，不觉更加惊奇：冯阿姨竟然戴着个假刘海，待她取下刘海后我看到了更恐怖的一幕让我不禁倒吸一口凉气：她的额角右侧有一处明显的四五公分的凹陷，加上那只缺失多半的瞳仁更显诡异。

空气似乎在病房凝滞了。一切想象中的恐怖全都挤在我的脑中，时间仿佛按下了暂停键，连同我狂跳的心脏，无尽的白色像是要把我吞噬掉……

冯阿姨看出了我的惊诧，毫不掩饰地告诉我说：几年前脑部的一个肿瘤手术留下了这处凹痕，但病情总算控制。祸不单行，之后的一场车祸造成了右眼损伤。我很惊奇冯阿姨面对人生变故的旷达以及像是诉说别人故事的淡然，之后的日子，冯阿姨不断地以自己的故事鼓励我，在她的帮助下我渐渐走出阴霾。

我与冯阿姨萍水相逢，诉说他乡经历的愁苦，却收获了一份坚定与乐观，自此后，每每想起那张熟悉又特别的脸庞，我心中便弥漫出一片暖暖的阳光。

（人物描写，尤其是肖像描写，首先离不开平时的细致观察，其次描写时一定要抓住人物一定时期具有代表性的特征，显示人物的心灵世界，给人以深刻印象，并能为表现主题思想服务。

漫画法：运用夸张、放大、简化人物特点的刻画人物形象的方法）

小练笔：请结合文本，运用肖像描写、心理描写或者侧面描写描绘一段关于祥林嫂或者别里科夫的境遇，可适当运用环境描写，300字左右。

设计意图：根据大单元任务：在人物与社会环境共生、互动的关系中认识人物性格的形成和发展，了解作者如何运用多种艺术手法实现创作意图，品味小说在形象、情节、语言等方面的独特魅力。运用多种方法引导学生多角度深入文本、走近人物，品读经典。此设计旨在为大单元活动积累素材，激发学生探究及写作兴趣，落实语言的建构与运用，促进学生语文能力的提升。

【板书设计】

被禁锢的灵魂

——《祝福》《装在套子里的人》比较阅读

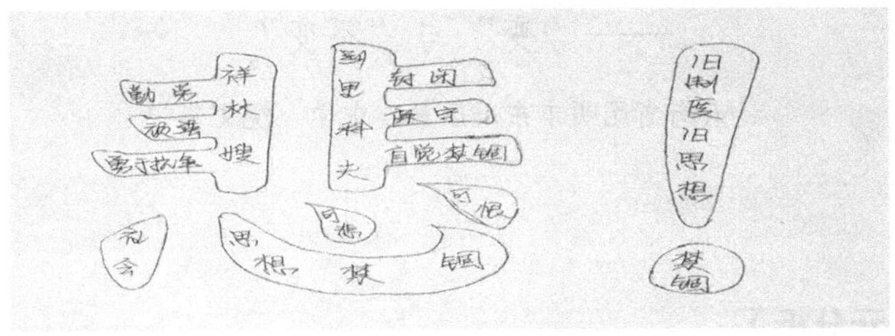

设计意图：突出由思想禁锢造成的悲剧主题，突出人物形象，简洁明了。

《促织》《变形记》

——“变”与“不变”

云南省昆明市东川区第二中学　饶文华

【单元分析】

本单元属“文学阅读与写作”任务群，人文主题是“观察与批判”，所选课文有古今中外小说。这些小说，描摹了不同时代、不同地域的社会生活，表现对人生的思索。本单元教学，意在带领学生知人论世，在社会环境中认识人物性格的发展，在故事情节的发展中把握人物形象，了解作者多种艺术手法的运用，领会小说主旨，欣赏小说不同的风格类型，提高审美情趣。《促织》和《变形记》为本单元最后一课。《促织》从写实入手，由幻想促成喜剧结局，深刻地批判了统治者昏庸荒唐，官吏贪虐，民不聊生的黑暗社会；《变形记》从荒诞写起，在现实中走向悲剧结局，深刻地揭示了人在生存困境中的异化，人与人之间关系要靠利益维持。两篇小说都讲述了一个“人化为虫”的故事，一喜一悲，看似殊途，实则同归，最终都是揭开幻想的外衣，揭露异化的现实。学习两篇小说，需要让学生准确把握情节发展的脉络和人物情感的变化，领会两位作者以虚构的手法表现荒诞的事实，批判人的“异化”悲剧的主旨。在中西文化差异同领会中进一步把握各自的风格和特色。因此教学设计主题为“变”与“不变”。

【学习目标】

1. 查阅资料，了解《促织》《变形记》相关文学常识，梳理《促织》文言文的重点字词句。

2. 通读文章，以思维导图的形式梳理《促织》《变形记》两篇小说的主要情节，感受人物的心理变化。

3. 通读两篇文章，给《促织》《变形记》的主人公制作一份人物简历，把握人物性格。

4. 分析两篇小说荒诞写法，比较中西方荒诞手法的异同。

5. 体会两文中的变与不变，分析变形的原因，探究主旨，领会对社会、现实的深沉批判，引发学生对成名之子与格里高尔异化背后的思考。

【学习重难点】

重点：掌握文章情节和把握人物性格。

难点：分析两篇小说刻画人物手法的异同，探究异化的原因。

【学习课时】

3课时

【教学过程】

情境任务：跨时空的对话“我们的使命”

某高中举行《促织》《变形记》课本剧表演，邀请18世纪东方古国里的人虫成名之子和20世纪现代工业文明下的虫人格里高尔进行时空对话，对话的内容是“我们的使命”。请你为他们设计对话词。对话词如何写？成名之子和格里高尔是什么样的人呢？他们为什么能跨越时空对话？他们的使命是什么？请同学们在接下来的七个学习任务中认真领会，争取有精彩的展示。

学习任务一：知识建构

1. 请展示出你整理的有关于两篇小说的相关文化常识。

2. 梳理《促织》文言文的重点字词句

（学生展示，教师根据学生展示情况进行梳理补充）

知识支架：

1.《促织》作者蒲松龄简介。《聊斋志异》借用前朝故事，幻化鬼狐花妖揭示社会黑暗，篇末“异史氏曰”的特点。

2.《变形记》作者卡夫卡简介，卡夫卡多元的文化背景。卡夫卡个人化写作。现代派文学和表现主义思想和特点。

学习任务二：梳理情节

学习活动：梳理情节，感受人物的心理变化，分小组讨论画出思维导图，展示讲解，补充。

设计意图：情节，是小说学习的必要环节，学生画两篇小说思维导图，梳理人物心理变化过程并讲解，意在调动学生主动参与学习，在学习活动中把握两篇小说故事情节，感受人物的心理变化，为把握人物性格打下基础。

1.《促织》情节、人物心理

开端 → 发展 → 高潮 → 结局

责虫　觅虫、卜虫、得虫　失虫、化虫、斗虫　献虫

悲生悲至　喜来、喜极　悲极、喜出、惊喜　喜极

2.《变形记》情节、人物心理

初变甲虫时 → 艰难的起床过程 → 父母妹妹催促、协理责问 → 开门后家人、协理的态度

冷静　顺从、惶惑、压抑　焦虑、自责　恐惧、绝望

学习任务三：把握性格

学习活动：给《促织》《变形记》的主人公制作一份人物简历，把握人物性格（课前下发表格，学生自己阅读填写，课上展示）

设计意图：把理解人物性格的一般方法通过表格的形式教给学生，在填表的过程中学会分析人物性格，把握人物性格。

姓名	成名之子	格里高尔
身份地位	普通百姓	推销员
家庭成员	父母	父母、妹妹
社会环境	“宣德间，宫中尚促织之戏，岁征民间。”	西方现代工业社会物化，人与人之间为纯粹的功利关系
经济状况	父母略有薄产	靠拼命工作攒钱还父母的欠债

续 表

姓名	成名之子	格里高尔
变形前的经历	父亲没考取秀才，被授里正，充里正役，“即捕得两三头，又劣弱不中于款”。“旬余，杖至百，两股间脓血流离”，不能捉虫，“唯思自尽”，后求神问卜，得促织又失去，陷入绝境	一天早晨，从不安的睡梦中醒来，发现自己躺在床上变成了一只巨大的甲虫。之前，他“成天都在奔波”，出差在外操心业务，饮食差不规律，建立不起真正的友谊，为还债拼命工作，很早赶火车，一次也没病过
变形后家人的态度	作为父母，面对更大的惩罚和灾难，丧子之痛微不足道。开始“喜而收之”“恐不当意”，斗赢“蟹壳青”大喜，斗赢鸡惊喜	变形之初，母亲恐惧，一见到甲虫就会晕倒。父亲大怒，发狂，逼儿子回到房间，居然把儿子猛烈推进房间，弄得满身鲜血淋漓。妹妹开始尽力照顾他，后来愤怒，甚至绝情地宣布：“我们一定得把他弄走。”
结局	献虫后，家里免了役，父亲中了秀才，精神复旧，裘马扬扬过世家	最终被父母、妹妹无情抛弃，在绝望中孤独地死去
性格	无忧无虑，好奇，逆来顺受，有责任，善斗，愿为家庭牺牲	关心家人，孤身拼命，委曲求全，忍受非人生活，孤独内向，无视自我

学习任务四：认识手法

学习活动一：梳理出你认为《促织》中荒诞、离奇情节，从荒诞角度讲解分析情节。

设计意图：由学生梳理出小说中不真实的情节，对小说情节的讲解，领会情节的逻辑性，探寻人物相互关系之间的矛盾冲突事件。

预设（课文中句子）：

（1）求神问卜

“乃强起扶杖，执图诣寺后……始出，状极俊健。”

（2）死而复生

“既而得其尸于井，因而化怒为悲，抢呼欲绝……近抚之，气息惙然。”

（3）魂化促织

“儿神气痴木，奄奄思睡。”“后岁余，成子精神复旧，自言身化促织，轻捷善斗，今始苏耳。”

（4）虫鸡大战

“鸡健进，逐逼之，虫已在爪下矣。……则虫集冠上，力叮不释。……又试之鸡，果如成言。”

（5）满朝富贵

“上大嘉悦，诏赐抚臣名马衣缎。抚军不忘所自，无何，宰以卓异闻。宰悦，免成役。又嘱学使，俾入邑庠……抚军亦厚赉成。不数年，田百顷，楼阁万椽，牛羊蹄躈各千计；一出门，裘马过世家焉。”

学习活动二：梳理出你认为《变形记》中荒诞、离奇情节，从荒诞角度分析讲解情节。

设计意图：由学生梳理出小说中不真实的情节，对小说情节的讲解，领会情节的逻辑性，探寻人物相互关系之间相矛盾冲突事件。

（1）人变甲虫

一天清晨，格里高尔·萨姆沙从烦躁不安的睡梦中醒来时，发现自己在床上变成了一只大得吓人的甲壳虫。

（2）逐渐失语

声音一开始还能让自己的父母听得清，虽然艰难但是还能做交流，后面则是什么也听不见了。能被听到的声音就是他说要起床或者他要前去工作时所说的话。而后面再解释自己不去上班的话，他们则是听不见的。

（3）家人变化

父亲由关心、不解到不耐烦到焦虑、急躁到露出敌意、慌乱不堪、嫌弃、愤怒。母亲由关爱、担忧到难过到害怕到不知所措、恐惧。妹妹从关心到绝望。

学习活动三：梳理出你认为《促织》中真实情节，从真实角度分析讲解情节。

设计意图：由学生梳理出小说中真实的情节，对小说情节的讲解，领会情节的逻辑性，探寻人物相互关系之间相矛盾冲突事件。

预设（课文中句子）：

（1）“壁上小虫忽跃落襟袖间。视之，形若土狗，梅花翅，方首，长胫，意似良。”“见小虫跃起，张尾伸须，直龁敌领。”

（2）“母闻之，面色灰死，大惊曰：‘业根，死期至矣！’闻妻言，如被冰雪。怒索儿，儿渺然不知所往。既而得其尸于井，因而化怒为悲，抢呼欲绝。夫妻向隅，茅舍无烟，相对默然，不复聊赖。”

（3）“里胥猾黠，假此科敛丁口，每责一头，辄倾数家之产……即捕得三两头，又劣弱不中于款。宰严限追比，旬余，杖至百，两股间脓血流离，并虫亦不能行捉矣。”

学习活动四：梳理出你认为《变形记》真实情节，从真实角度分析讲解情节。

设计意图：由学生梳理出小说中真实的情节，对小说情节的讲解，领会情节的逻辑性，探寻人物相互关系之间相矛盾冲突事件。

预设（课文中句子）：

（1）形状很像甲虫，动作也正好符合一只大甲虫的生活习性。

（2）“父亲像一头发狂的野兽似的发出啾啾声，毫不留情的逼着格里高尔回到房间里去。”“只要父亲不发出这种不可忍受的啾啾声就好了！这啾啾声可把格里高尔搞得晕头转向。”

（3）母亲突然跳了，起来双臂前伸，十指交叉，大喊：“救命！老天爷，救命啊”，“父亲握起拳头，露出一脸敌意，好像他要把格里高尔推回他的房间里去似的，然后他不安地环顾一下客厅，随即用手捂住眼睛哭了起来”。

（4）“天啊，”他想，“我选了一个多么艰辛的职业啊！成天都在奔波。在外面出差为业务操的心比坐在自己的店里做生意大多了。加上旅行的种种烦恼，为每次换车操心，饮食又差又不规律，打交道的人不断变换，没有一个保持长久来往，从来建立不起真正的友情。”

学习活动五：概括手法

设计意图：让学生在领会情节的逻辑性的基础上概括两篇小说的手法。

《促织》《变形记》都是运用了荒诞与真实相交织的手法。在荒诞的手法下，一切又是那么的真实。情节荒诞之中却包含真实的细节。

学习任务五：探寻原因

学习活动一：从个人、家庭、社会的角度讨论成名儿子为什么会化成“促织”。

设计意图：教给学生从三个角度分析幻化原因，领会作品主旨指向。

（1）个人原因：意外弄死虫，拖累家人，害怕投井。

（2）家庭原因：父亲没考取秀才，“为人迂讷”“薄产累进”，充里正役，“即捕得两三头，又劣弱不中于款。”“旬余，杖至百，两股间脓血流离”，不能捉虫，“唯思自尽”，后求神问卜，得促织又失去，陷入绝境。

（3）社会原因：封建统治阶级玩物殃民。《促织》：“宣德间，宫中尚促织之戏，岁征民间。……里胥猾黠，假此科敛丁口，每责一头，辄倾数家之产。”

学习活动二：从个人、家庭、社会的角度讨论格里高尔为什么会变成“甲虫”。

设计意图：教给学生从三个角度分析幻化原因，领会作品主旨指向。

（1）个人原因：工作辛苦机械、繁重，高度紧张，饮食低劣、人情淡漠、内心烦恼。

（2）家庭原因：沉重的家庭负担，靠工作攒钱还债，长年累月奔波。

（3）社会原因：社会个体生存环境恶劣，命运无法掌控，人与人之间关系靠利益维持，缺少信任，缺少关爱。

学习活动三：讨论作者为什么让格里高尔变成一只甲虫而不是其他动物？

设计意图：明白象征意义，领会作品批判指向。

（1）甲虫扁圆的硬壳：既是他自我保护的屏障，也使他与外面世界相隔绝。

（2）行动迟缓：繁重工作和家庭巨额欠债，双重压力在身，不可承受。

（3）众多的小细腿：象征他常年在外奔波，不停息或急速逃离的潜意识心理。

（4）甲虫是软弱无助，容易被捏死或踩死的昆虫：象征格里高尔的善良软弱，没有害人之心和害人的能力，甚至没有自卫的能力，极易受伤。

“甲虫”象征封闭、弱势、负重、无所归依等，表现西方现代工业社会物化，人从肉体到灵魂的异化。格里高尔变大甲虫的象征意义不言而喻。

学习活动四：归纳主旨，明晰批判性

设计意图：学生通过归纳主旨，明晰异化小说批判性的风格和特色。

两篇小说描写人性的“异化”，是社会背景导致了人的异化，人化虫的设定有着强烈的荒诞色彩，呈现人的现实生存困境，旨在深刻讽刺社会现实的丑陋。

知识支架：

（1）马克思异化学说。

（2）第一次世界大战前后和第二次世界大战前后，现代主义文学作品特点。

学习任务六：探究原因

学习活动一：从中西文化历史背景、心理认知、价值观差异方面比较两篇小说的结局截然不同的原因，填表完成。

设计意图：通过了解中西文化的差异，理解中西文化背景下的文学创作的差异。

知识支架：

中西文化差异的相关知识		
	《促织》	《变形记》
历史背景	反映封建统治者腐朽荒唐奢靡，统治者的喜好决定底层人民的命运	反映西方现代工业社会物化，人与人之间异化为纯粹的功利关系
心理认知	儒、道、释一体的东方文化刻在作品人物形象中。成名儿子是家庭被逼迫到绝境，没有其他选择，才选择浪漫，幻化为去改变，以求圆满结局	西方人宗教心理在文学作品人物形象中体现明显。格里高尔是长期可悲的生存困境让其异化，走向悲剧，以死展示价值
价值观	中国人是群体本位意识，集体主义价值观。成名之子牺牲自己去获得家族、集体的幸福，是责任，是救赎。幻化为虫是对现实的期望、憧憬，对正义、人性美好的呼唤，所以“喜剧”收场	西方人是个体本位意识，个人主义价值观。格里高尔变形后家人和其他人的反应变化表现出西方金钱至上的价值取向。最后走向悲剧是对异化实质的批判与揭露

学习任务七：领悟现实意义

学习活动一：讨论《变形记》悲剧根源说

设计意图：讨论领会《变形记》主题的不确定性。

（1）西方社会人性异化说

格里高尔变成大甲虫，最终被父母、妹妹无情抛弃，在绝望中死去，表现西方社会人性异化的主题。

（2）西方现代社会生存恐惧说

格里高尔的旅行推销员工作，劳累、繁重、奔波，是为了家庭必须从事的工作。他四处奔波，拼命攒钱还债，压力巨大，表现出现代社会人的生存恐惧的主题。

（3）西方社会人际关系扭曲说

格里高尔变为大甲虫后，父亲、母亲、妹妹、协理的反应变化，表现出人与人之间关系靠利益维持，是人性的扭曲。

学习活动二：有人说蒲松龄的《促织》喜剧结局的外衣下，是悲剧的内核，你怎么看?

设计意图：领会《促织》悲剧的内核喜剧结局的强烈讽刺性，批判性。

虚构的圆满结局，达到了刺贪刺虐的效果，具有极强的讽刺意味，主旨更加深刻，批判性更为强烈，喜中含悲，更显悲剧之价值。

学习活动三：观照现实

设计意图：领悟小说现实价值。

《促织》与《变形记》是不同时代、不同国家、不同文化背景下的作品，震撼的是人异化的主题。现代人已经常面临这一主题，理性思考物化现象，生而为人，活而为人，不为非人。理性分析今天出现的物化现象，走出现实困境，这也是小说选入教材的价值之一。

积极地预防人的自我异化是关键。个人日常做到：精神追求第一，物质生活第二。有明确的目标，奋力前行，也有适时沉淀反思，睿智生活。不逃避责任，也不无限扩大责任。活出自我的价值，不总活在他人的眼光和标准中。尽心尽力做好工作，也不过分忙碌使人麻木。

完成情境任务：跨时空对话“我们的使命”

我们的使命

虫人（甲虫）：您好，我是20世纪现代工业文明下的虫人格里高尔。

人虫（蟋蟀）：你好，我是18世纪东方古国里的人虫成名之子。

虫人（甲虫）：没想到啊，今天我们还有机会一起被请到这么灯光绚丽的舞台，来说道说道自己。

人虫（蟋蟀）：是的。你看那些上了高中的手机控，为了高分的刷题狂，为了颜值的减肥族，那些体重超标的美味控，他们需要我们啊！

虫人（甲虫）：没想到啊，今天我们的使命依然在。认识一下，你是中国蒲松龄“生”的，毫无疑问，您是前辈前辈，失敬失敬。

人虫（蟋蟀）：我知道你，你和卡夫卡《变形记》一起出生，凑巧的是我们都有相似的经历，幻化为虫。

虫人（甲虫）：不只如此，蟋蟀先生，您没觉得我们有使命在身，为表现人类的困境而来。

人虫（蟋蟀）：怎么说?

虫人（甲虫）：我被一个叫卡夫卡的变成一只虫子，失去劳动能力，被家人嫌弃厌恶，最终死去。我的使命是展示西方现代工业社会物化对人的摧残，让人明白，人与人之间的温情纽带已经被金钱异化。而您的使命是反映中国封建统治阶级的荒淫奢靡对人性的摧残，没错吧!

人虫（蟋蟀）：是的，我的使命是幻化为虫，表现中国封建社会人不如虫的现实。在现实的逼迫下，人已经没有尊严可言。

虫人（甲虫）：对啊，相见恨晚啊！我们都异化成了同类。

人虫（蟋蟀）：是这样的，我们都用相似的身份，不同的命运演绎着人类一个永恒的话题。虽时隔百年，时代不同，国度不同，但所遇到的问题本质相同。

虫人（甲虫）：嗯，说到这里，我还有一丝高兴。但遗憾的是您价值连城，扭转乾坤，您让家人“鸡犬升天”，一家人走向幸福。您有家人的疼爱，不管什么时候，一家人紧紧地团结在一起。而我，变成大甲虫后一文不值，父亲、母亲、妹妹最终化为无情，只能绝望中死去。

人虫（蟋蟀）：不用遗憾，因为我出现在18世纪的东方古国里，你出现在20世纪西方现代工业文明社会。我们时代不同，国度不同，文化不同，命运不同。

虫人（甲虫）：您以喜剧大团圆收场，而我以悲剧收场。

人虫（蟋蟀）：其实我只是让悲剧穿上喜剧外衣，是无路可走的浪漫。

虫人（甲虫）：不说了，不要忘了，今天来这里的使命。

人虫（蟋蟀）：我们今天来的使命是告诉大家：异化天天有，物化时时行。

虫人（甲虫）：但愿后代世人，能够理解我们的良苦用心，在盛世昌和的社会中，生而为人，活而为人。所谓异化，只发生在历史中。

人虫（蟋蟀）：醒醒吧，在环境的压力下，异化的孩子们，警惕手机、题海、减肥、美味对你的不客气!

【作业设计】

1. 互联网之于人类，是自由还是桎梏，取决于我们能否在对他人的认识中观照自我；取决于我们能否认识到技术支配下，人的渺小与无奈；更取决于我们能否主动破局，走出技术搭造的舒适区，积极探索，寻找新的可能。联系当下，说说你身边的“异化”。比如：社畜、恐婚、手机、隐形抑郁。

2. 蒲松龄的《促织》中，成名因生活走入困境而辗转思自尽，卡夫卡《变形记》中的格里高尔，因为繁重的工作和家庭巨额欠债变为一只大甲虫，最后被家人抛弃，绝望中死去。其实不管什么时候，每个人在生活中都会遇到各种各样无法摆脱的压力。作为新时代青年，你有怎样的思考，请自拟题目写一篇演讲稿阐述你对生活重压的理解。

【板书设计】

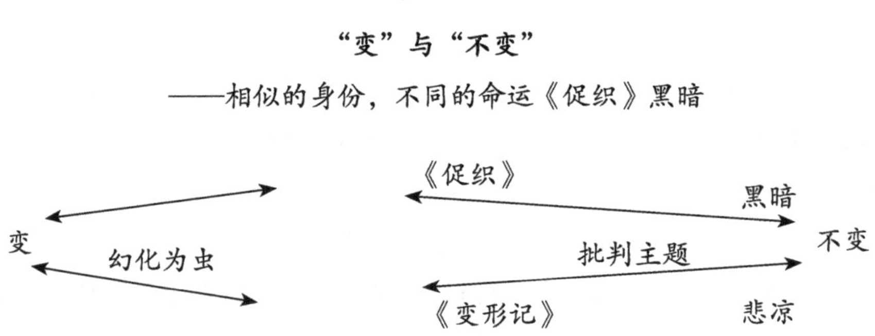

第八单元

《六国论》

——倾听理性的声音

新疆生产建设兵团第十二师高级中学　吕高峰

【单元说明】

语文必修下册，第八单元共有四篇文章，分别是《谏太宗十思疏》《阿房宫赋》《答司马谏议书》《六国论》。因守成之难，敢于犯颜直谏的魏徵；意在针砭时弊的杜牧；坚持变法除弊的王安石；警示当朝的苏洵。时代在变，中国文化精神不变。他们胸怀天下，勇于担当。本单元文体样式多样，有奏疏，有书信，有辞赋。内容上有借古讽今的、有评说盛衰的，也有立足现实的。理性是指人在正常思维状态下为了获得预期结果，有自信与勇气冷静地面对现状，并快速全面了解现实分析出多种可行性方案，再判断出最佳方案且对其有效执行的能力。本单元围绕“倾听理性的声音”这一核心任务，让学生学会理性发声。在此基础上，学会理性判断，养成大胆质疑、批判性思维习惯。在学习理性发声中感受作者忧国忧民的情怀，培养学生的责任意识和担当意识。

【学习目标】

1. 积累并巩固说理方法的相关知识，初步感知理性的发声。

2. 通过对苏洵《六国论》中作者认为六国灭亡原因的梳理，理清文章思路，提升筛选、提取、整合信息的能力。

3. 通过从中心论点、论证方法和写作目的三个方面对苏洵《六国论》与苏辙《六国论》进行比较分析，思维深刻性、敏捷性得以提升，体会作者的责任与担当意识。

4. 通过理解短论的含义、特点，尝试写短论，进一步增强语言应用能力。

【学习重难点】

重点：通过对苏洵《六国论》与苏辙《六国论》两篇文章的对比分析，思维深刻性、敏捷性得以提升，体会作者的责任与担当意识。

难点：学习《六国论》中的论证方法。尝试学写短论，学会有效表达观点。

【教学过程】

（一）情境任务

在1840年鸦片战争中，面对列强的侵略，出现了虎门销烟的林则徐：在1911年辛亥革命中，面对军阀混战，出现了领导运动的孙中山；在1919年五四运动中，面对帝国主义、封建主义的压迫，出现了一批年轻的仁人志士……岁月更替，时代发展。如今，我们面临中华民族伟大复兴的时局，每个人都生活在特定的时代，每个人在特定时代中的人生道路各不相同。在同一个时代，有人深感生逢其时、时不我待，不断努力，把小我融入大我；有人认为开心就好，只想躺在舒适圈，停止努力，放飞自我……对此，你有什么样的感受和认识。

要求：写一篇短论，并在班级内交流。注意交流时要畅所欲言，质疑论辩要有风度，尊重不同意见，认真记录不同观点及其依据。

（二）学习任务一：知识的建构

1. 导入

彼六国者皆欲为秦所为。

——李桢

以凡民之秀杰者，多以客养之，不失职也。其力耕以奉上，皆椎鲁无能为者，虽欲怨叛，而莫为之先，此其所以少安而不即亡也。

——苏轼

因个人的经历、知识储备不同，对同一件事、一种现象，看问题的角度不同，得出的结论就会不同。今天就让我们穿越历史的时空回到北宋，品味大文豪苏洵、苏辙的《六国论》，感受他们的家国情怀。

设计意图：语文学习要在真实的情境中进行，用李桢和苏轼的话导入，让学生初步了解对于同一件事或同一现象，不同的人因个人经历、知识储备不同，即从不同的角度思考问题，会有不同结论，初步感知理性。

2. 知识支架（分析所选文段中的论证方法）

自古以来多少文人志士，面对社会的弊端，发出了自己的理性之声。这是对自己负责、对家庭负责，更是对国家负责的体现，这便是责任与担当。孔子是这样，荀子、李政道也是这样。那么，怎样才能理性发声呢？请同学们带着问题赏析下面的三段文字。

（1）《论语·季氏将伐颛臾》“孔子曰：求！周任有言曰：‘陈力就列，不能者止。’”

（2）积土成山，风雨兴焉；积水成渊，蛟龙生焉；积善成德，而神明自得，圣心备焉。故不积跬步，无以至千里；不积小流，无以成江海。骐骥一跃，不能十步；驽马十驾，功在不舍。锲而舍之，朽木不折；锲而不舍，金石可镂。蚓无爪牙之利，筋骨之强，上食埃土，下饮黄泉，用心一也。蟹六跪而二螯，非蛇鳝之穴无可寄托者，用心躁也。

——荀子《劝学》

（3）每个人都有自己的生活方式，各有千秋，各具特色，不可强求统一，但这形形色色的生活方式确有高下优劣之分。醉生梦死，花天酒地，是生活方式，忘我工作，无私奉献，也是生活方式；无所事事，浑浑噩噩，是生活方式，自强不息，锐意进取，也是生活方式；无疑，李政道的“生活方式”，是积极的，高尚的，令人敬佩的，也是值得效仿的。

——《李政道的“生活方式”》

通过上面节选文段，我们分析了怎样才能合理、有效地表达观点。

设计意图：学生通过补充《论语·季氏将伐颛臾》、荀子《劝学》和《李政道的“生活方式”》语段的分析，找出论证方法：比喻论证、引用论证、对比论证。为下面进一步学习提供知识支架。

（三）学习任务二：理性的梳理

同学们，对于六国的灭亡李桢和苏轼都表达了自己不同的观点。那么，下面让我们一起走进苏洵的《六国论》，看一看他对六国灭亡这一事又有怎样的看法？

（1）同学们，作者认为六国灭亡的原因是什么呢？请思考下面的问题：第二段以“割城”为例，论证“赂秦”之弊，运用了哪些论证方法？并结合文本简要分析。

明确：

弊在赂秦；对比论证、举例论证、比喻论证、引用论证。

设计意图：让学生把握作者的观点，理解第二段的论证方法，便于同学们对第三段的分析。

（2）同学们，第三段以“不赂秦者以秦者丧”的事实，进一步论证“弊在赂秦”，作者论证齐、燕、赵灭亡的原因分别是什么？（提示：①通读这一段，先找出这一段的中心句；②围绕这一中心句，找出有关齐、燕、赵灭亡的句子，并筛选、提取文中的关键词或关键句）

诸侯国	直接原因	根本原因	作者的感情色彩
齐国	与嬴而不助五国		指责
燕国	以荆卿为计	战败而亡智力孤危	赞美
赵国	牧以谗诛		惋惜

通过对苏洵《六国论》中六国灭亡原因的梳理，作者充分论证了自己的观点：六国破灭，弊在赂秦。具有家国情怀的苏辙对在六国灭亡的事实面前又会提出什么样的观点呢？让我们一起开启理性之门，去探寻一番吧。

设计意图：先精讲苏洵《六国论》，让学生学会分析；不赂者以赂者丧这一观点，以达到以一篇带另一篇的目的，从而为下面学生学习理性发声做铺垫。

（四）学习任务三：在理性世界中感悟作者的责任与担当

上面我们讲到了其他五国灭亡的原因：不赂者以赂者丧。那么下面，我们就一起来比较苏洵与苏辙对于六国灭亡这件事是怎么看的。请同学们以四人为一组完成下面表格，并做展示交流。（提示：①可根据上面提供的知识支架的相关知识及刚才的分析：不赂者以赂者丧。这一观点的分析方法。②注意中心论点一般出现在文章的开头和结尾。③分析写作目的要联系当时作者的社会背景）

	苏洵	苏辙
中心论点	六国破灭，弊在赂秦	当时之士虑患之疏，而见利之浅，且不知天下之势
论证方法	事实、对比、比喻、道理	事实、对比、比喻
写作目的	借古讽今，不屈外侮，不苟安妥协，奋起抗敌	借古讽今，加强边备，御敌于外

“天下兴亡，匹夫有责。”担当是一种态度。担当起家庭、社会、民族、国家赋予我们的使命，不躲避、不推诿、不迷失，坦荡荡，此乃大丈夫也。魏徵有感于守成之难，敢于犯颜直谏；王安石不避众议汹汹，坚持变法除弊；杜牧总结秦朝覆亡教训，意在针砭时弊；苏洵探究六国破灭缘由，旨在警示当朝。他们胸怀天下，勇于发声，拳拳之心见于字里行间。

时代在前进，社会在发展，伴随着社会发展也出现了一些问题，如：疫情当下，有些人对防疫制度在网上发出了“不同”的声音；面对毒教材这一问题，有少部分网友发出了一些不和谐的声音……科技日新月异，网上冲浪无时不在，无处不在。面对庞杂的信息，我们如何去甄别。作为具有责任与担当意识的当代青年学生，必定需要对其进行理性的判断。

设计意图：通过苏洵与苏辙对六国灭亡这件事有不同的观点分析，让学生明白对同一事物或同一现象站在不同的角度看，会有不同的结果。在以后的生活中应多角度全方面地看问题；并学会应用一些方法去证明自己的观点，进行理性发声。同时体会并感悟当作者面对社会中出现的问题时，并没有选择躺平，而这正体现了他们的责任与担当。

（五）学习任务四：理性的发声

1. 知识支架

短论，是指以树立自己的一个论点为主要目的的短小的议论文。通常由某个话题或事情由头引申开来，有感而发，提出看法，发表评论，或赞扬或反对或提醒或针砭。

写短论应注意的问题：①明确中心论点；②掌握论证技巧。

设计意图：为下面尝试写短论，提供理论支架。

2. 理性的发声

在1840年鸦片战争中，面对列强的侵略，出现了虎门销烟的林则徐；在1911年辛亥革命中，面对军阀混战，出现了领导运动的孙中山；在1919年五四运动中，面对帝国主义、封建主义的压迫，出现了一批年轻的仁人志士……岁月更替，时代发展。如今，我们面临中华民族伟大复兴的时局。每个人都生活在特定的时代，每个人在特定时代中的人生道路各不相同。在同一个时代，有人深感生逢其时、时不我待，不断努力，把小我融入大我；有人认为开心就好，只想躺在舒适圈，停止努力，放飞自我……对此，你有什么样的感受和认识。

任务：根据上述文字写一短论。

要求：字数不少于150字，至少运用一种论证方法。（事例论证、道理论证、对比论证、比喻论证）

3. 优秀短论示例

示例1

明德修身，时不我待（中心句）。庚子年初，新冠肺炎暴发，在党和国家的领导下，多少青年逆行，他们树立远大志向，明德修身，和时间作战，把人民的生命放在首位，舍小家为大家。因此，我们国家取得了抗击新冠肺炎疫情的阶段性胜利（事例一）。2020年是脱贫攻坚决胜年，黄文秀在扶贫工作中因公殉职，年仅30岁，百色的大山，留下了她最美的韶华（事例二）。从20世纪70年代我国“东方红一号”人造卫星发射成功，到2021年5月，“祝融号”成功登上火星，我国成为世界第三个在火星着陆的国家，第二个在火星巡视的国家（事例三）。这些傲人的成就让国人无比振奋，让中华民族的伟大复兴又前进了一大步。

示例2

当代中国青年是与新时代同向同行、共同前进的一代，生逢盛世，肩负重任（中心句）。一代人有一代人的使命，一代人有一代人的担当，我们这一代生逢盛世则当不负盛世，广大青年干部要勇立潮头、勇挑重任，做新时代弄潮儿，激荡浪花一朵朵（比喻论证）。青春因奋斗而精彩，人生因奋斗而升华，在不懈奋斗中绽放绚丽之花。一百次空谈，不如一次实干，青年干部要干出一番事业还需以实际行动拼搏奋斗（道理论证）。人在事上练，刀在石上磨（比喻论证），面对问题、矛盾、挑战，青年干部要不沮丧抱怨，不绕道而行，始终不屈不挠昂扬向上、攻坚克难、勇攀高峰。

设计意图：这一环节让学生试进行知识迁移，达到学以致用的目的。给出示例让学生更加明晰该怎么写，同时为进一步升格自己的短论提供参照。让学生思考当今社会出现的问题，并担起自己对社会的责任，进而进行理性发声。

【课堂小结】

诉衷情·当年万里觅封侯

【宋】陆游

当年万里觅封侯。匹马戍梁州。关河梦断何处，尘暗旧貂裘。

胡未灭，鬓先秋。泪空流。此生谁料，心在天山，身老沧洲。

陆游“此生谁料，心在天山，身老沧洲”的呼喊是对南宋统治集团的强烈不满，这也更是一种责任和担当。

古往今来，众多仁人志士自觉承担匡世济民的责任，积极建言献策，勇于为变法图强冲锋陷阵。他们忧国忧民，心怀天下，坚守道义，敢于担当，令后人崇敬景仰。

时间是路，当代年轻人于人生之道路上行走，我们回首，望见那些日子发出幽幽光芒，将那些日子融进血液中，而后奔向远方。

设计意图：前面以古人的话导入，后面以古典诗歌的形式结束，首尾照应。前面导语重在使学生初步感受理性发声，结尾重在让学生对仁人志士自觉承担匡世济民的责任体悟。达到立德树人的目的。

【作业设计】

7月24日，新疆文旅厅官方公众号发文《请！不！要！让独库公路变垃圾场》。7月以来，随着旅游的井喷，许多不文明的现象卷土重来。其中之一是在独库公路上乱丢垃圾。有网友说：那么大的地方，扔一些垃圾，无关紧要，自然界会消化掉的；有网友说：这边的垃圾桶那么少，丢弃垃圾也是实属无奈，可以理解；也有不少网友表示，“满地垃圾不仅污染环境、影响居民生活，而且当地一些牛羊等动物，会因在吃草时误食或感到好奇，而啃嚼塑料袋等垃圾危及生命”；有些网友用“痛心疾首”来形容；甚至有网友提出要狠罚丢垃圾的人。

任务一：结合上述材料写一篇短论，体现你的思考与感悟。

任务二：拍一段有关独库公路的风景，尝试制作微视频宣传片，同时要含有保护环境的内容。

要求：1.从两个任务中任选一个即可。

2. 短论要紧扣材料，短论中至少运用两种论证方法。

设计意图：设计两个任务目的是让学生有多种选择。学生可以根据自己感兴趣的、擅长的进行选择作业，这样可以最大化地激发学生的兴趣。让学生在真实的情境中，去解决社会上遇到的问题，学会理性发声。对于社会发展中出现的问题进行思考，这也是一种责任和担当。

【板书设计】

男儿何不带吴钩，收取关山五十州

——倾听理性的声音《六国论》

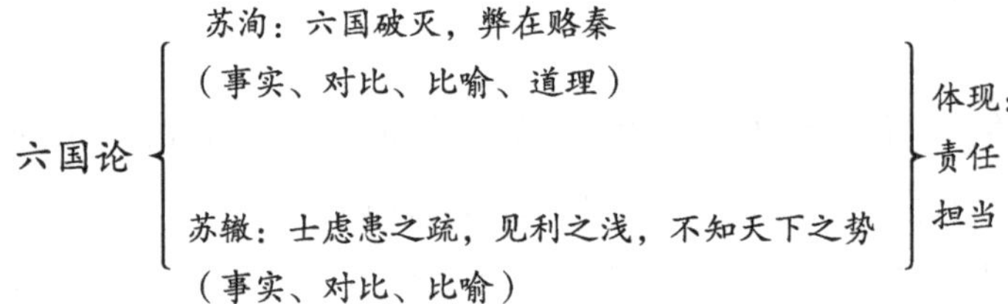

《阿房宫赋》《六国论》群文阅读

——承担责任　勇于担当

新疆克拉玛依市第十三中学　夏静

【设计理念】

统编必修教材共有三个单元归属“思辨性阅读与表达”学习任务群，这是最后一个“思辨性阅读与表达”单元，非常合理地落在理性深化的主题上。本单元两课四篇课文，以“责任与担当”为人文主题，以“倾听理性的声音”为核心任务，旨在引导学生认清事物的本质，辨别是非、善恶、美丑，发展实证、推理、批判与发现的能力，增强思维的逻辑性和深刻性，提高理性思维水平。

【教学目标】

1. 通过回顾文本，联系背景，把握两篇文章的观点，明确两位作者的责任与担当。

2. 通过诗文诵读、角色入戏，以有责任与能担当的文人志士为本，深入体会责任和担当的内涵与外延。

3. 通过拓展延伸，结合名家名句，书写对责任与担当的理解。

【教学重难点】

学生感受体味文章两位作者心系天下、勇于担当的情怀，理解责任与担当的内涵与外延。

【教学方法】

归纳概括、合作探究、角色入戏

【教学课时】

1课时

【教学过程】

（一）导入新课

战国末期，秦国吞并了其他六国，建立了统一的秦王朝，但是秦到二世即走向灭亡。在这一过程中，自古以来的仁人志士从未放弃对历史的思考，既感叹秦国的强大，也思索六国的失败缘由，进而探究秦王朝灭亡之因。“仁者见仁，智者见智。”而被选入教材中的杜牧与苏洵正是这些思考者中的杰出者。那么，今天就让我们一起再次走进《阿房宫赋》和《六国论》，把握两位作者的写作目的，体味他们身上的责任与担当。

（二）课文总览、回顾要点

学生快速浏览课文，结合以下表格，快速回顾上节课主要内容（小组合作，完善表格，代表展示）

篇名	作者	文体	文本内容	理性声音（观点）	说理艺术
《阿房宫赋》				秦国速亡，在于骄奢	
《六国论》			写六国灭亡的原因和教训		对比

展示补填内容，学生自行修改。

篇名	作者	文体	文本内容	理性声音（观点）	说理艺术
《阿房宫赋》	杜牧	辞赋	《阿房宫赋》通过写阿房宫来写秦的灭亡史实、原因和教训	秦国速亡，在于骄奢	铺排
《六国论》	苏洵	史论	写六国灭亡的原因和教训	六国破灭，弊在赂秦	对比

设计意图：通过表格的设计能够对上节课的内容进行简单的回顾，让学生快速回顾文本的核心观点能够快速提升学生对两位作者这种家国情怀的关注，有利于责任和担当的提炼。

（三）依文探究、明确担当

两篇文章不只是交代了各自的观点。《阿房宫赋》一文最后一句与《六国论》最后一段写了什么？它们在内容上的共同点是什么？两位作者为什么这样写？这又体现出作者怎样的情怀？

明确：

1. 写了什么？

《阿房宫赋》一文最后一句与《六国论》最后一段都交代了两位作者的写作目的，前者是要规谏统治者不能大兴土木，要爱惜民众；后者劝谕当朝统治者“无使为积威所劫”。

2. 为什么这样写？

（1）《阿房宫赋》写于公元825年，杜牧23岁。杜牧所处的时代，政治腐败，阶级矛盾异常尖锐，他希望当时的统治者励精图治、富民强兵，而事实恰恰和他的愿望相反。唐朝统治者不仅沉溺声色而且又“好治宫室”，他在《上知己文章启》中明白地说：“宝历大起宫室，广声色，故作《阿房宫赋》。”可见《阿房宫赋》的批判锋芒，不仅指向秦始皇和陈后主、隋炀帝等亡国之君，而主要是借古讽今，指向当时的最高统治者。

（2）宋朝是我国历史上比较软弱的一个王朝。宋太宗以后，国势就渐渐衰弱。宋朝初年，北边已经有敌国契丹，宋仁宗时，西边又出现了敌国西夏。宋朝受着这两个国家的威胁和侵犯，却不敢对他们进行坚决的抵抗，只想用屈服妥协的办法，向他们纳银输绢换取和平。宋朝这样一再向敌人屈服妥协，结果增加了敌人的财富，削弱了自己的力量，带来无穷的后患，而实际上并不能换得和平。在北宋为周边国家蚕食侵割之时，作者的《六国论》意在警告北宋统治者不要采取妥协苟安的外交政策。

3. 体现了什么？

杜牧总结秦朝覆亡教训，意在针砭时弊；苏洵探究六国破灭缘由，旨在警示当朝。他们心系天下，勇于担当，字里行间可见其拳拳之心。他们自觉承担匡世济民的责任，积极建言献策。他们忧国忧民，心怀天下，坚守道义，敢于担当，令后人崇敬景仰。

设计意图：通过本环节，使得学生能够跳出文本内容的理解转向对作者情感的关注，对本科人文主题——责任和担当的教学是很重要的一环，由浅入深，不断提炼。

（四）角色入戏、体味担当

杜牧和苏洵都心怀天下，忧国忧民，那么古代还有哪些文人志士有这样的品质呢？请围绕“责任与担当”的话题，各自小组选定一个最具代表性的人物，分别围绕不同的议题（如“古代士人的担当”“以天下为己任”“忧国忧民”“匡世济民”等），小组内课前展开讨论，最终从诗文诵读、角色扮演、专家外衣、如坐针毡四种展现形式中任选择一种，分小组进行展示。

要求：各小组选定不同的人物，小组每位成员分工到位，按照活动任务精心展示，着重展示古代文人志士的优秀品质，体现责任和担当。每个小组展示之后，其他小组要根据活动进行点评。

设计意图：通过本环节古代文人志士的优秀品质的概括以及角色入戏去演绎这些文人志士，让学生更深一层地理解责任与担当自古以来就是一种最优秀的品质，是需要现下的青少年们去传承的。

（五）归纳总结、理解担当

结合学案所给资料，请同学们分别用两个词语来对责任和担当的内涵进行总结，并结合这两篇文章的作者进行简单说明。

1. 关于“担当”

（1）何谓“担当”？担当是一种态度。它需要我们有“铁肩担道义”的气魄，有舍我其谁的大公大勇之心，不计较得失，不踌躇功过，不在乎流言，让自己成为基石，担当起家庭、社会、民族、国家赋予我们的使命。不躲避、不推诿、不迷失，坦荡荡，此乃大丈夫也。

（2）怎样“担当”？担当需要勇气，更需要行动、能力和智慧。担当不仅仅是匹夫逞一时之勇，莽夫抒一时之气，它更需要我们有敏锐的判断，有坚实的双肩。

2. 关于“责任”

（1）何谓“责任”？责任是一个人分内应做的事情，也就是承担应当承担的任务，完成应当完成的使命，做好应当做好的工作。无论是道德责任，还是法定责任，都不以个人意志为转移。

（2）怎样“负责任”？一切追求文明和进步的人们，应该基于自己的良知、信念、觉悟，自觉自愿地履行责任，为国家、为社会、为他人做出自己的奉献。

设计意图：在角色入戏，体味担当的基础上，进一步结合学案所给知识点以及文本作者的情怀对责任和担当的内涵进行总结，结合两篇文章的作者来谈是对责任和担当以及文本更深一层的理解。

（六）拓展延伸、书写担当

从古代仁人志士的最具代表性的文章中，任意选择最具代表性的一句，参照以下范例，书写其体现出了作者怎样的责任和担当。

范例：“先天下之忧而忧，后天下之乐而乐。”——北宋·范仲淹《岳阳楼记》

“先天下之忧而忧，后天下之乐而乐”意思就是应把国家、民族的利益摆在首位，为祖国的前途、命运分愁担忧，为天底下人民的幸福出力，表现出远大的政治抱负和伟大的胸襟胆魄。

设计意图：进一步加深对责任和担当的理解，通过书写来表现对这些古代仁人志士的尊敬和敬仰，关键是要表达出如何更好地传承这种品质。

（七）课堂总结、勇于担当

《阿房宫赋》探讨秦国速亡的原因，《六国论》阐发六国破灭的缘由。前者写于唐朝日渐衰亡之际，后者写于北宋为周边国家蚕食侵割之时，均为借古鉴今、针砭时弊的名篇。我们从中感受到了以天下为己任的家国情怀。作为新时代青年，我们也应当肩负自身的责任，为中华民族伟大复兴而不懈奋斗。

学生齐读习近平总书记有关责任与担当的话语，结束本节课。

习近平总书记：新时代中国青年要勇做走在时代前列的奋进者、开拓者、奉献者，毫不畏惧面对一切艰难险阻，在劈波斩浪中开拓前进，在披荆斩棘中开辟天地，在攻坚克难中创造业绩，用青春和汗水创造出让世界刮目相看的新奇迹！

【作业设计】

阅读下面的材料，根据要求写作。（60分）

“国而忘家，公而忘私。”——西汉·贾谊《陈政事疏》

“先天下之忧而忧，后天下之乐而乐。”——北宋·范仲淹《岳阳楼记》

“我将无我，不负人民。我愿意做到一个‘无我’的状态，为中国的发展奉献自己。”——习近平

要求：综合材料内容及含意，选好角度，确定立意，明确文体，自拟标题；不要套作，不得抄袭；不少于800字。

写作指导：“国而忘家，公而忘私”的意思是为了国事而忘记家事，为了公事而忘记私事，形容一心为公为国；“先天下之忧而忧，后天下之乐而乐”的意思就是应把国家、民族的利益摆在首位，为祖国的前途、命运分愁担忧，为天底下人民的幸福出力，表现出远大的政治抱负和伟大的胸襟胆魄。意大利众议长菲科曾向习近平主席提问：“您当选中国国家主席的时候，是一种什么样的心情？……因为我本人当选众议长已经很激动了，而中国这么大，您作为世界上如此重要国家的一位领袖，您是怎么想的？”习近平主席的目光沉静而充满力量，他说：“这么大一个国家，责任非常重，工作非常艰巨。我将无我，不负人民。我愿意做到一个‘无我’的状态，为中国的发展奉献自己。”以上几句话都表达了一种为国为民、忘我无我的无私奉献精神。

参考立意：人生大境界——无我；为国为民，忘我无我。

设计意图：结合课堂练笔，把课堂的理解结合具体的材料进一步升华，结合当下的中国，我们作为青年一代该如何具体理解责任和担当。

佳作展台：

以“无我”之心，做“为民”之事

“这么大一个国家，责任非常重，工作非常艰巨。我将无我，不负人民。我愿意做到一个‘无我’的状态，为中国的发展奉献自己。”当意大利众议长菲科问到当选国家主席时的心情时，习近平主席如此回答。习近平主席充满无私精神的回答振聋发聩，展现了一位大国领袖心中装着人民，赤子之心付与苍生的大爱情怀。

“我将无我，不负人民。”简单质朴的话语中，透着浓浓的为民情怀。“人民对美好生活的向往，就是我们的奋斗目标。”全党和全国各族人民砥砺拼搏、不懈奋斗，攻克了前进道路上的一道又一道难关，书写了改革发展征程中的一个又一个奇迹，中国人民和中华民族的道路自信、理论自信、制度自信

和文化自信得到前所未有的提升。习近平主席用实实在在的行动，生动地诠释着“我将无我，不负人民”的真谛。

“先天下之忧而忧，后天下之乐而乐”，“无我”就是要以天下为己任。战国时代，列国纷争，战火连天，孟子对此深感忧虑，他提出了“乐以天下，忧以天下”的政治理想，要求统治者与天下人同忧同乐。唐代柳宗元《捕蛇者说》，揭露中唐征收重税的罪恶，希望统治者关心民生。海瑞一生两袖清风，他关心百姓，无论是饥荒还是水灾，都冲风冒雨，亲劳亲为。晚清以后的近现代，中国积贫积弱，列强环伺，孙中山先生提出“民族、民权、民生”的三民主义。鲁迅先生忧虑国民，弃医从文，用他笔下的文章来唤醒沉睡的国人。毛泽东、周恩来、朱德等老一辈无产阶级革命家，为“天下劳苦大众谋幸福”，几十年出生入死，缔造了中华人民共和国。新时期的领导者，为了实现天下人“共同富裕”的理想，实现中国的现代化，确立了改革开放的正确策略，把“科学发展”“改善民生”放在了突出位置。他们也正实践着古人“先天下之忧而忧，后天下之乐而乐”的伟大政治抱负。

“国而忘家，公而忘私”，“苟利国家生死以，岂因祸福避趋之”。“无我”，就是要以身许党许国。为了坚定地践行“为人民做好事”的理想，就必须做到公而忘私、国而忘家，勇于直面各种矛盾风险与挑战。“不要人夸颜色好，只留清气满乾坤。”不慕虚名、崇尚实干，是共产党人的鲜明品格。统筹推进“五位一体”总体布局，协调推进“四个全面”战略布局，一步一个脚印把既定的行动纲领、战略决策、工作部署变为现实。过去五年，习近平主席领导中国共产党人，解决了许多长期想解决而没有解决的问题，办成了许多过去想办而没有办成的大事，推动党和国家事业发生历史性变革，以实实在在的实干业绩、发展成就，诠释了“人民至上”的铮铮誓言。

当前，我国改革发展面临的环境更严峻更复杂，可以预料和难以预料的风险挑战更多更大，人民群众追求美好生活的愿望十分强烈，这就需要广大党员干部尤其是领导干部，以“无我”的状态投入推进改革发展稳定的各项工作中，甘于奉献、勇于担当，才能战胜各种困难与挑战，才能不断取得新胜利、创造新辉煌。

“圣人不利己，忧济在元元。”为中国人民谋幸福，为中华民族谋复兴，是中国共产党人的初心和使命。只要我们每一个共产党人都能坚持以“无我”

之心做好“为民”之事，始终为人民不懈奋斗、同人民一起奋斗，就能在筑梦征程上不断书写新的更大奇迹，把前无古人的伟大事业推向前进。

【板书设计】

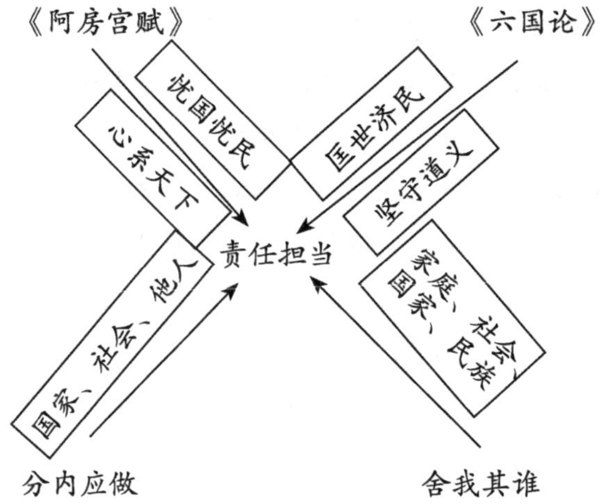

统编版选择性必修

选择性必修上册第一单元

复兴故事　传承三五九旅精神

新疆生产建设兵团第一师第二高级中学　李晓丽

【设计来源】

1. 本单元对应的任务群任务和目标：本单元对应的是“中国革命传统作品研习”学习任务群，本任务群的学习目标与内容是诵读革命先辈的名篇诗作，体会崇高的革命情怀，感受作品中革命只是英雄人物和劳动模范的艺术形象，弄清作品的时代背景，把握作品的内涵，理解作者的创作意图，获得审美体验，结合自己的生活经验和阅读写作经历，发挥想象加深对作品的理解，力求有自己的独到认识。

2. 是来自选择性必修课程的学习要求：关于选择性必修的要求在4-2中明确说道，要求在表达时讲究逻辑，注重情感，能综合运用多种表达方式。从多个角度、多个方面表达自己的理解和感受。力求做到观点明确、内容丰富、思路清晰、感情真实、健康、表达准确生动。

3. 来自本地特有的语文资源：本地特有的阿拉尔市中心的“三五九旅军垦博物馆”经过调查有70%的学生都参观过，但印象不是特别深刻，所以刚好在暑假让学生再次参观，把印象最深刻的记录下来，所以以此为契机让学生走进博物馆亲自去感受革命人的革命情怀兵团人的兵团精神。

4. 来自本单元的单元主题和单元任务：本单元的单元主题是复兴，单元研习任务是以班级为单位，参观访问家乡的爱国主义教育基地或革命历史遗迹，并查阅资料，搜集、积累相关素材，选择自己擅长的文体进行写作。

【设计思路】

设计思路：以“讲解复兴故事传承三五九旅精神”为主任务，设计了四个小任务：

任务一：“三五九旅军垦博物馆”为庆祝中华人民共和国成立73周年，专门开设了复兴馆，其中陈列的照片就是本单元所选文章中的插图，您作为一名志愿讲解员，任选1幅或2幅，为其写一段解说词。

任务二：在所有文章中只有第二篇《长征胜利万岁》这篇文章没有插图，请根据你对文章内容的理解和把握，网上搜集一到两张你觉得最能表现这篇文章内容的插图作为本篇文章的插图，并为这幅图片写一份解说词。同时给统编教材的编写者写推荐理由。

任务三：2022年10月1日，为庆祝中华人民共和国成立73周年和新疆生产建设兵团成立68周年，阿拉尔正在举行全城《致敬复兴英雄——红色故事讲解员大赛》，就你在“三五九旅军垦博物馆”观看到的让你印象最深的一幅画、一件文物或是本单元的文章插图，配上你独特的讲解词，并录制成音视频。

任务四：作为新时代的阿拉尔居民，在看了“三五九旅军垦博物馆”最后所陈列的“阿拉尔整体规划模拟图”，请你据此给本单元课文出现的革命家或“三五九旅军垦博物馆”看到的兵团革命家，写一封介绍阿拉尔现在以及未来的信。

任务五：作为新时代的三五九精神的传人，结合本单元文章和你知道的家乡英雄为他或是为新时代的三五九旅精神传人写首现代诗。

【学情分析】

经过统编高中语文教材选择性必修上册第一单元的学习，学生对革命情怀已有了较浅的接触。同时，经过必修上册第四单元的调查和学习，学生对阿拉尔的了解相对深入了许多，尤其对家乡的来源和发展了解比较深入。

【课前准备】

（一）学生准备

观看《致敬国家的丰碑　全国红色故事讲解员》大赛，让学生明白了讲解一段故事应准备很多。应该对文本或是故事后面的故事挖掘很深，同时讲解的切入点要好。

参观“三五九旅军垦博物馆”，并拍下你印象最深的一幅画、一个物件或是其他。

通读本单元的五篇课文，并查阅资料，完成下面图表。

篇目	文体	时代背景	文本故事	感情	手法
中国人民站起来了					
长征胜利万岁					
大战中的插曲					
别了，“不列颠尼亚”					
县委书记的榜样——焦裕禄					

（二）教师准备

多媒体课件

【核心素养目标】

语言建构与应用：用自己的生动、富有感情的语言讲解文中插图或是给你在“三五九旅军垦博物馆”观看到的印象最深的一幅画、一件文物配上独特的讲解词故事。

审美鉴赏与创造：通过为《长征胜利万岁》选插图提升学生的审美删选能力。

文化传承与理解：理解伟大复兴的艰难历程以及三五九旅精神的内涵和自己的使命与担当。

【教学课时】

3课时

【教学方法】

小组活动、讲解比赛

【教学过程】

第一课时

（一）导语设计

一个物件，一幅插图，一段故事，是讲解让那些封存的历史鲜活、熟悉而又隽永，相信同学们在看了《致敬复兴英雄——红色故事讲解员大赛》之后和我一样有这样的感受。好的讲解员有怎样的特征呢？出示讲解员大赛的评分标准。

仪容仪表体态	讲解内容	讲解结构	发音正确	语速适当	情感表达：现场感染力
10	30	10	10	10	30

（二）情境任务

一代人有一代人的长征路，实现中华民族的伟大复兴，是我们每一个中华儿女的共同梦想，为了这一梦想，中国人民不畏艰难险阻，是先辈的努力奋斗牺牲，让我们越来越接近这一梦想，为了让这些复兴故事，源远流长，阿拉尔市正在举办《致敬复兴英雄——红色故事讲解员大赛》，今天我们就在班级先筛选一下，今天的讲解故事只能是统编语文教材选择性必修的第一单元的四篇课文。（活动一）

（三）学习任务一

四人一组，组内先讲先筛选，然后推荐一名讲解员。

学生活动：一位讲解员讲完，让学生从讲解员的仪容仪表、讲解内容（和文本的主要内容契合度）、讲解的结构（层次分明、详略得当、逻辑性）、语言语调（普通话标准、语调自然、音量适中、肢体语言是否规范）、现场的感染力这几个方面进行点评。

活动一老师小结：好的讲解不仅仅让我们知道了图片背后的故事，更让我们看到讲解者的感情以及讲解者对我们内心感情产生的激荡，总之好的讲解不仅是一场视听的盛宴，更是一场精神的洗礼。

第二课时

（四）学习任务二

在所有文章中只有第二篇《长征胜利万岁》这篇文章没有插图，请根据你对文章内容的理解和把握，网上搜集一到两张你觉得最能表现这篇文章内容的插图作为本篇文章的插图，并为这幅图片写一份解说词。同时给统编教材的编写者写推荐理由。

活动二小结：好的插图会让文本也生动形象起来，看到你的推荐理由，我相信下届学生的书本中会有这样的插图。

第三课时

（五）学习任务三

2022年10月1日，为庆祝中华人民共和国成立73周年和新疆生产建设兵团成立68周年，阿拉尔正在举行全城《致敬复兴英雄——红色故事讲解员大赛》就你在“三五九旅军垦博物馆”观看到的让你印象最深的一幅画、一件文物或是本单元的文章插图，配上你独特的讲解词，并录制成音视频。

（六）学习任务四

今天我们在班级开展阿拉尔全城《致敬复兴英雄——红色故事讲解员大赛》的初赛，请你据此写篇新闻报道推送校园广播。

【作业设计】

作为新时代的阿拉尔居民，在看了“三五九旅军垦博物馆”最后所陈列的“阿拉尔整体规划模拟图”，请你据此给本单元课文出现的革命家或“三五九旅军垦博物馆”看到的兵团革命家，写篇人物通讯报阿拉尔报社。（关于人物通讯我们在必修上册第二单元“劳动光荣”已经学过）

【板书设计】

第一课时：讲解复兴故事

好的讲解：符合文本感情、富有感染力、语言表达得体、切入点新

第二课时：讲解复兴故事

选图标准：符合文本、富有时代气息、绘画美

第三课时：

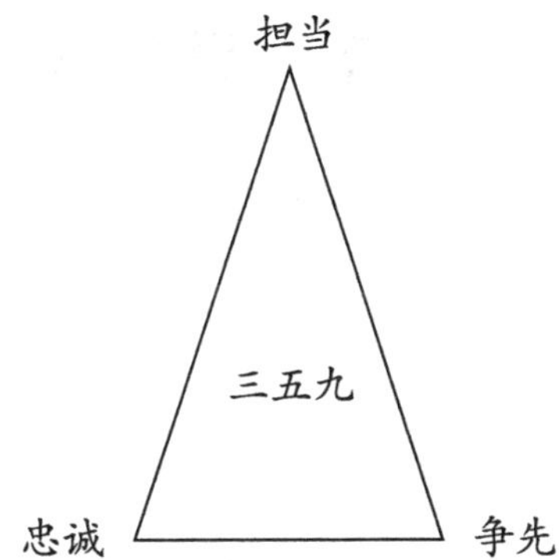

选择性必修上册第二单元

明德修身重内省，知行合一在化人

新疆生产建设兵团石河子一中　马奋虎

【单元目标】

本单元以“立德树人，修身养性”为人文主题，属于高中语文18个学习任务群中的“中华传统文化经典研习”学习任务群。

本单元集中学习先秦诸子散文，以加深对传统文化之根的理解。此单元共安排了三课六篇文章：《〈论语〉十二章》《大学之道》《人皆有不忍人之心》《〈老子〉四章》《五石之瓠》《兼爱》，课文分别出自《论语》《礼记》《孟子》《庄子》《老子》《墨子》，三课分别体现了儒家、道家和墨家对时代的洞察，对社会人生的思考，思考其思想学说对立德树人，修身养性的现实意义。课文旨在通过学习诸子六家让学生初步整体了解中华传统文化的源头概貌，在研习这些内容的同时兼顾或思辨或文学的表达。

【学习目标】

1. 掌握文中重要的文言词句，背诵《大学之道》。

2. 通过理解“三纲”“八目”的核心概念，把握文章主旨，认识观点的价值和意义。

3. 学习中华优秀传统文化，认识“明德修身”的重要性及现代价值。

【学习重难点】

重点：“三纲”“八目”的论说体系及其内部关联。

难点：知行结合，认识“明德修身”现代价值。

【教学过程】

（一）导入新课：情境导入，渲染氛围

师：大家对比以下名校的校训，思考有何共同点?

华中科技大学：明德厚学，求实创新

香港大学：明德格物

厦门大学：自强不息，止于至善

华东理工大学：大学之道，在明明德，在亲民，在止于至善

明确：源自或部分源自《大学》。

师：看来名校的传统文化底蕴都是非常厚重的，设计的校训根植于儒家传统文化经典。在此祝愿各位同学都能两年后圆梦高考，进入自己心目中的理想大学。接下来让我们汲取儒家传统经典《大学之道》的养料，学以致用。

（二）任务一：读经典，明大义

活动一：解题释疑，认识文本价值

师：同学们，刚才说的你心目中理想的大学非文本中的“大学”，大家根据所学借助注释，谈谈课文中的“大学”是什么意思，《大学》在儒家经典中的地位和价值，读过的同学和大家分享一下，老师补充。

明确：大学有两种意思，一是大人之学：“大学”相对“小学”而言，是说它不是讲“详训诂，明句读”的“小学”，而是大人之学。古人八岁入小学，学习“洒扫应对进退、礼乐射御书数”等文化基础知识和礼节。二是治国安邦的大学问：古人十五岁入大学，学习伦理、政治、哲学等“修己治人，治国安邦”的大学问。文中侧重于第二种意思。大学之道，指穷理、正心、修身、治人的根本原则。《大学之道》节选自《礼记》。宋代以前，《大学》一直从属于《礼记》。《大学》与《中庸》《论语》《孟子》合称为“四书”，是儒家传统经典，并被确立“四书之首”的地位。

活动二：诵读经典，夯实文言基础

1. 自主阅读，结合注释，在课本上标注疑难词句。

2. 共同成长合作伙伴讨论，交流疑难词句，还不能解决的求助老师。

3. 四个共同成长合作伙伴小组分组诵读，每组推荐一位领读，其他成员齐读。

参照评价表，老师和未读的同学对各组的朗读进行指导评价。

<table>
<tr><th>组别</th><th>读音</th><th>停顿节奏</th><th>重音语调</th><td rowspan="5">满分100分，发现错误扣1分，以得分高者胜出，对优胜组掌声鼓励，发现问题多的同学也进行奖励</td></tr>
<tr><td>鲲鹏组</td><td></td><td></td><td></td></tr>
<tr><td>雄鹰组</td><td></td><td></td><td></td></tr>
<tr><td>战狼组</td><td></td><td></td><td></td></tr>
<tr><td>天宫组</td><td></td><td></td><td></td></tr>
</table>

评价要点示例：

（领）大学/之道，在/明明德，在/亲民，在/止于/至善。

（齐）知止/而后有定，定/而后能静，静/而后能安，安/而后能虑，虑/而后能得。物有/本末，事有/终始。知所/先后，则/近道矣。

（领）古之/欲明/明德于天下者，先/治其国；欲/治其国者，先/齐其家；欲/齐其家者，先/修其身；欲/修其身者，先/正其心；

（齐）欲/正其心者，先/诚其意；欲/诚其意者，先/致其知。致知/在格物，物格/而后/知至，知至/而后/意诚，意诚/而后/心正，

（领）心正/而后/身修，身修/而后/家齐，家齐/而后/国治，国治/而后/天下平。

（齐）自天子/以至于/庶人，壹是/皆以/修身为本。

（三）任务二：品经典，学做人

活动三：明确核心概念，探究“三纲”“八目”的内部关联

师：《大学》是儒家重要思想的重要著作，课文节选部分提出了“三纲”“八目”，请同学们从课文第一段提炼“三纲”的信息，从课文第二段提炼“八目”的信息填写在下面横线处，并思考“三纲”“八目”的内部关联。

“三纲”：________，________，________。

“八目”：____，____，____，____，____，____，____，____。

师：请同学们结合教材第35页“学习提示”第二段明确核心概念“三纲”“八目”。

师：再读课文第一段，结合所学阐释“大学之道，在明明德，在亲民，在止于至善”的含意？思考“三纲”在全文中具有怎样的作用？试着分析本段的论证层次。

明确：《大学》节选开篇便开宗明义，指出“大学之道，在明明德，在亲民，在止于至善”。所谓“明德”，就是人天生固有的美德，但这种美德会被外在的东西染污，“明明德”就是把人生来固有的美好德行激发出来。爱因斯坦说：“启发我并永远使我充满生活乐趣的理想是真善美。”“明明德”是自身的修养。“亲民”就是推己及人，自己不仅要彰明美德，而且要亲近爱抚民众，提升他人的修养。“止于至善”就是不论“明明德”还是“亲民”，都要达到道德修养至善至美的境地，从而使全社会成员的道德趋于完善。朱熹认为“此三者，大学之纲领也”，这三纲领构成了一个由低级到高级、由个体到群体再到社会的层层递进的完整体系，彰显了儒家以教化为手段达到德政目的的施教主张，对当前我们倡导的立德树人，修身养性具有非常强的现实意义。这也体现了内修到外治的责任担当意识。

师：为了实现“三纲领”，就要通过一些方法和手段，那就是“八条目”。“八目”具体指哪些内容？联系第一段，请阐释“三纲”“八目”之间的关系。

明确：“三纲领”是《大学》思想的总纲，是根本宗旨，是指导思想。而“八目”是总纲下的具体内容：格物、致知、诚意、正心、修身、齐家、治国、平天下。它们是一个不可分割的整体。

“格物”是人生修养完善以至成就大业的起点，做到了“格物”和“致知”才能真正做到“诚意”“正心”，做到“诚意”“正心”也就是真正地面对自己，才能真正做到“修身”，继而才能“齐家”，然后从“齐家”到“治国”，最后才能“平天下”。在“八条目”之中，“格物、致知、诚意、正心”对应的是三纲领中明明德的内修阶段，“齐家、治国、平天下”对应的是三纲领中亲民外治阶段，“修身”是中枢环节，既是“格物、致知、诚意、正心”的发展终点，又是“齐家、治国、平天下”的发展起点。“八条目”之间环环相扣，层层递进，有着明确的先后顺序，也照应了第一段“物有本末，知所先后”。

师：请同学们根据“三纲”“八目”的严密思维逻辑试着背诵课文，做到传承传统文化经典入脑入心，学以致用。限时5分钟。老师要根据抽背的同学们的背诵情况完善板书。

（四）任务三：析经典，学作文

活动四：依样葫芦，学习论证

师：正如上个任务所言，《大学之道》在论述时采用了很多递进论述的方法，如：“知止而后有定，定而后能静，静而后能安，安而后能虑，虑而后能得。”文章中还有其他类似论证吗？请共同成长合作伙伴小组试着找出来，体会其中的论证逻辑，弄明白它们所说的道理，在此基础上说明本文论证上的特色。

明确：“古之欲明明德于天下者，先治其国；欲治其国者，先齐其家；欲齐其家者，先修其身；欲修其身者，先正其心；欲正其心者，先诚其意；欲诚其意者，先致其知；致知在格物；物格而后知至，知至而后意诚，意诚而后心正，心正而后身修，身修而后家齐，家齐而后国治，国治而后天下平。”

这个论述，从论证范围来说，先是由大至小，各条目之间是条件关系：平天下必先治国，治国必先齐家，齐家必先修身，修身必先正心，正心必先诚意，诚意必先致知，致知必先格物；再由小至大，条目之间是因果关系：物格而后知至，知至而后意诚，意诚而后心正，心正而后身修，身修而后家齐，家齐而后国治，国治而后天下平。条目之间脉络清晰，无论是由大至小的条件关系，或者是由小至大的因果关系，剖析深刻，逻辑严密，思维清晰。

明确论证特色：总分式论证结构，层层推进，逻辑严密。

师：我们高二的同学已经学习如何写议论文了，本课的论证方法对我们写作很有启示。请同学们认真研习，完成本课的写作任务——作业设计。

【作业设计】

《大学之道》以其精微的语言告诉我们，只有播下“格物、致知、诚意、正心”的种子，才会生出“修身”之根，进而长出“齐家、治国、平天下”之枝干，最终结出“明明德、亲民、止于至善”之果实。高二的同学们，国庆节前将举行“喜迎国庆，庆贺成人”为主题的成人礼，你将作为有为青年的学生代表在成人典礼上发言，你有什么话要对同学们说吗？请结合今天所学的“三纲”“八目”，写一篇演讲稿。

要求：思路清晰，层层推进，逻辑严密，有感染力。字数700字左右。

【板书设计】

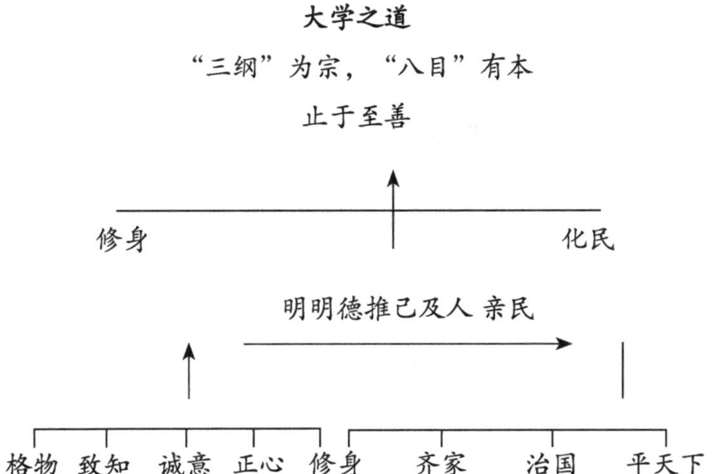

选择性必修中册第一单元

《修辞立其诚》《怜悯是人的天性》《人应当坚持正义》

——领会思想内涵，探寻人生智慧

新疆克拉玛依市南湖中学　卢晨晨

【单元设计意图】

从古至今，“真”和“善”一直是人们追求的美好品德，但是在不同的历史背景下，不同的人对其有不同的阐发。理解和践行这些优秀品质，思考它们的当代意义，是这一环节的主要任务。这一学习任务引导学生通过学习《修辞立其诚》《怜悯是人的天性》《人应当坚持正义》三篇文章，理解作者的基本观点，分析探讨这些观点在不同时代的具体表现，进而形成客观、全面、动态的认识。

第4—5课时

【学习目标】

1. 学习《修辞立其诚》《怜悯是人的天性》《人应当坚持正义》，了解文章的主要内容，理清论述思路和论述方式。

2. 探讨《修辞立其诚》《怜悯是人的天性》《人应当坚持正义》三篇文章

的观点的联系和在不同时代的表现和意义。

【学习任务】

理论不仅在社会实践方面帮助指导我们的思想，更在修身处事方面给我们以思考与启迪。请你结合文本内容，通过填写表格的方式，帮助吴学理同学理解真诚和怜悯心的内涵及联系，以及思考它们对于当代的启示意义。

学习活动一

速读《修辞立其诚》《怜悯是人的天性》《人应当坚持正义》三篇文章，整体感知文章内容，结合已给问题或提示，填写表格或思考作答。

1. 阅读《修辞立其诚》，把握文章核心观点，梳理文章的行文脉络，理清论述思路和论述方式。

（1）“修辞立其诚”的内涵是什么？

（2）围绕“立其诚”，文章由修辞写到为人，作者做了哪些思考和阐释？

（3）从多个维度思考“修辞立其诚”对我们立身处世的启发意义。

<table>
<tr><th colspan="2">行文脉络</th><th colspan="2">层进式论证</th></tr>
<tr><th>段落</th><th>段落内容</th><th>论证思路</th><th>论证方式</th></tr>
<tr><td>第1段</td><td>提出观点，阐释核心概念</td><td>提出观点</td><td rowspan="4">立论</td></tr>
<tr><td>第2—5段</td><td>解释题目内涵：“立其诚”的三层含义</td><td>“修辞”立其诚</td></tr>
<tr><td>第6—10段</td><td>论证分析“修辞立其诚”
6段：学说、言论、文章，立其诚；
7段：哲学、科学的目的在于追求真理，立其诚；
8段：正确地认识世界，改造世界，立其诚；
9段：端正学风，立其诚；
10段：说话、表达，立其诚</td><td rowspan="2">“为人”“治学”立其诚</td></tr>
<tr><td>第11段</td><td>升华认识：“修辞立其诚”是一个唯物主义的原则，唯物主义是科学研究的真实基础</td></tr>
</table>

2. 阅读《怜悯是人的天性》，整体感知文章，总结段意，梳理思路，体会作者思维逻辑的严密性。

（1）自主阅读。整体感知文章，总结段意。

（2）研读文章。梳理思路，理解作者反驳观点的思维过程。

（3）分享交流。小组进行分享、交流、补充，推选一人进行全班分享交流。

行文脉络		层进式论证	
段落	段落内容	论证思路	论证方式
第1段	提出怎样才能更幸福的话题	辨析美德与邪恶	驳论（先破后立）
第2段	批驳霍布斯的“人天生是恶人”的观点，引出人天生拥有“怜悯心”的认识	批驳霍布斯	
第3段	分析人和动物拥有怜悯心的本质	引出“怜悯心”	
第4段	列举怜悯心的表现，对比野蛮人与文明人的行为	“怜悯心”的表现	
第5段	借助对比，深度阐释怜悯心的意义	“怜悯心”的意义	

3. 阅读《人应当坚持正义》，梳理文章的逻辑框架，感受苏格拉底的论辩艺术。

（1）尝试用思维导图梳理出苏格拉底与格黎东对话的逻辑框架。

要求：在阅读过程中圈画出苏格拉底列举出每部分对话的前提，留意苏格拉底在反驳格黎东时抓住的关键问题。

（2）根据苏格拉底和格黎东的对话，总结苏格拉底论辩艺术的特点。

提示：

从态度上思考：

从设问方式上思考：

（3）探讨苏格拉底选择的意义，结合生活谈谈坚持正义的社会意义。

苏格拉底拒绝越狱逃跑的态度及其所体现的精神，历来广受赞赏，但也有人认为，雅典法庭判处苏格拉底死刑的罪名“不敬神明”，是不正义的判决。苏格拉底欣然接受不正义的判决，这种态度不值得赞赏。你认为苏格拉底的选择是否值得？请写下你的看法在班级交流。

提示：首先要正确认识苏格拉底的做法，辩证看待“正当”与“道义”的问题，并且要结合一定的社会历史背景发散思维，以及公民对待法律的态度和责任。

学习活动二

比较三课内容，阐述观点之间的联系，明确立身处世的原则。

1.《修辞立其诚》强调为文为人要“真”，《怜悯是人的天性》认为人的天性为“善”，《人应当坚持正义》强调做人要“正义”。三篇文章都涉及立身处世的原则问题，在充分理解文章主旨的基础上，说说这些观点之间的区别和联系。

	观点	本质	联系与区别
《修辞立其诚》	修辞立其诚	求真、求实	联系：人生应当追求真、善、美的品质，三者合而为一，互为补充。 区别： 1.“真”“善”侧重人性品质。 2.“正义”侧重做人准则
《怜悯是人的天性》	怜悯是人的天性	善良是天性	
《人应当坚持正义》	人应当坚持正义	正义是人生准则	

2.“真”和“善”是人类美好的品格，也是长期以来哲学领域探讨的重要话题。《修辞立其诚》关注的是“真”，《怜悯是人的天性》关注的是“善”。“真”和“善”的内涵是恒久不变，还是随着时代的发展而变化？是否存在不同的表现形式？请结合这两篇文章，写下自己的思考。

示例：

①“真”和“善”无论在什么年代，处于什么历史背景，都应该是人们积极追求并且保持的美好品质。

② 在不同的情况下，尤其是在一些特殊的历史时期，“真”和“善”的表现形式可能会有所不同。比如在政治混乱时期，“讲真话”可能就会被迫害，但是不等于应该放弃对“真”和“善”的追求，而是可以用一种隐蔽的方式去坚持。

③“善”作为人的自然情感，先于理性，纯粹的天然的“善”可能无法适应当代的社会关系和政治需要，但是它可以是现代社会公民情感的基础，应该在“善”的基础上，培养出更多更切合当今社会的道德。

【作业设计】

1. 拓展阅读。结合课文，联系下列材料和自己的生活经验，谈谈对人性的理解。可自由讨论，自成一说，但要有理有据。

①“唯天下至诚，为能经纶天下之大经，立天下之大本，知天下之化育。”（《礼记·中庸》）

②“恻隐之心，人皆有之；羞恶之心，人皆有之；恭敬之心，人皆有之；是非之心，人皆有之。恻隐之心，仁也；羞恶之心，义也；恭敬之心，礼也；

是非之心，智也。仁义礼智，非由外我也，我固有之也，弗思耳矣。故曰：‘求则得之，舍则失之。’”（《孟子·告子上》）

③“人之性恶，其善者伪也。”（《荀子·性恶》）

示例：诚，是人性之本，亦是立国之本，是根本法则，是万物之道。材料①出自《礼记·中庸》，意思是：唯有天下最诚信的人，才能掌握治理天下的大纲，才能树立天下的根本法则，掌握天地化育万物的道理。这句话从治国理政、立身处世到自然规律，层层深入，强调了“诚信”的重要性。在今天，诚信对每一个人来说也是一张无形的通行证。要是没有诚信，就缺少了安身立命最根本的条件。

2. 推荐阅读。

《怜悯之心与理想政治——卢梭“怜悯心”与孟子“恻隐之心”之比较》（武云，《马克思主义美学研究》2014年第1期）。

第6课时

【学习目标】

回顾本单元的学习内容，在梳理和探究中认识理论的价值，学习辩证思维方法，深化理性思考，树立求真行善的人生追求。

【学习任务】

围绕本单元的学习，吴学理所在班级举办读书报告分享会，从内容梳理、论证思路、现实思考三个方面展开交流与讨论，深化对学习理论的思考。

学习活动一

结合表格内容完成本单元学习内容的梳理。

单元内容梳理			
板块	文章篇目	角度内容	观点阐释
马克思主义哲学思想	《社会历史的决定性基础》	从唯物史观、辩证唯物主义的学习观和认识论三方面阐释	经济关系是社会历史的决定性基础

续 表

单元内容梳理			
板块	文章篇目	角度内容	观点阐释
马克思主义哲学思想	《改造我们的学习》		用理论联系实际的马克思主义学风，将我们全党的学习方法和学习制度改造一下
	《人的正确思想是从哪里来的》		人的正确思想，只能从社会实践中来
	《实践是检验真理的唯一标准》		实践是检验真理的唯一标准
立身处世的原则	《修辞立其诚》	阐述了真诚、怜悯心和坚持正义的问题	修辞立其诚
	《怜悯是人的天性》		怜悯是人的天性
	《人应当坚持正义》		人应当坚持正义

学习活动二

结合本单元文章的论证方式和论证思路，探究本单元文章的论证方法，探究论证逻辑，填写表格。

论证方式	论证特点	文章举例	论证思路	论证方法
立论	从己方观点切入，或者论证己方观点的合理性，运用由分而总、兼顾正反等论证结构展开分析论证；或者在论证己方观点的过程中，同时兼顾对方观点的漏洞进行论证	《实践是检验真理的唯一标准》	提出问题： 检验真理的标准只能是社会实践。 分析问题： 理论和实践的统一，是马克思主义的一个最基本的原则。 革命导师是坚持用实践检验真理的榜样。 解决问题： 任何理论都要不断接受实践的检验	事实论证
		《修辞立其诚》	是什么：立其诚的内涵及分类 为什么：立其诚符合唯物主义 怎么办：端正学风和真实表达	道理论证

续表

<table>
<tr><th>论证方式</th><th>论证特点</th><th>文章举例</th><th>论证思路</th><th>论证方法</th></tr>
<tr><td rowspan="2">驳论（先破后立）</td><td rowspan="2">从对方观点入手指出错误概念，或者针对对方的错误言论或行为，提炼其特征本质，挖掘其错误根源，进行驳斥论证，从而阐明并论证己方观点；或指出错误概念之后，直接阐述己方概念，进行边驳边立的论证</td><td>《改造我们的学习》</td><td>改造哪些学习
为何要改造学习
如何改造学习</td><td>举例论证
对比论证</td></tr>
<tr><td>《怜悯是人的天性》</td><td>驳论：自然状态下的善恶认知；
霍布斯的错误认知
立论：怜悯是人的天性；怜悯心有助于整个人类的互相保存</td><td>举例论证
对比论证
类比论证</td></tr>
</table>

学习活动三

经过学习，吴学理同学已经感悟到了理论文章、学术文章中的理性光辉与思辨魅力，他和在座的同学们一样，认真地做起笔记。

请同学们和吴学理同学一起，从本单元已学课文中任选一篇自己喜欢的文章，选取一个角度（如思想观点、论证方法、思维方式等）完成读书纸条，与毕知行同学分享自己阅读该文后的收获与感悟。

索引	
摘抄	
评注	

【作业设计】

求真的态度就是实事求是地反映问题，但是吴学理同学在生活和学习中发现，身边有不少人在判断事物时常常不是以求真的态度，而是以“自古以来”“著名专家表示”“书上说”“大多数人认为”作为判断标准，这显然违背了实事求是的原则。请结合本单元中你所掌握的理论学说，运用辩证的思维方法，按照如下的表格，对生活中一些常见的观点提出自己的见解，尝试多角度地分析问题。

常见观点	辩证分析

选择性必修下册第一单元

《诗经·氓》

——聆听淇水河畔控诉　追溯中国诗歌源头

新疆生产建设兵团第六师五家渠高级中学　衷成静

【设计思路】

《氓》是传统名篇，鲁教版教材选入本文，编入“关注女性命运”的单元，统编高中语文选修下册在第一单元第一课选入本文。第一单元主题是“诗意的探寻”，这就需要细细品味咀嚼，多方面探求作品的“诗意”。《诗经》作为我国诗歌的源头，引导学生了解诗歌源流，品味诗歌之美，把握诗歌蕴含的传统文化。

“淇水”这一意象，贯串人物情感和性格变化的始终，有线索、见证和表情的作用。从分析三次淇水的描写入手，分析人物形象，沿着这条贯串人物情感和性格变化的河流，深读文本，引导学生加入丰富想象，感知人物情感变化。

【学习目标】

1. 因声求气，品读诗意，体味情感。

2. 通过“淇水”的意象分析，体悟卫女情感和性格变化；探究“水意象”与爱情的关联。

【学习重难点】

重点：通过“淇水”意象分析，体悟女子情感变化和性格变化的历程。

难点：探究“淇水”在本文中的作用，探究“水意象”与爱情的关联。

【教学过程】

（一）引用名篇，导入新课

《关雎》中在河之洲有窈窕淑女，让君子心生爱慕思恋，《蒹葭》中在水一方的美丽伊人，让男子苦苦追寻。《诗经》中在水边，经常会产生一段奇妙的情感、一段美妙的因缘，可是也会有痛苦的回忆，血泪的教训。今天我们就学习《诗经·氓》，穿越千年时空，去聆听淇水河畔的决绝控诉，去追溯中国诗歌的河流源头。（板书标题）

（二）创设情境完成任务

为更好传承古典文化，让诗歌融入我们的生活，学校团委发出“诗歌走入校园”的倡议，我校“书香校园”电视台联合“雨露戏剧社”开展诗歌诵读活动。电视台要求同学们录制一段3分钟朗诵视频，可以自选搭配音乐，自己确定背景视频画面。我班同学希望选择诗歌《诗经·氓》为创作对象，录制朗诵视频。与此同时我校《晨曦》杂志社创办“品读诗歌”栏目，希望大家创作诗歌赏析文章，踊跃投稿。

设计意图：《普通高中语文课程标准》指出“语文课程应引导学生在真实的语言运用情境中”进行学习，因此需要创设真实的语言运用情境，让诗歌走入现实生活，从而激发学生对诗歌、对传统文化的兴趣。

（三）学习任务一：因声求气，感悟诗情诗意

准确把握诗歌节奏、人物情感，为录制朗诵视频做好准备。

学生活动1：自由诵读，读准节奏，读出诗意。

学生活动：分组讨论，选取最感兴趣的文段，涵泳咀嚼，小组内部推荐2人诵读。

要求：必须符合人物心理，细细品味人物情感。

第一组：甜蜜快乐曲

（1）“送子涉淇，至于顿丘”送出的是一份柔情，一份依依不舍，应读出甜蜜不舍。

（2）“不见复关，泣涕涟涟，既见复关，载笑载言”，主人公深情款款，忐忑焦虑。因爱而哭，因爱而笑，相思缠绕，渴望相见。读出那种悲喜背后的深情。

（3）“以尔车来，以我贿迁”，是爱情的高潮，欢乐的顶峰。

（请学生带着这份甜蜜读你喜欢的句子，尽量读出情感）

第二组：痛苦怨愤曲

（1）“桑之落矣，其黄而陨”“士也罔极，二三其德”，女子的心情是痛苦的，色衰而爱弛，爱弛而恩绝，痛苦无比。

（2）“靡室劳矣”，“靡有朝矣”，婚后辛勤劳作，艰辛苦楚，女子的心情是委屈的、辛酸的，应该读出心酸苦楚的感觉。

（3）“言既遂矣，至于暴矣”，女子的心情是怨恨愤怒的。无悔付出反而遭到丈夫的冷遇甚至家暴，怎能不怨恨、愤怒呢？

（4）“兄弟不知，咥其笑矣”，女子的内心充满担忧无奈，预想返家之后，会遭受嘲讽冷遇。

（5）“士之耽兮，犹可说也，女之耽兮，不可说也”，女子的心情是自责的、内疚的，是清醒理智的。痛彻心底的呼喊是对世上女子的劝告，也是对负心汉氓的谴责和控诉。

第三组：决绝刚烈曲

卫女独自坐到淇水岸边，眼前淇水有岸，有畔，而男子的暴虐之行无边，女子的苦难无边。回首往事，她已看清了男子面目，她也从悲愤中清醒过来，毅然决然地转身离去。因此，应读出主人公的坚毅果断，勇敢决绝。

设计意图：诗歌重在诵读，因声求气，吟咏诗韵。学生通过自由诵读、合作品读，理解深度的方式，加深对诗歌的理解，感受诗歌的韵律美、意蕴美，感知人物的情感美、形象美。

（四）学习任务二：合理想象，确定视频画面

1. 以淇水为背景，设计背景画面，并阐明设计理由。

2. 加入合理想象，揣摩人物心理，确定视频画面。

学生活动1：依据文本选择背景画面，阐明设计理由。

从文本中找出三处写到淇水的句子，可以尝试以淇水为背景，分为三幕。

但是每一幕中，随着经历的变化，淇水的状态也都发生了巨大的变化。

第一幕画面：第一次穿越淇水，淇水在柔风的吹拂下，泛起阵阵涟漪，岸边的花儿悄然开放，远处的桑树嫩芽吐露，在阳光下，甚是鲜嫩肥美。

阐释设计理由：正是卫女和氓两情相悦的恋爱时期。女子怀着甜蜜的心情，沉醉于爱河。这时淇水是一条爱河，淇水河畔留下了二人你侬我侬的欢声笑语，留下了二人相爱相随的串串足迹。淇水是爱情的见证，是婚恋生活甜蜜的象征。

热恋—爱河—喜悦、幸福、甜蜜

第二幕画面：再过淇水，二人处于婚变期，淇水汹涌澎湃，奔腾怒吼，疯狂地拍打着岸边，寒凉如冰。远处的桑树，树叶飘零，在漫天的秋风中，在如血的残阳下孤独地哭泣。

阐释设计理由：此时卫女感慨万千，各种委屈悲愤汹涌而出，悲从中来。汤汤之淇水是女子悲伤成河的内心写照，它如悲愤喷薄的火焰，如女子流不完的悔恨自责的泪水，昔日的爱河化为冰冷的泪河。

婚变—泪河—痛苦、痛恨、怨愤

第三幕画面：风渐渐远去，淇水归于平静，波澜不兴，云淡风轻。桑葚树安详柔和地远远矗立在夕阳下，散发着圣洁的光芒。

阐释设计理由：卫女独自坐到淇水岸边，眼前淇水，回首往事，不再流泪，她已看清了男子面目，刚烈的她也从悲愤中清醒过来，断然转身离去，从此水各一方，再不相干。所以这也是一条二人弃情绝爱的界河。

决裂—界河—清醒、决绝、果敢

学生活动2：加入合理想象，反映主人公的心情和形象，确定视频画面。

第一幕：微风吹皱一池春水，也吹开了少女的心扉。柔风吹拂着远处的桑树，也抚摸着女子的脸颊。相送路上，二人相恋相随，你侬我侬，女孩回眸一笑，温暖了时光，更满满地占据了男子的心。淇水边欢声笑语，留下了二人相爱相随的串串足迹。颓墙上，女子痴痴守望，苦苦等候，时而泪水涟涟，时而笑语盈盈。

第二幕：曾几何时，新娘带着满车嫁妆，带着对幸福的渴望，走在淇水边，害羞通红的脸颊上溢满了幸福。淇水兴奋地翻腾歌唱，像在为她送上祝福。后来呀，女子孤独地走在回家的路上，一切的美好早已远去，水打在帷幔上，更打进她的心里，生疼！冰凉的泪水滑落脸颊，一幕幕婚后的悲剧涌上心间，只剩这澎湃的淇水在心头翻滚。

第三幕：卫女独自坐到淇水岸边，理智清醒、果断决绝转身离去。卫女遂就车而去，终已不顾。卫女走得那么决绝，走得那么潇洒，只有淇水空自流淌。

学生活动3：优化环节。

可适当调整三幕的顺序，用倒叙回忆的手法，吸引观众兴趣。

也可设计画外音，表现人物情感，加深理解。

设计意图：《普通高中语文课程标准》指出：语文教育也是提高审美素养的重要途径，要让学生在语言文字运用的学习中受到美的熏陶，培养自觉的审美意识和高尚的审美情趣，培养审美感知和创造表现的能力。因此，我们以淇水为背景，创设唯美浪漫的氛围，培养自觉的审美意识和高尚的审美情趣，进而梳理人物的情感变化。通过合理想象，感受卫女深沉复杂的情感，加深对人物的理解，同时提升学生的思维品质。

（五）学习任务三：拓展阅读，探究水与爱的关联

学习活动1：小组讨论，探究本诗中淇水的作用。

（1）淇水彰显了诗歌的脉络，既是事件的发展线，也是感情的变化线。

（2）淇水见证了女子从热恋到婚变到决裂的全过程，也见证了女子内心的成长，见证了女子性格的成长。

（3）一切景语皆情语，融情于景，表达感情。

（淇水作用：见证—线索—表情）

学习活动2：回顾《蒹葭》《关雎》，拓展《溱洧》《周南·汉广》等诗歌，学生以小组为单位，翻阅资料，探究《诗经》中水意象与爱情的关联。

（1）以水为背景，演绎爱情故事。河边、水边是男女主人公恋爱的温床。

以水为背景，演绎一幕幕两情相悦，缱绻缠绵的爱情故事，具有很浓厚的生活气息。其中有水边欢歌，丽人的影子（《溱洧》《周南·汉广》）；也有水边的悲情，水边的相思离别之苦及遭弃之悲（《鄘风·桑中》）。

（2）以河水、雨水直接起兴，表达对异性的思慕之情，表现情感的变化过程。

《卫风·氓》这首诗三处提到淇水，第一处淇水是爱情的见证，是婚恋生活甜蜜的象征。后两处写淇水使用比兴手法，深刻透视出弃妇痛苦悲愤继而决绝离去的心理。

（3）以水比喻爱情。

水与爱情在品质上有某种相似之处。柔情如水，爱情之轰轰烈烈亦如水之波涛汹涌，难以自已；感情破裂，如覆水难收，女子悲伤逆流成河，昔日的爱河化为冰冷的泪河；夫妻离散、恋人情爱受阻，如同水隔两岸，有情人只能怅惘地隔河相望，发出“脉脉不得语”的哀叹。

教师总结：《诗经》中或以水作比，或以水起兴，或者就在水的氛围中展开爱情的描写。水对后世爱情诗的创作和发展产生了积极而深远的影响。这条诗歌的河流，流到南朝便有了“低头弄莲子，莲子清如水”的脉脉深情，流经唐朝便有了“曾经沧海难为水，除却巫山不是云”的刻骨铭心，流经宋朝便有了“花自飘零水自流，一种相思，两处闲愁”的缠绵思念。

设计意图：探究淇水在本文中的重要作用，探究水意象与爱情的关系，引导学生进行深度阅读，拓展阅读，提升学生思维，使学生思维从感性的浅表走向理性的深处。

【作业设计】

1. 请为我们的朗诵视频设计一段解说词，100字左右，意境和内容必须与朗诵视频吻合。

2. 请你以女主人公闺中密友的身份，给她写一封信，以表安慰鼓励。

3.《诗经·国风》中，写水意象的诗作共有40多篇，其中有关婚恋的诗就有30多篇（它们或以水作比，或以水起兴，或者就在水的氛围中展开爱情的描写），请以“水与爱情的不解之缘”为话题，写一篇研究性小论文。（不少于800字）

作业可以三选其一，选择自己感兴趣的一项完成即可。

设计意图：文学阅读与写作任务群中要求学生“结合自己的生活经验和阅读写作经历，发挥想象，加深对作品的理解，力求有自己的发现”，因此创设真实的写作情境，设计较为开放的写作题目，让学生捕捉创作灵感，选择自己喜欢的题目写作，并与同学交流写作体会。

【板书设计】

热恋—爱河—喜悦、幸福、甜蜜

婚变—泪河—痛苦、痛恨、怨愤

决裂—界河—清醒、决绝、果敢

【教学反思】

本节课突出学生的主体地位，致力于提升学生的语文核心素养。教师设计真实的学习情境，让每个学生参与其中，涵泳诗韵。淇水这一意象贯串人物情感和性格变化的始终，在进行设计时，突出淇水这一背景，加入想象，确定画面。在具体操作中，可能会出现只注重热热闹闹的表演性诵读的场面，缺少深度学习的过程；在视频画面设计环节，也可能出现学生设计脱离文本的现象。教师在学习的过程中应及时引导和扶正。

《孔雀东南飞》

——悲剧的永恒

新疆生产建设兵团第六师芳草湖农场中学　林文静

【学习目标】

1. 知识与思维能力：锻炼分析问题的逻辑思维能力，掌握悲剧的概念，明确悲剧的不可逆转性，并训练写作能力和说话艺术。

2. 时代与价值观念：了解封建时代对人的压迫，对爱情的摧毁，珍惜今天的自由，感恩时代，建立正确的爱情观和人生观。

3. 文化和爱国精神：体会中国古代民歌之美，增强文化自信，为自己是一个中国人而骄傲。

【学习重难点】

重点：1. 分析刘兰芝、焦仲卿、焦母、刘兄的性格特征。

2. 探究悲剧成因。

难点：1. 感受悲剧的魅力，知道悲剧之所以为悲剧，在于它的持久性，不可逆转性。

2. 明确在“爱情、婚姻、孝道、自由”之上，还有——责任。

【教学过程】

（一）情景任务

由教师一人分饰两角，演唱越剧、京剧的《孔雀东南飞·雀盟》一折，通过唱词不变，唱腔由越剧转为京剧的形式来引入课堂情境，并提出问题。

整段整合后唱词：

旦角：兰芝心中似箭穿，今生无缘共白首，纵然婚配不长久，焦郎啊，只要你心如铁石坚，兰芝就如同蒲苇般。（转京剧唱腔）那磐石倘不随风转，蒲苇自当永牵缠。

生角：兰芝啊，我和你生同枕席死同穴，终生不离你左右。我如磐石无变卦，你似蒲苇永牵缠，（转京剧唱腔）盟山誓海告苍穹，可怜有情难相守！何时再温鸳鸯梦，会向黄泉路上逢！

教师陈述："世上安得两全法，不负如来不负卿。"世上最遗憾莫过于"有情人难以相守"。有多少"君生我未生，我生君已老"的遗憾，又有多少相知相识却是有缘无分的遗憾？而更令我们惊叹的是有一对夫妻，已经"结发同枕席"，却双双赴死，不得白头，为何恩爱夫妻两离分？让我们穿梭千年，共品一曲千古悲歌——《孔雀东南飞》。

（二）学习任务一：揭开文字的面纱，探索千年遗留的美丽——依据原文，分析人物形象

1. 提问：既然是一曲千古悲歌，那么造成它悲剧的原因到底是什么？夫妻不得相守，最可能是其中一方出了问题，那么有没有可能是刘兰芝的问题呢？

2. 小组讨论，通读全文后从全文中找出关于刘兰芝的描写，并总结人物形象。

文中原句：①关于刘兰芝的描述最先出现在小序中："汉末建安中，庐江府小吏焦仲卿妻刘氏，为仲卿母所遣，自誓不嫁。其家逼之，乃投水而死。"

分析：有可能是刘兰芝自身的原因，否则焦仲卿的母亲也不会将她休回家。

文中原句：②"十三能织素……大人故嫌迟。"

分析：从品德才能上来说刘兰芝是一个聪慧勤劳，多才多艺的女子。

文中原句："新妇谓府吏：'勿复重纷纭……时时为安慰，久久莫相忘！'"

分析：刘兰芝是一个遵守礼仪、孝顺长辈、忠于爱情、勤于女红的人。

文中原句："鸡鸣外欲曙……精妙世无双。"

分析：刘兰芝是一个容颜美丽、注重礼节、有尊严、有傲骨的女子，即便即将被休弃，也不肯狼狈离开。

文中原句："上堂拜阿母……涕落百余行。"

分析：她是一个"关爱小辈、有理有节、进退有度、自尊自爱"的人。

文中原句："君当作磐石，妾当作蒲苇，蒲苇纫如丝，磐石无转移。"

分析：她是一个忠于爱情、宁死不移的人。

3. 通过同学们的讨论分析，我们知道了刘兰芝如此美好，问题并不出在刘兰芝的身上，那么会不会出在焦仲卿的身上，可能是焦仲卿始乱终弃，或者焦仲卿就像《氓》中男主人公一般家暴刘兰芝，才导致了爱情的悲剧。

4. 小组讨论：在文中找出关于焦仲卿的描写，并分析总结焦仲卿的人物形象。

文中原句：略（按照文中相关描写的顺序分析）

分析：焦仲卿是一个"成长式"的男主。他并不是一开始就有以死抗争的勇气的，在封建礼教、封建家长的压迫下，他也没有捍卫爱情的方式。但是后来经过一系列的爱情变故，直到刘兰芝的再次婚嫁，变成了压倒他的最后一根稻草，使得他彻底反抗封建礼教，并以结束自己生命的方式表达了自己的抗争。

纵观全文分析：他首先是一个"珍惜夫妻感情"的人。他是一个反抗但是又没有彻底反抗的人，并且当爱情遭受考验的时候，他没有应对之策，也没有保护自己的妻子，有些懦弱。他是一个屈服于封建礼教，面多考验无奈、无能为力，并且他不敢直面婚姻、爱情上的挫折，而是选择了逃避，当爱情终于走入绝境时，他也无力挽救，悔之晚矣。

总结：这一爱情悲剧是有焦仲卿的原因的，主要是他性格上的悲剧。

5. 提问：这一爱情悲剧有焦仲卿的原因，但我们通过分析焦仲卿、刘兰芝的性格，从文中发现了焦仲卿的母亲才是这一爱情悲剧的罪魁祸首，那么老师想问，悲剧仅仅是焦母一个人造成的吗?

6. 小组讨论，深入分析悲剧的原因。

总结答案：这一爱情悲剧不仅仅是焦仲卿的母亲，还有刘兰芝的哥哥造成的。刘兰芝的哥哥并不是真正的关心刘兰芝，因为安慰、帮助别人应该是在她最伤心的时候来安慰、帮助，但是刘兰芝刚被休回家里时，刘兰芝的哥哥并没有任何表现，这说明他只是想用妹妹攀附权贵。

7. 提问：那请同学们再思考一下，这一悲剧仅仅是焦仲卿母亲、刘兰芝哥哥造成的吗?

8. 小组讨论，再次将疑问、探索推向更深处。

总结答案：焦仲卿的母亲、刘兰芝的哥哥只是封建时代大家长的代表，或者说他们是封建礼教的具象化表现，真正拆散刘兰芝和焦仲卿的是封建礼教、封建家长的独断专行。他们真正的悲剧在于爱而不得相守，他们真正可歌颂的地方也在于他们死了。他们以死抗争，以最悲壮的方式来抗争。同样，他们也是无数有情人爱而不能相守的具象化身。

（三）学习任务二：穿梭千年，拥有金手指，尝试改写悲剧

1. 提问：流水落花千般过，可恨此情付水流。如此相爱的两人，最终只落得“举身赴清池，自挂东南枝”的悲惨下场，那么如果你穿越过去能不能开启金手指，帮助主人公改写这一悲剧呢？

2. 小组讨论，尽可能找出帮助刘兰芝、焦仲卿的办法，并讨论是否可以改写结局。

学生总结：①私奔：不可行，因为当时法律规定了私奔的惩罚，一旦被抓住还是会造成悲剧。

②坚决不将刘兰芝送回：不可行，因为当时法律规定了婆婆有休掉媳妇的权力，不需要焦仲卿同意。

③刘兰芝再婚后两人成为朋友，至少可以保住生命：不可行，因为无论刘兰芝有没有“举身赴清池”，焦仲卿都会“自挂东南枝”，他之所以等到刘兰芝死了才死，也是因为他想知道刘兰芝的结局。如果刘兰芝幸福，那么他会独自赴死，也就是说刘兰芝的结局影响不了焦仲卿。焦仲卿已经下定决心以死抗争了，所以焦仲卿的结局没办法更改；同样刘兰芝也不可能移情别恋，所以他们只能是悲剧。

学生总结答案：无论用什么办法，都无法改变刘兰芝和焦仲卿的结局，因为这本身就不仅仅是一个性格的悲剧，还是社会的悲剧、时代的悲剧，我们无法改变当时的社会，无法改变那个时代，因而这一悲剧无法改写，无法逆转。

3. 提问：这一单元所学的关于古代爱情的诗文，让我们所有人都觉得可感可叹，又无能为力，比如《氓》中的女性悲剧，再如今天的这篇课文中的男女主人公，我们不禁要问：“即便当时的主人公思想有局限性，可是造成悲剧的根源到底是什么呢？”

学生：社会，当时的封建社会，封建礼教。

教师总结：鲁迅先生曾说悲剧就是将美的东西撕碎了给人看，而我们在欣赏《孔雀东南飞》的时候，更体会到悲剧就是：“很美的东西放在那里，你很喜欢，却知道它一定会碎，你想保护它，却无能为力。”通过这几篇课文的学习，这一单元课文的学习，我们更能深深地体会到封建时代对于女性、对于人性、对于爱情的压迫，不是所有人都有幸生于盛世，不是每一段爱情都凝成了珍珠被世人珍惜，更多的美好被封建礼教碾碎，成了一粒粒沙尘，落于红尘，于千年后的今天，在我们的心头落了一场雪，更让我们明白幸福的不易，自由的珍贵。

（四）学习任务三：深入思考本文的现实意义

我愿有情人，共饮一江水，柔情内红尘外有多少断肠的泪？品一曲悲歌，把握人物内心、分析悲剧原因、体会时代的无奈、感受悲剧的魅力，我们知道了悲剧的不可逆转性，这更激发了我们对自由、爱情、美的向往。希望同学们都能透过事情看本质，透过本质去热爱生活，珍惜现在。

【作业设计】

今天的我们何其幸福、何其幸运，今天的时代已不是封建时代，爱情也可以把握在自己手中，可恰恰如此，围绕着爱情这一话题给我们带来的问题反而更多了，我们应该如何看待爱情呢？什么时候开始一段爱情才最合适呢？在这世间唯有爱情至高无上吗？我们存活于世间是否只有“恋人”这一个身份？我们只承担爱与被爱的责任吗？请写出你的思考（300—500字）

【板书设计】

孔雀东南飞

人物形象：刘兰芝：忠于爱情、不卑不亢、有礼有节、敢于抗争、容颜美丽、多才多艺……

焦仲卿：成长式的男主人公，但是性格上确实存在缺陷

焦母、刘兄：封建家长的代表，封建礼教的具象化表现

悲剧原因：性格的悲剧——焦仲卿

时代的悲剧——封建礼教

悲剧的魅力：大都好物不坚牢，彩云易散琉璃碎。

悲剧的不可逆转，难以改写，悲剧的魅力正在于它的永恒。

选择性必修下册第三单元

《陈情表》《项脊轩志》对比阅读

新疆生产建设兵团石河子第二中学　朱明恒

【单元分析说明】

统编版选择性必修下册第三单元属于“中华传统文化经典研习”任务群，本单元主要是对古代经典抒情散文的学习，在必修积累的散文阅读经验的基础上，要求学生感悟这一单元古代抒情散文所体现的精神内涵、审美追求和文化价值，进而整理得出它们在中国文化发展中的独特贡献。本单元共四课六篇文章，《陈情表》《项脊轩志》两篇组合为一课，以中华民族文化基因为视角，前者讲述尊奉孝道，后者叙说家庭亲情，都是至情之文。

【学习目标】

1. 进一步把握两篇文章中重要的文言基础知识。

2. 鉴赏分析两篇文章的情感。

3. 反复诵读，感受作者在讲述时蕴含的真切的孝道亲情，从而引导学生要珍惜亲情，常怀感恩之心。

【学习重难点】

重点：揣摩文本，从文章细节处感受作者动人的真情。

难点：比较两篇文章的相同之处，深化中华传统文化“孝道”“亲情”的理解。

【教学过程】

（一）情景任务

学校“真情古人评选”的标语是：发现真情、感悟真情、践行真情，让真情成为精神财富代代相传。“真情古人评选”活动引起强烈反响，全校学生踊跃参与，最终结果已经揭晓，第一期上榜人物是李密和归有光，同学们，你将手中宝贵的选票投给了这两人了吗？你的理由是什么？

（二）学习任务一：《陈情表》——尽孝祖母

问题一：文章第一段一开始的两句话“臣以险衅，夙遭闵凶”在文中是总领作用，结合文本分析“夙遭闵凶”具体是怎样表现的。

明确：

“臣以险衅，夙遭闵凶”从四个方面概括了李密的身世并总括了全文：第一，出生六个月父亲就去世了，母亲在他四岁时另嫁他人，他对父母根本没有印象，幸有祖母用心抚养，顺利长大成人；第二，年幼体病，九岁了还不会走路，所以祖母为了照顾他付出了很多；第三，在外没有勉强算是亲近的人，在内也没有仆人帮忙，家中只有他和祖母两人相依为命；第四，祖母年纪大了，很早就被疾病缠身，此时此刻只有他能照顾她。

问题二：李密处在两难的境地，言语稍有不慎，不仅达不到陈情的目的，还有可能招来杀身之祸。那么李密是如何化解矛盾，变被动为主动呢？

明确：

1. 摆出晋朝“以孝治天下”的大理，表述自己对当朝皇帝的做法不仅认可更是感激，但是奉养祖母，正是在践行“孝”，来借此博得皇帝的同情，解除猜忌。

2. 一是自陈做官经历，李密深知，这段历史是不能回避的，只能表明自己的心迹：自己在伪朝做官是因为“本图宦达，不矜名节”；二是称颂君恩“宠命优渥，岂敢盘桓”。让晋武帝明白自己的忠心。这就表明辞职与“名节”无关，以求谅解。

3. 最后再以一幅祖母病笃图深深打动了晋武帝，让他明了自己不能出仕的唯一原因只是因为祖母病重，从而提出“不能废远”的要求。

问题三：《陈情表》中哪些叙述打动了你？

明确：

“少多疾病，九岁不行”，李密的童年是极其不幸的，生活充满了苦难，整整九年都被疾病折磨，他还是一个孩子啊，想到这，让人心伤。

“臣无祖母，无以至今日，祖母无臣，无以终余年”，在李密幼时，祖母哪怕生活再艰难，也费尽心血抚养他，此时祖母生命垂危，正是需要他的时候，祖母的恩情辛苦，他没有办法报答，在这个关键时期，在祖母面前尽孝就是知恩图报。知恩感恩报恩，李密将感恩之情落实到行动上，用一颗真心去践行。

教师总结：《陈情表》讲述了李密幼时的不幸遭遇、家庭面临的困境以及祖母对他的用心照顾，具体解释了自己多次拒绝朝廷征召的原因，反复讲述了终养祖母以尽孝道的决心。

设计意图：三个问题的设置其实是在引导学生根据原文梳理李密“孝道”“孝情”的主要表现，确认李密与祖母相依为命的事实，肯定李密的孝是“人”的本性所为，是自然伦理的表达。

（三）学习任务二：《项脊轩志》——睹物怀亲

项脊轩是归有光的书斋名，作者围绕这个小书屋写了哪些事，哪些人呢？小组讨论，在理解文意的基础上分别用四个字来概括事件并分析作者在每件事上寄予的情感。

明确：

写了五件事：小轩美景、诸父分家、妪述母事、祖母遗事、爱妻早亡。

问题一：“小轩美景”是作者的喜，如何表达的？先在文中找出相应的句子，有感情地读一读；谈谈自己的感受。

明确：

“三五之夜，明月半墙，桂影斑驳，风移影动，珊珊可爱”

“杂植兰桂竹木于庭”

“小鸟时来啄食，人至不去”

“借书满架”

“余稍为修葺，使不上漏”

我们刚刚分析第一段作者有三喜，喜在环境清幽、读书有乐、劳有所获，项脊轩对作者来说，已经不是一个小书屋了，而是作者寄托心灵之所。

问题二：“诸父分家、妪述母事、祖母遗事、爱妻早亡”各小组任选一部分讨论：哪些细节、语言，透出作者的悲情？请一人饱含深情读出你们组找到的这些语句。

1. 疼爱我的母亲离我而去，让我感到悲。

在《先妣事略》中，归有光回忆自己母亲的一些事。当时年龄小，并没有多大感受，但现在回想起来，让人伤心难抑。

2. 慈爱且对我寄予厚望的祖母离我而去，我感到悲。

祖母的语言，祖母的动作都是平凡的场景，平常的琐事，可是孕育在这平常平凡平淡中的却是一种至深的感情，正所谓“至情言语即无声。”

3. 情投意合，心心相印的妻子离我而去，我感到悲。

枇杷树是妻子亲手种下的。我把对妻子的怀念之情寄托在树上。很多情感会随着时间变淡，可我对妻子的情感却如这棵树一样生长起来，越来越繁盛。

教师总结：作者的悲悲在疼爱我的祖母、母亲、妻子都离我而去，连与我有血缘亲情的叔叔伯父们也分了家，四分五裂，亲情淡漠，正是因为这些大悲，才显得作者在小屋中暂得的喜，暂得的闲适弥足珍贵。

归有光的一生经历了很多事，少年时立志重振门楣，直到60岁才考中进士，生活坎坷，可他却充满平和之气，内心定有温暖、力量，而他内心力量的源泉就是祖母、母亲、妻子这三人给予的亲情。在“唐宋派”古文家中，他的创作成就最高。善于通过日常琐事，描写对生活的亲切感受，抒发内心的真挚感情。著名思想家黄宗羲评价归有光的文章：“一往情深，每以一二细节见之，使人欲涕。”王世贞称赞他“不事雕琢而自有风味”。

设计意图：“然余居于此，多可喜，亦多可悲”承上启下，喜少悲多，所以任务二的重点偏在“问题二”。归有光擅长选取家常琐事，运用细节描写绘出动人真情，这些琐事、细节具体是什么，在问题的引导下，学生联系文本梳理得出答案。

（四）学习任务三：结合文本，联系李密、归有光两人的身世处境，体会“孝道”和“亲情”背后的情感内涵，了解两篇文章的共通之处

明确：

孝和亲的共通点在家人、家庭。李密在忠和孝中选择了孝，是因为他觉得在那样的情境中，家庭对他无比重要；归有光之所以写小屋，因为在这个小屋中寄托的是他的亲情、他的经历、他的梦想。李密要尽孝，是亲情使然，归有光怀念亲人，更是亲情所系。谨遵孝道，感恩亲情，不仅古人奉行重视，对我们当代来说也是重要的中华传统文化，需要我们去弘扬和继承。

完成情境任务：学校“真情古人评选”的标语是：发现真情、感悟真情、践行真情，让真情成为精神财富代代相传。“真情古人评选”活动引起强烈反响，全校学生踊跃参与，最终结果已经揭晓，第一期上榜人物是李密和归有光，同学们，你将手中宝贵的选票投给了这两人吗？你的理由是什么？

明确：

两篇文章最重要的共通点是一个“情”字，真情真性。李密与祖母相依为命，文中都是真心实意的表述，令人为之怜悯心疼，归有光对去世的祖母、母亲、妻子深情追忆的画面哀婉感人，通过这两篇文章的研习可以让学生理解并体会到这伟大又朴素的孝道亲情。

设计意图：亲情作品蕴藏着动人的亲情，承载着中华优秀传统文化，我们在《陈情表》《项脊轩志》两篇文章中感受孝道感受亲情，感受这美好的情感，进而能够或口头或书面表达亲情，并且在生活中以具体行为感恩亲情，回报亲情。

【作业设计】

1. 和小组成员交流：我们当代该如何继承并践行“孝道”“亲情”？组长整理后上交小组交流成果。

2. 捕捉日常生活中典型的细小情节、细微动作，写一个表现“亲情”的片段，抒发自己的真实感情。

设计意图：从任务群的课程内容归属看，本单元学习是探究、实践中华传统文化的过程。因此，为提升学生的散文阅读素养和对传统文化的认知，宜创设与个人体验、社会生活相融合的真实、典型、具体的语文实践活动，作业设计的第一项意图就是如此。这两篇文章都善于捕捉生活中典型的细节和场面，表达真挚感情，第二项书写作业的布置帮助学生体悟文中细节，锻炼写作能力。

【板书设计】

蕴浓情于心，诉真情于文

《陈情表》——尽孝祖母

中华传统文化：“孝道”“亲情”

《项脊轩志》——睹物怀亲

后记▶

凤鸾队中飞高远，耆宿门下出贤良

孤举者难起，众行者易趋。水本无华，相荡乃成涟漪；石本无火，相击而生灵光!

新疆兵团高中语文徐金凤名师工作室是2021年9月由兵团教育局授牌的兵团第二批名师工作室，是目前全兵团唯一的高中语文学科省级名师工作室，是集热爱语文教育事业的南北疆有识、有志之士于一堂，秉承着“名师引、集众智、共成长”的宗旨，以“资源共享、共同成长；动态管理、追求卓越”为发展目标，立足新课改、新课程、新高考，让“关注语文素养、强化立德树人、推进资源整合”的理念落地生根，营造工作室向善思齐、自觉自励的学习氛围，引领工作室全体成员成为辐射兵团语文教学综合改革的实践者和领跑者。

工作室现有正高级职称教师4人、特级教师2人、副高级职称教师5人，平均年龄39岁。2022年8月，主持人徐金凤老师被评为教育部“十四五”中小学幼儿园教师国家级培训计划专家资源库专家；工作室助理王翠花、徐金凤两位老师分别被中国教育专家网和北京师范大学创新教育科技研究院评为“教育名师千人计划”第七批和第八批资源库专家。

团队组织制度健全，成果丰硕，成立一年来，有200多项成果被上级教育主管部门认定获奖，有60多人次被上级教育主管部门表彰，2022年6月获“第五届语文报杯微课大赛优秀组织奖”，2022年7月30日、31日，主持人徐金凤老师受《中学语文教学通讯》主编邀请，和兵团二中的高靖薇老师在（高中）部级精品课革命传统教育专题研讨峰会暨语文名师工作室学术联谊大会上分别代表工作室面向全国的老师就工作室规划、建章立制、探求心得及阶段性成果等方面做了汇报，获得高度赞扬。

一个有温度的、力争上游的优秀的团队

因在影响力、教研力、运营力三个维度方面建设突出，成绩优异，2022年7月被学科网评为全国“最具影响力名师工作室”；还被评为全国名师工作室联盟单位；获得2021年度全国优秀名师工作室等多项集体殊荣。

古语有云：“能用众力，则无敌于天下矣；能用众智，则无畏于圣人矣。”凤鸾集，群贤至，独行速，众行远。在主持人徐金凤老师的带领下，名师工作室将不断发挥引领和辐射作用，让兵团语文人在教育之路上行稳致远，让兵团语文教育事业扶摇直上。